AÑOS DORADOS DE LA CULTURA ARGENTINA

Los hermanos María Rosa y Raimundo Lida
y el Instituto de Filología antes del peronismo

Miranda Lida

AÑOS DORADOS DE LA CULTURA ARGENTINA

Los hermanos María Rosa y Raimundo Lida y el Instituto de Filología antes del peronismo

Colección Testimonios

El Colegio de México

eudeba

409.20982
L712a

Lida, Miranda

Años dorados de la cultura argentina : los hermanos María Rosa y Raimundo Lida y el Instituto de Filología antes del peronismo / Miranda Lida. – 1a ed. – México, D.F. : El Colegio de México ; Ciudad de Buenos Aires : Editorial Universitaria de Buenos Aires, 2015.

253 pp. ; 23 cm. – (Colección Testimonios).

ISBN 978-607-462-849-4

1. Lida de Malkiel, María Rosa, 1910-1962. 2. Lida, Raimundo, 1908-1979. 3. Filólogos – Argentina – Biografía. 4. Filología – Estudio y enseñanza (Superior) – Argentina – Historia – Siglo XX. 5. Buenos Aires (Argentina) – Vida Intelectual – Siglo XX. 6. Universidad de Buenos Aires. Instituto de Filología – Historia. I. t. II. ser.

Primera edición en Argentina, julio de 2014

Primera edición en México, 2015

Foto de portada: Archivo de la familia Lida

ISBN 978-607-462-849-4

Impreso en México

A Julia.
Por las raíces.

Índice

Palabras preliminares. Agradecimientos

Este libro comenzó sin querer en las conversaciones familiares con mis abuelas paternas, con Leonor, primero y con Denah más tarde. Todavía no tenía yo ni la menor idea de que iba a escribir un libro sobre mi propia familia. Siguiente paso fue entrar en contacto con las cartas familiares, en especial las de Raimundo Lida con los suyos. Los viajes y los exilios ayudaron a que las correspondencias personales fueran extraordinariamente abultadas. Me puse en contacto, en primer lugar, con las que tenía más cerca de mi alcance: las cartas con su novia –luego esposa– Leonor García (1908-1999). Y años después con sus hijos, una vez ya instalado él en los Estados Unidos. Las correspondencias, cargadas de anécdotas, impresiones y confidencias, contribuían a mostrar el rostro íntimo de cada personaje. Se completaban con los relatos que me llegaban a través de las generaciones.

A medida que se afinaba mi conocimiento de los personajes, me brotaban cada vez más y mejores preguntas. Mi padre Fernando ha sido una fuente invalorable no sólo por facilitarme libros, revistas, papeles y fotos de la familia, sino además por su prodigiosa memoria para acopiar miles de detalles y sutilezas. Leyó además cuidadosamente el manuscrito, y aportó muchas correcciones de último momento. Y lo mismo cabe decir de Daniel Waissbein. Clara Lida, mi tía, también me aportó jugosísimas anécdotas familiares, que nutrieron este libro por demás. Y me facilitó otros tantos materiales que están actualmente en México y que de otro modo no habría llegado yo a conocer. Miguel Ángel García, primo de los anteriores, me facilitó enorme información acerca de sus mayores, incluso los menús en francés de su abuelo. Mi abuela Leonor no llegó a participar de la factura de este libro, pero conservo de ella una entrevista que le hice con un viejo radiograbador en 1989 donde ella no sólo narró su infancia y su adolescencia, sino además describió aquella porción de la ciudad de Buenos Aires que había sido la de sus años juveniles. Lo fragmentario de este relato se completó con anécdotas que nos contaba a mi hermana y a mí *off the record*. Mi hermana por suerte también las recuerda. Atando cabos aquí y allá, pude hacerme de una imagen más completa acerca de las infancias y adolescencias de los hermanos Lida, de su vida en Buenos Aires y de cómo una familia judía bastante pobre, proveniente del Imperio Austro-Húngaro, se las había ingeniado para ascender socialmente y lograr que sus tres hijos se convirtieran en graduados universitarios, uno de ellos médico. Pero esto no alcanzaba para un libro.

En Buenos Aires, y cuando ya tenía más claro el proyecto de escribir alguna vez este libro –que sin embargo todavía veía lejano–, tuve la oportunidad de conversar reiteradas veces con el profesor Tulio Halperin Donghi. Su madre, Renata Donghi de Halperin, tenía a María Rosa Lida en muy alto aprecio y él había oído desde muy joven con qué interés se hablaba de ella en su casa. Además, durante sus largos años en Berkeley tuvo la oportunidad de tratar a Yakov Malkiel, marido de María Rosa. Por último, también había llegado a conocer muy bien a Raimundo en las temporadas que pasó en Harvard o, por extensión, en la costa este de Estados Unidos. De tal manera que Tulio Halperin Donghi ha sido una fuente invalorable a la hora de escribir esta historia y no puedo sino agradecerle con entusiasmo el tiempo que dedicó a narrarme sus impresiones y las anécdotas que solo él conocía acerca de ambos.

Un salto cualitativo en la forja de este libro han sido los viajes a Estados Unidos que realicé en el año 2008. En julio de 2007 falleció en Cambridge la segunda esposa de Raimundo, Denah Levy. Con su fallecimiento quedó vacía una casa enorme llena de libros, papeles, discos y muchas otras cosas más. Una pintura al carbón de Carlos Arcidiácono que tiene por tema el barrio de La Boca ("Caminito") y un retrato realizado por Carlos Alonso conservados en la casa me sugirieron la idea de escribir una historia de los hermanos Lida en relación con Buenos Aires. No sería estrictamente una biografía, sino más bien una mezcla de varios géneros al mismo tiempo: biografía, historia social, cultural, política, intelectual e incluso urbana. La idea me pareció sumamente desafiante. Así, pues, la suerte quedó echada, y empecé a escribir los primeros borradores. Las lecturas entusiastas que hicieron de ellos Luis Alberto Romero, en primer lugar, y Tulio Halperin Donghi, luego, me alentaron a seguir adelante. Pablo Buchbinder y Francis Korn también leyeron generosamente los borradores. Todavía quedaban muchísimas dudas en el tintero, sin embargo Luis Alberto alentó la publicación de este libro desde sus primeros borradores, poco más.

Un segundo viaje a Estados Unidos, en diciembre de 2008 con motivo de una beca Fulbright, fue crucial para resolver buena parte de ellas. El viaje me permitió estrechar contacto con los restantes miembros de la familia que actualmente residen allí, todos ellos descendientes de Emilio Lida, el hermano mayor de María Rosa y Raimundo. En especial, con Sonia Lida Tarán, Isabel Lida Nirenberg y Ricardo Nirenberg. Lo que fui aprendiendo en esas largas charlas en la cocina de Albany, en medio de fríos polares y tormentas de nieve, lo volqué en este libro a lo largo de todas sus páginas. Le agradezco a todos, y en especial a Isabel, por sus preguntas chispeantes.

Por otro lado, en este viaje tuve la oportunidad, por partida doble, de enriquecer mi trabajo con los archivos de la familia que están depositados en las universidades norteamericanas, entre uno y otro extremo del país. En la Biblioteca Bancroft de la Universidad de Berkeley, California, a menos de una hora de San Francisco, se encuentran archivados todos los papeles de Yakov Malkiel, quien donó también buena parte de las cosas de María Rosa, incluida su correspondencia personal. Y en la otra punta del país, en los archivos de la Biblioteca Pusey de la Universidad de Harvard, en el estado de Massachusetts, se encuentra depositada buena parte de la correspondencia de Raimundo Lida. Debo agradecer especialmente la atención que he recibido por parte de los bibliotecarios de ambas instituciones, siempre esmerada, a pesar de mis urgencias por verlo *todo* en los escasos días de los que disponía en Estados Unidos. De este modo, no solo pude completar el acervo documental imprescindible para este libro, sino además lo más importante: mi comprensión acerca de los personajes de los que pretendía escribir su historia.

Last but not least, va mi agradecimiento a mi hermana Soledad. Desde mucho antes de que este libro fuera siquiera un proyecto, ella rastreó fotos, libros, papeles y artículos; escaneó y recuperó documentos de la familia, casi perdidos; supo interpretar fotos ilegibles; darle sentido a esas cosas que parecen nimias a primera vista. Y lo más importante, me ayudó a separar la paja del trigo para evitar confundir la leyenda con la realidad y poder discernir entre las versiones contradictorias acerca de nuestros mayores que nos llegaban por transmisión oral, de generación en generación. Con los años la memoria distorsiona naturalmente los hechos; no faltaban omisiones, solapamientos y confusiones de todo tipo.

Muchas personas me dijeron miles de veces "qué fascinante la historia de tu familia". Y no sólo la de los hermanos Lida, sino también las ramas colaterales. El día en que me di cuenta de que se les hacía tanto más fascinante cuanto mejor yo se las narraba, supe que el libro lo tenía que escribir alguna vez.

***

Este libro fue publicado en su primera versión en la colección Historia y Memoria de la Universidad de Buenos Aires, dirigida por Pablo Buchbinder, en la Editorial Universitaria de Buenos Aires.

Introducción

Entre 1927 y 1946, el Instituto de Filología de la Universidad de Buenos Aires atravesó su época de esplendor, bajo la dirección del español Amado Alonso. Había sido fundado con el respaldo del Centro de Estudios Históricos de Madrid, dirigido por Ramón Menéndez Pidal. En menos de veinte años, Alonso le confirió a su instituto no solo una fuerte presencia en la cultura argentina, sino además un importante prestigio internacional. No faltaron los conflictos y las críticas, incluso por parte de colegas que objetaban uno que otro aspecto de la gestión de Alonso. Pero a medida que la Guerra Civil Española trajo consigo el consecuente desmantelamiento del centro madrileño que le había dado a luz, el instituto de Buenos Aires vio consolidar su presencia en el globo, más aun con la publicación, a partir de 1939, de una revista especializada de aparición periódica, avalada por instituciones académicas de Estados Unidos: la *Revista de Filología Hispánica*. Venía a llenar el hueco que dejó el cese de la publicación madrileña que editaba el centro madre, la *Revista de Filología Española*. Sin duda hubo otras opciones para continuar con la tradición instaurada por Menéndez Pidal: sin ir más lejos, una alternativa a considerar era el centro de investigación que estableció en la Universidad de Columbia (New York) Federico de Onís, un hombre que se había formado en su misma escuela. Buenos Aires, sin embargo, era para entonces el corazón de la industria cultural en lengua española en toda Hispanoamérica, y tuvo todas las de ganar. En ningún otro lugar tenía más sentido que aquí contar con un Instituto de Filología de verdadera proyección internacional.[1]

1. Acerca de Alonso y el Instituto de Filología porteño, puede verse el número especial que le dedicó la revista *Cauce. Revista de filología y su didáctica*, Sevilla, N° 18-19, 2005-2006.

Ahora bien, si el instituto logró afianzarse y convertirse en el más pujante centro de investigación en humanidades que tuvo la Argentina de entreguerras, no fue sólo por la fuerza de los acontecimientos externos, y por la iniciativa de los españoles que participaron en su nacimiento y desarrollo. Un papel no menos significativo lo desempeñó la dinámica local en la que el Instituto, bajo la batuta de Alonso, logró insertarse exitosamente. Así, pues, si el Instituto logró funcionar como algo más que un mero sucedáneo del madrileño, fue en buena medida porque el desarrollo cultural en la Argentina ya estaba lo suficientemente maduro como para que le permitiera ocupar un papel semejante. El Instituto se hizo de un lugar reconocido en la opinión, en la sociedad y en la cultura argentina; supo captar la atención de un nutrido grupo de discípulos argentinos; comenzó a publicar sus propias colecciones de libros; se puso en contacto con revistas culturales y toda la vasta gama que ofrecía la industria cultural argentina del período de entreguerras. Su director, además, participó de la rica vida social y cultural que ofrecía la ciudad en esos años. Este fuerte arraigo en la Argentina le brindaría al Instituto –y no gratuitamente, por cierto– la posibilidad de alcanzar tan alto puesto en la cultura hispanoamericana de su tiempo.

Cuando en la década de 1920 la filología aterrizó en la universidad argentina, despertó una curiosidad que iba más allá de la todavía pequeña comunidad académica. Se habló del Instituto de Filología en la prensa, y no siempre con simpatías. Alonso debió salir a defenderse públicamente ante las críticas, con energía y determinación, y logró a la larga asegurarse su lugar en la cultura argentina, así como también se lo hizo ganar al propio instituto que dirigía. Fundadas o no, las críticas permitieron que el Instituto se diera a conocer. En la Argentina, prácticamente nadie había oído hablar de la filología antes de los años veinte pero, a pesar de las críticas, o quizás gracias a ellas, puesto que las polémicas siempre ayudan a avivar la curiosidad por las novedades –y más todavía en el campo de la cultura–, la filología comenzó rápidamente a concitar curiosidad. En especial, la de aquellos jóvenes que todavía eran estudiantes universitarios cuando Amado Alonso llegaba a la Argentina. Alonso supo que debía atraerlos a su redil: bien o mal, hizo escuela y formó discípulos. Entre estos últimos se contaron dos hermanos que, como su maestro, partieron a otros horizontes una vez que el Instituto quedó prácticamente desmantelado con la llegada del peronismo al poder: María Rosa Lida (1910-1962) y Raimundo Lida (1908-1979). Narrar la historia del Instituto de Filología a través de la de sus discípulos es un modo de mostrar cuán auténticamente porteño llegó a ser este instituto, a pesar de su origen español, cada vez más lejano.

María Rosa y Raimundo Lida pasaron sus primeros años en alguna vivienda alquilada donde escucharon lenguajes vulgares y cocoliches de lo más variados, además de tonadillas populares y relatos de arrabal. Pero el temprano contacto con ediciones populares de los clásicos castellanos, entre otros libros, les fue enseñando a hablar *comme il faut*, sin localismos de ningún tipo. La lengua del tango, la de los malevos y de la calle nunca fueron las suyas. Consideraban al voseo como completamente ajeno, a pesar de que era algo de todos los días en los barrios populares en los que pasaron su primera infancia; hicieron del tú y del español culto parte central de su prosa y de su lengua hablada. Tanto es así que su opción por el tú se trasladó a sus descendientes que lo aprendieron como si fuera lo más natural del mundo, convencidos de que aquella era la manera normal de hablar. Un español aséptico, sin localismos ni fraseos coloquiales, un español tan universal y tan neutro que podía ser fácilmente comprendido por cualquier hispanoparlante sin importar el lugar del globo en el que se encontrara. Este modo de hablar y de ser –las dos cosas se encuentran estrechamente vinculadas– les hizo mucho más llevadera la experiencia del viaje y del exilio cuando ambos dejaron la Argentina en 1947.

María Rosa y Raimundo no recibieron sus laureles en la Argentina que los vio crecer en las primeras décadas del siglo XX, sino en los Estados Unidos. Becas mediante –la Rockefeller y la Guggenheim que María Rosa obtuvo en 1947 y 1949-50 respectivamente, o la Guggenheim que Raimundo recibió en dos oportunidades, la primera de ellas en 1939–, terminaron por radicarse en el país donde recibieron sus principales premios y distinciones académicas.[2] Triunfaron en el exterior, pero en su propia tierra no lograron convertirse en profetas.

2. Entre los ensayos biográficos acerca de ambos, se destacan Waissbein, Daniel: "María Rosa Lida, nuestra erudita", en *La Nación*, 9 de abril de 2012; Lida, Clara E. y Lida García, Fernando: "Raimundo Lida, filólogo y humanista peregrino", en *Prismas. Revista de historia intelectual*, N° 13, 2009, pp. 115-131; Moure, José Luis: "A cien años del nacimiento de Raimundo Lida", en *Boletín de la Academia Argentina de Letras*, N° 299-300, 2008; Malkiel, Yakov: "Necrology: María Rosa Lida de Malkiel", en *Romance Philology*, Vol. XVII, N° 1, August b1963, pp. 9-32 y "The end of an era: Raimundo Lida, (1908-1979) and Frida Weber de Kurlat (1914-1981)", *Romance*

Visto a la distancia, ya con todos los honores obtenidos en tierra ajena, la imagen que con el tiempo construyeron de sí mismos debía cada vez menos a esa Argentina que de un modo u otro los terminó expulsando de su seno, y mucho más a su propio talento y capacidad intelectual. Y a pesar de que Raimundo siguió considerándose argentino hasta el final de sus días, resignó cada una de las oportunidades de regresar al país que se le ofrecieron, en especial, luego de 1955. No sólo se habían ido para no volver, más importante aún, habían "triunfado". María Rosa –especialista en literatura clásica primero, y luego, española medieval y renacentista– siempre se jactó de ser autodidacta en griego y latín, de lo cual era fácil deducir que no sentía ningún tipo de deuda para con la Argentina en la que se había formado. No obstante, Buenos Aires contaba en el período de entreguerras con prestigiosos profesores para todas las disciplinas, y las lenguas clásicas no quedaron al margen: baste con mencionar los nombres de Francisco Capello y Gregorio Halperín para sugerir lo contrario. Por otra parte, el cargo de profesor titular que en 1953 Raimundo obtuvo en Harvard, sin duda una de las universidades más prestigiosas del mundo, donde también enseñaría como profesora visitante su hermana, era argumento suficiente para demostrar la sólida posición alcanzada por ambos en los Estados Unidos.

A su vez, los familiares y amigos que quedaron en la Argentina, conocedores de sus logros, agigantaron su imagen y terminaron por construir una leyenda en torno a los hermanos Lida. En este sentido, por ejemplo, se cuenta el número de homenaje a ambos hermanos que publicó la revista *Sur* en 1980, luego del fallecimiento de Raimundo. Para explicar sus éxitos no quedó más que sobredimensionar sus figuras. Y el prestigio que adquirieron tan a la distancia contribuyó todavía más a desligarlos de sus raíces. Como si los hermanos Lida hubieran sido dos criaturas formadas *ex nihilo*, a fuerza de genio innato y autodidactismo providencial. La conclusión que a simple vista se deducía de allí es evidente: la Argentina no les había dado nada de valía, y ellos no le debían gran cosa a ese país ingrato que no había sabido

Philology, Vol. XXXV, N° 4, May 1982, pp. 617-641. Hay también disponibles recopilaciones de su bibliografía, si bien no del todo completas: "Bibliografía de Raimundo Lida", en *Nueva Revista de Filología Hispánica*, XXIV, I, 1975, pp. 5-10; "Breve bibliografía de María Rosa Lida de Malkiel compilada por Margaret Sinclair Breslin", en Lida de Malkiel, María Rosa: *Herodes: su persona, reinado y dinastía*, Madrid, Ediciones Castalia, 1977, pp. 220-244.

ofrecerles los laureles que debieron ir a buscar en otra parte. En este mismo sentido, Renata Donghi de Halperin escribía en los años cuarenta, acerca de María Rosa, cuya *Introducción al teatro de Sófocles* acababa de ser designado "Libro del mes", que "el país no le ha brindado, no digamos ayuda o aliento, pero ni siquiera justa y estricta recompensa a lo mucho que la autora ha hecho y hace".[3] Y cuando en 1968 María Rosa recibió, ya *postmortem*, el Premio Nacional por su obra *La originalidad artística de la Celestina* (Eudeba, 1962) muchos en su familia se sorprendieron de que la Argentina hubiera reconocido algo del mérito de su autora. Y algo similar ocurrió, también, cuando fue designada miembro correspondiente de la Academia Argentina de Letras (1959).

Podía incluso añadírsele una justificación de tipo político-ideológica a esta afirmación tan drástica: si la Argentina no fue capaz de reconocer debidamente sus talentos, fue porque en los años de entreguerras el país dio un viraje hacia el nacionalismo y el antisemitismo que habría hecho sentir su impacto sobre María Rosa y Raimundo, puesto que los Lida eran judíos. En esta clave interpretativa el tercero de los hermanos, Emilio Lida, escribiría años después:

> María Rosa tenía razón al referirse a la atmósfera liberal en que nos formamos, pero justamente Yrigoyen marcó el fin de esa época y de ese ambiente y el comienzo –no advertido entonces, naturalmente– de una creciente reacción clerical y nacionalista que nos llevó a la situación actual. [...] Durante su presidencia se dieron en Buenos Aires los primeros excesos antisemitas con amplia participación de la Policía Federal, y se fundó la Liga Patriótica Argentina que adaptándose a circunstancias cambiantes se transformó en Legión de Mayo, Legión Cívica y (bajo Perón) en Alianza Libertadora Nacionalista; disuelta ésta por la revolución, sus componentes reconstituyeron la agrupación Tacuara.[4]

3. R.H.D.: "Revista de libros", Ínsula, 7, 1945, p. 231.

4. Cartas de Emilio Lida a Yakov Malkiel, Buenos Aires, 6 de febrero de 1963 y 28 de febrero de 1963, *Malkiel Archives* at Bancroft Library at Berkeley University (en lo sucesivo, *MA*), Folder / Carton 21.

Toda la época de entreguerras –y más también– quedaba así sumida bajo un manto de oscuridad. En plena "década infame", con los caminos para el desarrollo intelectual y profesional aparentemente vedados por las condiciones políticas de la época, no habría quedado más que una sola vía para alcanzar tal meta: valerse por sí mismos. Pero los Lida no provenían de una familia adinerada; no tenían un apellido que gozara de algún reconocimiento social; ni siquiera contaban con un padre con un título universitario o con los contactos sociales necesarios para abrirles paso en la vida. En principio, tenían todas las de perder. Se comprende que Emilio se refiriera a su hermana como una joya que la familia había dado a luz sin merecer. "Ni doctos ni sabios, ni cultos ni ricos, sino modestas gentes de las que salió un producto excepcional".[5] Puesto que no habían tenido prácticamente nada, no quedaba más que concluir que solo gracias a su singular talento habrían logrado convertirse en reputados académicos. Esta interpretación se convirtió casi en canónica entre amigos y familiares, puesto que Emilio era el hermano mayor y casi un verdadero patriarca, lugar que le fue reconocido desde su juventud cuando se convirtió en el primer universitario de la casa.

Es cierto que los Lida no habían tenido mucho en sus comienzos, pero de todas formas lograron atravesar con relativo éxito los peldaños que los llevarían a alcanzar una mejor posición social. Una familia cuyos padres no habían recibido más que una rudimentaria educación logró que sus tres hijos alcanzaran sendos títulos universitarios. Su logro, sin embargo, no era tan excepcional como Emilio daba en creer. Las historias de este tipo se repetían una y otra vez en la Buenos Aires de comienzos del siglo XX. Basta con echar una ojeada a otras familias que formaron parte del entorno de los Lida para descubrir que allí también se vivían historias parecidas. Sin ir más lejos, mencionaremos el ejemplo de los García, una familia de trabajadores de ascendencia española, cuyos padres carecieron de educación formal, pero su hija Leonor fue compañera de Raimundo en la Facultad de Filosofía y Letras, donde se graduó, y a la sazón terminó por convertirse en su (primera) esposa. Por su parte los Schmukler, una familia de modestos recursos, tampoco accedieron a una educación muy refinada, pero su hija Rebeca egresó de aquella misma facultad y terminó por casarse con Emilio Lida.

5. Carta de Emilio Lida a Yakov Malkiel, Buenos Aires, 21 de febrero de 1948, *MA*, 1/21.

No eran excepciones. Estas historias nos hablan de hijos que acceden a una mejor educación y condiciones de vida que sus padres y, en pocas palabras, de la aventura del ascenso social. Este es el verdadero fondo de esta historia, puesto que María Rosa y Raimundo fueron un neto producto de su tiempo, más que una emanación excepcional de un genio único e irrepetible. Como se sabe, los hombres hacen su historia en condiciones que ellos no crearon.

Entre estas condiciones se cuenta mucho más que el clima oprobioso ya descripto por Emilio para la etapa de entreguerras. La imagen de la "década infame" no sólo dificulta la comprensión de toda una época en la historia argentina contemporánea, sino que también distorsiona sustancialmente la historia que aquí nos proponemos narrar. Sería un error grosero admitir aquella imagen corriente acerca de los años treinta y, más aún, extender la "infamia" a los inicios de la época yrigoyenista. La década del treinta no fue sólo una época de fraude patriótico, avanzada militar y clerical. Recogió los frutos de la democratización política inaugurada en 1912 con la Ley Sáenz Peña e hizo posible que Buenos Aires, con sus incipientes clases medias ávidas de una mayor democratización, se convirtiera en un centro de gran efervescencia cultural. No sólo la cultura y el consumo de masas se expandían a la luz del crecimiento económico y demográfico de la ciudad, sino que también se verificó una intensa vitalidad en las industrias culturales más relevantes. Pondremos de relieve aquí la centralidad que adquirió la industria editorial argentina, que llegaría a adquirir verdadero prestigio internacional. Los hermanos Lida, y también el Instituto de Filología, se vincularon con ella de mil modos diferentes. Así, la década del treinta les ofreció incontables oportunidades para publicar, trabajar y desarrollarse; ni el estado de sitio ni los gobiernos militares o conservadores de turno les pusieron ninguna traba. Y todo ello a pesar de ser judíos.

La revista *Sur*, el Instituto de Filología de la Facultad de Filosofía y Letras de la Universidad de Buenos Aires, el Instituto Nacional del Profesorado Secundario, la Sociedad Kantiana de Buenos Aires, el Colegio Libre de Estudios Superiores, su revista *Cursos y Conferencias*, la revista *Nosotros* de Alfredo Bianchi y Roberto Giusti y otras revistas literarias más (Ínsula, *Megáfono*, entre otras), el suplemento cultural de *La Nación* y algunas importantes casas editoriales como Losada y Sudamericana, fueron varios de los muchos espacios por los que circularon los hermanos María Rosa y Raimundo Lida desde fines de la década del veinte.

Por los espacios en los que circularon, por las publicaciones de las que participaron y por la talla de la gente con la que trabaron relación duradera –entre otros, Pedro Henríquez Ureña, Amado Alonso, Alejandro Korn, Francisco Romero, Roberto Giusti, Renata Donghi de Halperin, Américo Castro, Alfonso Reyes, Victoria Ocampo y Ramón Menéndez Pidal– la historia de los hermanos Lida en la Buenos Aires de entreguerras permite iluminar mucho más que dos trayectorias individuales. En pocas palabras, habla de la sociedad y la cultura de la época.

La variedad y el número de los emprendimientos culturales que se desarrollaron en los años veinte y treinta en Buenos Aires componen el cuadro de situación que le da sentido a esta historia. A través de él puede advertirse que los dos hermanos no fueron más que un engranaje modesto de un mundillo cultural que estaba ingresando en una era de esplendor con sus revistas culturales, sus ediciones populares de libros de primera calidad, las exhibiciones de arte, los teatros, la música, las asociaciones de artistas, los cenáculos de intelectuales, los congresos de escritores y las incontables visitas de intelectuales y artistas provenientes del exterior.

Porque fueron, en efecto, los contactos que las instituciones culturales argentinas tenían con el exterior los que en última instancia hicieron posible que María Rosa y Raimundo Lida recibieran sus primeras becas en los Estados Unidos. No fue mera obra del genio o del azar que María Rosa obtuviera la beca de la fundación Rockefeller, puesto que esta institución ya subsidiaba desde los años treinta al Instituto de Filología de la Universidad de Buenos Aires. Tampoco fue un hecho providencial que Raimundo obtuviera la Guggenheim puesto que tanto Amado Alonso, el director de aquel Instituto, como Américo Castro, que había sido miembro fundador, estaban estrechamente vinculados con la fundación y las universidades norteamericanas. Así, pues, debe concluirse que fueron su experiencia y su trayectoria en el seno de la cultura argentina de entreguerras las que les abrieron las puertas de las universidades norteamericanas. Su llegada a Harvard no fue producto de la casualidad ni, tampoco, un mero premio a los silenciosos esfuerzos y talentos individuales de ambos becarios. Esas becas eran mucho más que un premio a los hermanos Lida; con el solo talento individual no habría bastado para obtenerlas. Hacía falta contar con los avales institucionales pertinentes –infaltables para cualquier beca– y, más importante aún, era necesario encontrarse en el lugar indicado, en el momento indicado. Ni con el mayor talento o coeficiente intelectual del mundo las habrían obtenido de no haber sido así.

Puede ya advertir el lector que en este libro nos proponemos ante todo rasgar el velo del mito de los hermanos Lida, los "intelectuales con mayúscula" de la filología argentina, que descollaron en las principales universidades de Estados Unidos. Podremos así descubrir los personajes de carne y hueso que se descubren por detrás de la leyenda, con sus fortalezas y debilidades, vacilaciones y certezas. De ahí que este libro se concentre en su período de formación transcurrido en la Argentina y deje a un lado la consagración profesional de ambos, que tuvo lugar en el exterior.

Se trata de mostrar que, lejos de cualquier mito, ambos hermanos fueron un producto de su tiempo y de su lugar: la ciudad de Buenos Aires en el período de entreguerras. Ubicar a cada uno de los hermanos en sus respectivos contextos, señalar los matices que los diferencian a pesar de lo mucho que tuvieron en común y mostrar los diferentes modos en que se desenvolvieron y trabajaron en una ciudad de la que recibieron poderosos estímulos intelectuales que, cabe aventurar, ya no volverían a encontrar con esa misma intensidad en los largos años que vivieron en el exterior, permitirá iluminar mucho más que dos trayectorias individuales.

Capítulo I
Los idiomas de la infancia

Todo aquel que viene de lejos, que cruza el océano, que atraviesa fronteras, sabe que cambiar de país no es sólo mudar de escenario, de trabajo, de vivienda, de caras familiares a las que se les dice "buenos días" por la mañana, de bandera, de himno nacional y de escuela para los chicos. La más de las veces se trueca también la lengua, la jerga cotidiana y los coloquialismos. Se aprenden nuevos códigos, se hablan nuevos idiomas. Va de suyo que la inmigración es todo un fenómeno lingüístico. Siempre lo fue.

Pero mucho más se siente su impacto en una época en que el Estado-nación lo es todo, o casi todo. Quizás porque las naciones modernas, en su preferencia por un determinado idioma oficial, sometieron a centenares de otras lenguas al casi indigno puesto de dialecto. Si uno no hablaba la lengua oficial, quedaba automáticamente rebajado al estatus de un ciudadano de segunda. Mientras que las lenguas nacionales tienen prestigio por el solo hecho de serlo, las demás quedan relegadas, por más que continúen siendo habladas por poblaciones numéricamente significativas. La lengua oficial es la primera. Es la que está en los libros de texto que se enseñan en la escuela. Por ello, los combates por la lengua y la cultura propias pudieron convertirse, muchas veces, en abiertas batallas políticas enarboladas por minorías que reclamaban hacerse oír con su propia voz; a veces, sin embargo, permanecían abroqueladas por detrás de sus tradiciones y se resistían a asimilarse, mientras otras lo hacían de buena gana, en procura de oportunidades de ascenso social.

Los judíos no son en este sentido una excepción. Algunos se refugiaban en sus tradiciones; otros se disponían a abrir sus horizontes, escapaban de alguno de los *ghettos* de Europa central y aprendían el prestigio que confería el hecho de llegar a dominar una lengua nacional. Unos pocos, en especial los mejor posicionados socialmente, lograron sin problemas asimilarse al punto tal de alterar sus apellidos y convertirse al cristianismo, como lo hace el protagonista de la película "Sunshine", de István Szabó. Otros, en cambio, no tuvieron tantas oportunidades y quedaron confinados en un provincianismo que más tarde terminaría siendo ferozmente arrasado por el nazismo.

El aprendizaje de una lengua abría horizontes para los que partían; formaba parte ineludible de aquella aventura por el ascenso social que anhelaban alcanzar fuera del terruño. Los Lida no fueron un caso aislado. El viaje a América los sacó de su entorno provinciano de Lemberg (Austria) y los llevó al puerto de Hamburgo, pujante y dinámico, en el norte de Alemania. Ese viaje por Europa central en los tiempos del Imperio Guillermino les hizo sentir una fuerte atracción por el idioma alemán. Ya llevaban consigo desde Austria-Hungría una profunda admiración por el emperador Francisco José, por demás germanófilo. Y si bien el *yiddish* hablado, que ellos usaban a diario, tiene una fuerte familiaridad lingüística con el alemán, con ello no bastaba para dominar la lengua. Tal es así que cualquier hablante medio de un correcto *Hauptdeutsch* era capaz de identificar con facilidad la entonación tradicional, casi provinciana, que le daban al alemán los judíos de Europa central.

Se volvía imperioso, pues, aprender un alemán culto y elegante; la tonada provinciana podía tornarse un estorbo. El *yiddish*, una lengua ante todo hablada que no había logrado introducirse en el sistema escolar de ningún rincón de Europa, no parecía tener un futuro muy promisorio. La imponente figura de Otto von Bismarck, por cierto, no dejó indiferentes a los pueblos de la Europa central y oriental. Y cuando los Habsburgo, a fines del siglo XIX, avanzaron en sus esfuerzos por homogeneizar lo más posible el inabarcable imperio multiétnico que les había tocado en suerte gobernar, el alemán se había transformado en la lengua de la burocracia administrativa de toda Austria. En este contexto, la provincia de Lemberg, algo apartada del centro imperial, logró conservar su carácter provinciano más de la cuenta. Pero los judíos, con todo, partían en masa en busca de horizontes más amplios allende los mares.

En la era de la inmigración de masas, Buenos Aires resultó ser una válvula de escape, casi una vía de redención. Al menos, para el *yiddish*. Aquí las jerarquías lingüísticas no se advertían con tanta nitidez. La lengua oficial no gozaba de total preeminencia con respecto a las demás: se imprimían y vendían periódicos en todos los idiomas; las escuelas de las comunidades extranjeras enseñaban en sus respectivas lenguas sin ninguna traba oficial; en las iglesias la misa se daba por igual en italiano, en inglés, en alemán o en francés. La lengua oficial apenas gozaba de un verdadero monopolio en el aparato del Estado, pero éste era todavía relativamente pequeño en los albores del siglo XX. Solo el Ejército, a partir de la Ley Ricchieri, parece haber cumplido de manera adecuada la tarea uniformadora que el Estado tenía a su cargo, pero su influjo se limitaba a la población masculina de nacionalidad argentina –si consideramos que para 1914 en Buenos Aires la mitad de la población era extranjera, podemos tener una medida de lo todavía relativamente limitado de su alcance–. Y mientras tanto, las señoritas de la época suspiraban y soñaban en francés.

El *yiddish*, cada vez más segregado en Europa central por no haber alcanzado el estatus de lengua nacional, encontró su lugar en Buenos Aires. Se instaló, sobre todo, a través de la prensa y el teatro judíos, que se hacían ver en distintos lugares de la ciudad con sus vistosos afiches de propaganda. Así, por ejemplo, en el Excelsior, incluso hasta la década de 1940, las funciones de teatro judío incluían obras dramáticas, operetas y comedias musicales, acompañadas por su respectiva orquesta. Era una época dorada para este tipo de espectáculo. Los afiches que anunciaban los *show* eran, al menos, parcialmente bilingües: *yiddish* matizado con algunas pocas palabras de español.[1] Y los inmigrantes judíos arribados a la Argentina, también. Más o menos así fueron los Lida recién llegados.

Habrá sido por octubre de 1909 cuando Sarah Lehrer pisó por primera vez Buenos Aires. Traía consigo a sus dos hijos varones, uno de ellos todavía un crío que no alcanzaba el año. El mayor había nacido en 1903, el menor en 1908. La niña, en cambio, nacería en tierra argentina en 1910. Descendieron del vapor "Salamanca". En Buenos Aires los aguardaba su marido Moritz Lida. Unos meses antes había llegado a la Argentina, desde donde les había remitido el dinero para los pasajes.

Los tres niños recibieron nombres judíos al nacer, pero pronto fueron sustituidos por otros más acordes con la sociedad cosmopolita a la que aspiraban a integrarse. Quizás al bajar del barco, en el caso de los varones,

1. Una importante colección de afiches de teatro judío de Buenos Aires se conserva en el archivo digital de la *New York Public Library*, New York.

quizás en el momento de inscribirlos en el registro civil, quién sabe. Lo cierto es que sin mayores miramientos el nombre judío del mayor, Mendel, se transformó en Emilio, el de Sigmund Meier devino Raimundo Max y el de la niña, que originalmente habría sido Miriam Shoshana, se convirtió en el más castizo María Rosa. Moritz, naturalmente, resultó en Mauricio y Sarah se transformó sin muchas dificultades en Sara. La familia se encontraba cada vez más preparada para su asimilación en el nuevo medio social.

El primer domicilio en el que se hospedaron –o al menos, del que se poseen referencias– se encontraba en el partido de Avellaneda. La casa debió haber sido espaciosa, puesto que había allí un patio con dalias. Tanto que permitió que la familia se hiciera de unos pesos subalquilando una habitación a ocasionales inquilinos temporarios. Era una estrategia por la que se podía llegar a recuperar buena parte del valor del alquiler mensual y vivir más holgadamente. Uno de los tantos huéspedes habría sido un español que introdujo en la casa algunos viejos libros traídos de Barcelona o Valencia –habrán sido de las casas Maucci o Sempere, por entonces las más importantes–. Debían ser novelas de moda. Irrumpieron en la casa de los Lida dejando una huella imborrable. Los padres no se dedicaban a la lectura; decían que no tenían tiempo para eso. Y los niños eran todavía bastante pequeños. El afable inquilino español, sin embargo, permaneció en el recuerdo de la familia por generaciones, puesto que les enseñó a todos, a padres e hijos, a hablar la lengua. Aprendieron a hablar un español "gallego" por demás, muy correcto, parecido en gran medida al de los libros importados que el ocasional huésped introdujo en la casa. Así, con el correr de los años, los padres terminarían hablando un español casi libresco, correcto y fluido, como el de quien debió ejercitarse mucho para pronunciarlo bien. Hablaban de usted, a veces de tú. Jamás usaban el vos.

Los niños resultaron tanto más dúctiles, como suele ocurrir. Aprender la lengua era como un juego, entre cantos y rimas. El huésped les recitaba versos tomados al azar de las poesías españolas del Siglo de Oro y antiguos clásicos traducidos. En absoluto bien traducidos, diría María Rosa mucho tiempo después. Aquellas viejas traducciones españolas de los clásicos grecolatinos utilizaban un lenguaje sobrecargado, lírico y arcaizante que ella no olvidaría cuando le tocó abordar como especialista el problema de la traducción de los clásicos a lengua española. Escribiría, en su *Introducción al teatro de Sófocles* publicada por primera vez en 1944, que no conocía traducción aceptable –entre las de lengua española– de las clásicas tragedias griegas, a pesar de que había varias versiones publicadas por importantes casas editoriales.[2]

Otro de los idiomas de la infancia fue el hebreo. Debido a las muchas mudanzas que les tocó vivir en sus años de infancia –o quizás gracias a ellas– los hijos varones no tuvieron una instrucción religiosa regular y continuada; su pasaje por sinagogas parece haber sido intermitente y fugaz. Existía a comienzos de siglo tan solo una única escuela estable de formación judía en la calle Viamonte al 1.400 (el Talmud Torá), que luego pasó a quedar integrada al Gran Templo de la calle Paso, una de las más antiguas sinagogas argentinas, fundada en 1930 en el barrio de Balvanera. Debido a las complicaciones que suponía tener que viajar regularmente hasta la escuela, la instrucción religiosa de los niños quedó depositada en las manos del padre. Mauricio había recibido algún tipo de formación rabínica en una *yeshiva* de Europa central y se preocupó por proporcionarles a sus hijos los rudimentos de la enseñanza religiosa. Imprescindible era, desde ya, la enseñanza de la lengua hebrea, puesto que era la llave para el conocimiento de la Torá. Se dice que Emilio, el mayor, era más atento y obediente en las clases domiciliarias que Raimundo, de carácter juguetón: más de una vez recibió un coscorrón por desatender las lecciones paternas.

Si bien informales y poco sistemáticas, esas mismas clases de hebreo que los hijos varones recibieron sin mayor entusiasmo, causaron una honda impresión en la niña María Rosa. Ella no participó de esas lecciones, claro. No sólo fue excluida por ser la más pequeña de la familia, sino además –y más importante– por el solo hecho de ser una niña. En el judaísmo tradicional de comienzos del siglo XX el conocimiento de la Torá se reservaba a los varones, y a ellos solos iba destinaba la enseñanza del hebreo. Esto es lo que marcaba la tradición, y en este aspecto los Lida no se apartaban de la norma. Los varones atravesarían su Bar-Mitzvá al ingresar en la pubertad; el hoy frecuente Bat-Mitzvá de las niñas, en cambio, no estaba todavía instituido en el judaísmo de la época. No cabía en las costumbres que las niñas judías estudiaran hebreo. Muy lejos todavía de convertirse en una lengua nacional, como ocurrirá luego de 1948 con la fundación del Estado de Israel, el hebreo conservaba todavía esta connotación. Que la formación de la mujer no fuera exactamente igual a la del varón no era sin embargo una característica

2. María Rosa Lida, *Introducción al teatro de Sófocles*, Buenos Aires, Paidós, 1971, p.37.

diferencial de los judíos; era, por el contrario, un rasgo propio de la época, sin distinción de confesiones religiosas u orígenes étnicos.[3] En esto los Lida se apegaban firmemente a las costumbres, tanto sociales como religiosas, por más que en otros aspectos no respetaran a rajatabla el ritual judío. Las consabidas velas de los viernes, por ejemplo, casi nunca se prendían en el seno de la familia.

María Rosa aprendió a deplorar desde muy pequeña esas restricciones que encontraba de lo más arbitrarias; por el solo hecho de ser niña le cerraban la puerta a saberes que ella imaginaba fascinantes, tanto más por el hecho de estarle vedados. Intentar compensar esas restricciones sin sentido cultivando el intelecto y aprendiendo idiomas será todo un indicio de su independencia de carácter. Con el correr de los años aprendió italiano, francés, inglés, alemán, portugués, catalán, latín y griego, pero sus conocimientos del hebreo no fueron más que rudimentarios. Su lamento por ello continuará durante toda su vida. En 1947, escribía: "es mía la vergüenza porque no sé hebreo y tengo que recitar en griego –lo más antiguo a que puedo remontarme–".[4] Uno de los aspectos que más le llamó la atención de Yakov Malkiel, antes de convertirse en su marido, fue el hecho de que él supiera no sólo hebreo, como cualquier varón judío educado en el canon, sino además árabe y ruso, lenguas que en Buenos Aires ella nunca tuvo la oportunidad de estudiar.

Puede verse cómo el traslado de la familia a Buenos Aires fue llevando no sólo al rápido abandono del primigenio *yiddish*, sino también a tomar conciencia de la preeminencia de las lenguas oficiales, ya fuere de los Estados nacionales modernos, el alemán en primer término, luego el español, o de la religión, en el caso del hebreo. La tradicional lengua judía europea de habla popular había sido el primer idioma que aprendió Emilio, el mayor de los hermanos; Raimundo y María Rosa, en cambio, se criaron directamente en español. Del *yiddish*, que los dos menores apenas sabían de oídas, únicamente rescatarían su semejanza con el alemán en la lengua

---

3. Basta cotejar las memorias de mujeres de la época de diferentes confesiones religiosas y orígenes sociales para confirmar esto: Victoria Ocampo, *Autobiografía*, Buenos Aires, Sur, 1980; Silvina Bullrich, *Mis memorias*, Buenos Aires, Emecé, 1980; Alicia Jurado, *Descubrimiento del mundo*, Buenos Aires, Emecé, 1989.

4. Carta de María Rosa Lida a Yakov Malkiel, Cambridge, 25 de septiembre de 1947, *MA*, 26/19.

hablada. Todo esto contribuyó a forjar la idea, al menos intuitiva, de que había algo así como una jerarquía entre las lenguas. Unas eran lenguas habladas y populares; otras, en cambio, tenían una connotación culta y, en ocasiones, oficial. Eran todas enseñanzas que iba dejando la experiencia de la inmigración.

Capítulo II
Buenos Aires, la calle y los barrios

Los barrios, en plural. La familia se mudó una y otra vez. De Avellaneda al centro, y de ahí a los barrios periféricos de Buenos Aires: Barracas, Boedo, Chacarita. La intensa movilidad a lo largo del entramado urbano es un elemento constitutivo de la historia de esta familia, como de muchas otras recién arribadas a la ciudad. En ese recorrido itinerante, habitaron en cambiantes domicilios, para finalmente establecerse, ya en la década del cuarenta, en lo que hoy sería el barrio de Congreso. La primera propiedad adquirida por la familia fue el tercer piso de la calle Riobamba 118 que Emilio, recién casado, primero alquiló a partir de 1945 en lo que hoy sería el barrio de Congreso. Pero el camino a la casa propia fue largo. Emilio, el médico de la familia, fue el primero de los Lida que accedió a tener una casa de su propiedad en el tercer piso de la calle Riobamba 118. Era un piso espacioso, moderno, bien luminoso. Primero la alquiló, hasta que finalmente pudo concretar su compra en 1958. Se vio favorecido por el congelamiento de los alquileres dispuesto por el gobierno, de 1943 en adelante. Una vez congelados, los precios se licuaron con la inflación y los propietarios se resignaron a vender buenos departamentos a precios irrisorios. Este recorrido, si bien sinuoso, permitió que la familia adquiriera todos los rasgos de la clase media, ya sea por la aspiración a una vivienda de calidad, por el estilo de vida, el nivel de consumo o de educación. Algunos de estos rasgos se advierten desde los primeros años transcurridos en Buenos Aires; otros, en cambio, se fueron asentando con el correr del tiempo, tal como revela el hecho de que en los años treinta hayan adquirido su primer automóvil, un verdadero lujo para la época.

Las viviendas alquiladas –a excepción del piso de la calle Riobamba– fueron las más de las veces alojamientos pensados a corto plazo; los Lida apenas duraban en ellas tres o cuatro años cuando mucho. En los primeros tiempos, sobre todo, las mudanzas fueron muy frecuentes. Luego se espaciaron un poco, pero a la familia, de todas formas, le costaba echar raíces y afincarse en una misma casa, en un mismo barrio. De los primeros domicilios es difícil dar con datos precisos, pero a medida que pasan los años, y la correspondencia escrita de los miembros de la familia se torna regular, se hace más fácil seguir la pista de las sucesivas casas que habitaron. Si no fuera por las cartas que, de rigor, llevaban la indicación del domicilio, la reconstrucción de este itinerario sería tanto más difícil todavía. De todas formas, desentrañar la madeja no es sencillo, porque se escribían cartas con domicilios variables, ya sea en la propia, en la de algún otro miembro de la familia, en el consultorio alquilado del hermano médico, en el Instituto de Filología –a su vez, también de domicilio cambiante– o en cualquier otro lugar que les resultara habitual. Consultado sobre este punto muchos años después, Emilio Lida aclaró:

> Con respecto al problema de nuestras direcciones anteriores te aclaro que Lemos 239 era la dirección de mi consultorio, María Rosa nunca vivió allá; la familia vivía en una cuadra anterior, Lemos 163. De allí nos trasladamos a Pavón 1314, de allí a Entre Ríos 263, desde 1933 vivíamos en San Juan 1318, desde 1938 en Solís 215 y desde enero de 1945 en Riobamba 118.
> Como si no fuera suficiente, se agrega igual fluctuación para las señas del Instituto de Filología. Del examen de los sobres saqué en limpio: Florida 691, Reconquista 572, Viamonte 432 [Viamonte 430 correspondía a la antigua sede de la Facultad de Filosofía y Letras] y San Martín 534.[1]

Estos registros corresponden a los domicilios que habitó la familia a partir de los años treinta, cuando los hijos ya pasaban los veinte años. En el verano de 1930 vivían en Chacarita, en la calle Lemos, a una cuadra del consultorio de Emilio que ya estaba funcionando; pero tan solo unos meses después estaban viviendo en la calle Pavón, según se desprende de algunas

1. Carta de Emilio Lida a Yakov Malkiel, New York, 9 de julio de 1985 y carta de Yakov Malkiel a Emilio Lida, California, 25 de junio de 1985. *MA*, 12/21.

cartas enviadas por Raimundo a Leonor, su compañera de la facultad que luego se convertirá en su esposa.

De las primeras décadas carecemos, por desgracia, de datos tan precisos. No hay prácticamente registros epistolares; los padres eran muy parcos en su correspondencia y los hijos eran todavía demasiado jóvenes. La memoria, además, se hace difusa cuanto más atrás uno se remonta. Y para enmarañar todavía más cualquier intento de pesquisa, resta mencionar que los padres vivieron separados algún tiempo, alquilando sendas viviendas. Mauricio pasó una temporada en la calle Viamonte 825 –debió haber sido una casa estrecha, algo oscura y austera–, mientras el resto de la familia continuaba en la Chacarita.

Sin poseer casa propia durante largas décadas, los Lida no permanecieron atados a ningún barrio de la ciudad. Se movían de un lado a otro en busca de mejores oportunidades, a veces subarrendando parte de la vivienda. No ascendieron socialmente en un santiamén, como por arte de magia, pero tampoco encontraron vedado el camino hacia la movilidad social; podría decirse que en este sentido estuvieron dentro de la media. Tuvieron casa o departamento de tales dimensiones que permitió la mayor parte del tiempo vivir con algo de comodidad. La niña, por otra parte, tuvo su propio cuarto desde bastante pequeña. Y cuando los hijos se hicieron grandes y el mayor se recibió de médico, pudieron establecer el consultorio privado, aunque también quedó supeditado a las reiteradas mudanzas de la familia.

Entre tantas idas y venidas, no quedaron atados a ninguna barriada; no se insertaron de manera estable en la sociabilidad barrial de ningún lugar. Iban y venían, y lo mismo ocurría con los empleos y las ocupaciones de los padres, que variaban con tanta regularidad como la vivienda. Con la escuela de los chicos, ocurrió algo similar. A veces se mudaban porque una determinada zona de la ciudad no los convencía por la ausencia de algún tipo de servicio urbano; otras, porque aspiraban a una vivienda mejor, más grande o confortable; otras más por los cambios de trabajo de los padres; y otras tantas veces más, por una cuestión de pura comodidad o gusto. Los verdaderos motivos de tantas mudanzas son insondables.

Algunos datos, con todo, podemos dar por ciertos. En el límite entre Boedo y Parque de los Patricios vivieron hacia fines de la década del diez; en ese tiempo, Mauricio trabajaba como encuadernador en la casa editora Jacobo Peuser, no muy lejos de allí. La fábrica estaba en la calle Segunda Defensa, entre Alegría e Industria (hoy, Regimiento de Patricios al 500, entre Wenceslao Villafañe y Aristóbulo del Valle). Desde las décadas finales del siglo XIX se habían instalado en esa zona importantes plantas industriales, que pueden ser consideradas de punta para su época: Canale, Bagley, la yerbatera Cruz de Malta y los aserraderos La Cantábrica. Y había otra editorial más en ese barrio fabril, la casa Kraft. Era una zona que había adquirido un intenso movimiento. Desde muy temprano se instaló allí una línea de tranvía que conectaba con la Plaza de Mayo y sus alrededores para que los trabajadores pudieran acceder fácilmente, ya que la mayoría vivía en los conventillos del centro.

Jacobo Peuser era un empresario alemán de origen católico que primero había establecido un local comercial cerca de la Plaza de Mayo, y luego montaría la fábrica en las afueras. Fue construida siguiendo el modelo de las principales industrias de su tiempo: sus dimensiones eran generosas, sus instalaciones, higiénicas y tenía muy buena iluminación. Era una gran fábrica moderna, con una aceitada división interna del trabajo según cada etapa del proceso editorial. Las condiciones de trabajo que allí ofrecían eran de lo mejor que había en plaza para cualquier trabajador manual. La empresa incluso contaba con una caja de socorros mutuos que hacía las veces de cooperadora; había sido creada por el propio fundador de la editorial en 1885, seguramente inspirada en vagos principios socialcristianos.

A través del trabajo de Mauricio en la Peuser, el contacto de los chicos con los libros se afianzó. Creían que había algo de mágico en esa labor de artesano; veían cómo de las manos del padre salían libros *de verdad*, convertidos en objetos elegantes y firmes, dignos de admiración. Les enseñó desde muy niños a ver en los libros un objeto de un valor que no se medía en dinero. Los libros tuvieron una presencia casi permanente en la casa familiar, aun cuando los padres muy rara vez, o nunca, los compraran o leyeran.

Aquel empleo –temporario, como todo lo demás, en esos años– tuvo una significación mucho más profunda de lo que ellos hubieran podido imaginar, sobre todo por las oportunidades que traería consigo, y las aspiraciones que la familia comenzaría a vislumbrar. Al elevar a Mauricio a una suerte de elite obrera, puesto que era un artesano calificado, el empleo les permitió aspirar a un estándar de vida del cual los Lida ya no se apartarían. Claro que él no se sentía pertenecer a ninguna aristocracia, puesto que era un hombre de carácter humilde, más allá de cuál fuera el monto de su salario. Pero el solo hecho de que su mujer no trabajara fuera de casa hablaba a las claras de una familia que podía darse el lujo de adoptar hábitos y formas de ser propias de la burguesía. Por ejemplo, la debilidad de Sara por las fotos de estudio, con fotógrafo profesional, que regularmente le haría sacar a los niños; esas fotos harían las veces de ritos de pasaje en cada una de las etapas de sus vidas. Fueron quizás estos hábitos y maneras de ser los que hicieron que ella se sintiera tan poco confortable en aquel barrio popular donde casi todas las demás mujeres sí se veían obligadas a trabajar fuera de casa, ya sea como obreras o empleadas domésticas. No había ni una maestra normal en esa barriada: para eso hacía falta algo más de instrucción.

Cuando Mauricio dejó la Peuser fue para independizarse e intentar crecer con un negocio propio. Al menos era la intención. Pero no tenía pasta para captar clientelas y hablarles de tal modo que se sintieran atraídos por el producto que se intentaba vender. Los recursos publicitarios modernos casi ni se utilizaban en el muy modesto universo barrial; todavía se preservaba el comercio cara a cara, sin mediaciones de ningún tipo, como entre los almaceneros de pueblo. Eran tiempos en los que el comerciante tenía que salir a la calle a conquistar su clientela; había que conversar con ellos uno por uno, haciendo gala de una capacidad de oratoria, de cierto carisma. Pero Mauricio era hombre de pocas palabras, de carácter más bien huraño, poco entrenado en el trato social.

Invirtió sus energías en un pequeño negocio que ideó mientras todavía trabajaba en la Peuser. Camino al trabajo, mientras viajaba en tranvía y dejaba que su mirada se perdiera en el mar de gente que todos los días se desplazaba a las fábricas de la zona sur, le llamó la atención que todos llevaran algo que leer en sus manos: diarios, revistas, libritos de todo tamaño. La profusión de libros baratos le dio una idea: era evidente que nadie se molestaba en pagar una encuadernación para esos libritos populares. Mauricio se propuso ofrecer en el barrio un servicio barato de encuadernación, con un entelado económico, que además de todo prometía ser duradero. Nada de fileteados dorados, ni tapas de cuero. Era útil, sencillo, resistente y no era caro.

Pero no supo vender bien su idea, ni tuvo la intrepidez suficiente para lograr que ese modesto e improvisado taller se convirtiera en una librería o en una pequeña imprenta de barrio. Hubo muchas que surgieron así, desde abajo, atendiendo en un comienzo a una muy modesta clientela barrial. Basta pensar en lo que fueron los orígenes de la célebre editorial Claridad. A Mauricio no le faltaba experiencia en su labor de artesano, pero no se dio cuenta de que, para alcanzar algo de éxito, debía hacer de su taller un centro de atracción para la gente, organizando tertulias de algún tipo, convocando conferencistas de moda –era una época en la cual las conferencias populares solían tener importante público–, atrayendo a los jóvenes, los trabajadores y las mujeres. Debía, en pocas palabras, convertir su taller y su casa en un espacio para la sociabilidad barrial. En los barrios obreros todos esperaban del encuadernador, o del trabajador gráfico, que fuera una especie de avanzada cultural en una tierra yerma. Había quienes se tomaban esa tarea muy en serio, llegando a adquirir un verdadero ascendiente sobre sus vecinos. Pero Mauricio, no. No sabía hablar en público. Era un hombre sencillo, algo parco, que no aspiraba a darse ínfulas de ser alguien en la "sociedad". Se consideraba a sí mismo un artesano, y eso le bastaba. El negocio fracasó.

De todas formas fue un verdadero paraíso para los chicos. Era como tener una biblioteca circulante a disposición. Los libros iban y venían, y los chicos los veían pasar. Pero, ¿por dónde empezar? Sus primeras lecturas fueron fragmentarias. Tomaban libros al azar, según iban llegando al taller, y leían entrecortadamente algunos trozos, para luego abandonarlos por otros que tuvieran un aspecto más bonito. Los libros componían una selva enmarañada, donde los temas, los títulos, los autores, los colores y los idiomas eran difíciles de desentrañar. En principio, no tuvieron más guía que su propio olfato.

No, al menos, hasta que Emilio, por estar más avanzado en la escuela, adquirió algunas herramientas con las cuales orientar a los menores. Además, fue el primero que en un principio tuvo libertad de movimientos por la ciudad; podía ir a diferentes bibliotecas –como la de la Sociedad Hebraica, por ejemplo– y llevar libros prestados a la casa. Según el relato del propio Emilio:

> Cuando tenía once o doce años me regalaron un texto de preceptiva literaria que fue para nosotros una revelación: lo sabíamos de memoria y nos introdujo en el mundo de la versificación. Luego, apenas ingresado en el colegio secundario comencé a comprar libros de literatura, sólo limitados por los escasos recursos que mamá me daba de sus ahorros. Recuerdo que el primer libro que compré, de segunda mano, fue *La Ilíada*, de la cual nos sabíamos de memorias largas tiradas que aún recuerdo.[2]

2. Carta de Emilio Lida a Yakov Malkiel, Buenos Aires, 15 de noviembre de 1980. *MA*, 11/21.

Así, Emilio pudo empezar a sugerir lecturas y se ganó un ascendiente sobre los hermanos pequeños que habría de perdurar. Sin que nadie se lo hubiera dicho, él sabía que tenía que dar el ejemplo y se tomaba muy en serio esa tarea. Esa actitud se advierte en una simpática foto de esos años en la que Emilio –vestido de traje y con moño al cuello– posa con adustez junto a sus hermanos todavía bastante pequeños. Mientras el mayor se comporta como adulto, los otros dos se abrazan y miran juguetonamente a la cámara. Raimundo está vestido para la ocasión, con un traje de marinerito y la niña lleva puesto un vestido con moño al cinto.

Los hermanos Raimundo, María Rosa y Emilio Lida, circa 1913 (Archivo de la familia).

Cuando el taller dejó de funcionar, la familia se mudó otra vez más. Era algo que Sara reclamaba desde hacía tiempo. Siempre se quejaba de lo poco acogedor que era el entorno. Estaban a pocos pasos del barrio que todavía se conocía como de la Quema –no había más que unas cuadras de distancia con Parque Patricios–, un andurrial todavía de mala fama, puesto que no era ni más ni menos que un enorme basural, que además se había ganado la reputación de acoger en su seno a personajes poco respetables, como malevos y prostitutas. Y años ha estuvieron allí los mataderos. Si bien es cierto que en los últimos tiempos se habían ensayado importantes reformas para cambiar el rostro de ese barrio feraz, era muy difícil de todas formas borrar de un plumazo su mala fama. Por algo los alquileres eran tan bajos ahí.

Sara se quejaba mucho del barrio. Al principio, recién llegados de Avellaneda, se había entusiasmado con la idea de vivir cerca del centro. Pero se decepcionó muy rápido. Y en los días de paseo, prefería irse lo más lejos posible, nunca elegía el Parque de los Patricios como un destino para el esparcimiento de la familia. No había podido jamás imaginar que eso que se daba por llamar *un barrio* era, poco más, un descampado. Entre casa y casa, se colaban terrenos baldíos de gran extensión que de noche daban miedo.

Pero lo más duro de sobrellevar no estaba aquí de todas formas, sino en la manera de ser de la gente del barrio. Sara no terminaría nunca de adaptarse. Las costumbres eran tan poco rígidas que provocaban incomodidad. Los vecinos, por el sólo hecho de serlo, creían que tenían derecho a introducirse en su casa a cualquier hora, sin previo aviso. Y más si eran judíos. Se hacían invitar a comer sin el menor reparo en cuidar los modales o el vocabulario, ni siquiera delante de los niños más pequeños. Y opinaban sin tapujos sobre todo, incluso sobre el modo en que Sara llevaba la casa. O el modo en que educaban a los niños, o les enseñaban los rudimentos de la religión. Todo se sabía: que ella no prendía las velas en viernes, que los chicos no iban a la escuela talmúdica con regularidad, etc. Se sentía incómoda con ese estilo de vida tan informal que se le presentaba parecido al de un conventillo. Cada día deploraba más ese mundillo vecinal y comunitario típico de los barrios populares de la ciudad.

Al menos así pudo conseguir una changa que cada tanto le daba unos pesos extra sin moverse de la casa: se dedicó a confeccionar pelucas femeninas para las mujeres judías del barrio. Según la tradición más rigurosa, la mujer casada, en especial si era joven, no podía lucir su cabello natural más que ante los ojos de su marido; nunca debía exhibirlo de manera pública frente a la vista de los demás. Las pelucas se confeccionaban con cabello natural y se vendían bastante caras. A pesar de que ella deploraba aquella costumbre ancestral, sabía hacerlas, peinarlas y mantenerlas, era un arte que había aprendido en Europa y que le permitía trabajar sin descuidar la casa. No era un ingreso regular, desde ya. Sara nunca recibió un salario ni trabajó fuera, no era más que una señora de su casa que trataba de aprovechar sus ratos libres.

De cualquier forma, la crianza de los chicos no le dejaba mucho tiempo. Era una madre rigurosa con sus hijos, más bien poco afectuosa. No les permitía jugar en la vereda, ni andar sucios ni desprolijos, como los demás chicos que haraganeaban por el barrio. Vestían siempre con propiedad, es decir, siguiendo al pie de la letra el canon de la burguesía en ascenso. Y se desvivía por apartarlos de la calle. Le habían contado que una de las diversiones típicas de los chicos de por ahí era intentar cazar ratas en los terrenos baldíos, para luego organizar algún tipo de competencia donde ganaba quien mejor las descuartizaba a pedradas. Sus hijos no serían así: ella los tendría bien vigilados para que fueran unos verdaderos señoritos. Y cuando fueran grandes irían al Colegio Nacional. El destino de los hijos varones ya estaba decidido.

Y lo más importante: había que vigilar su manera de hablar, para que no terminaran expresándose con todas esas guarangadas que se escuchaba por la calle. Nada de lunfardo. Y que no fueran a introducir en la casa expresiones soeces. Que todos los años incrementaran su vocabulario un poco más. El hecho de que entre los vecinos más próximos hubiera un importante núcleo de italianos que hablaban dialectos que ni entre ellos entendían contribuyó a afianzar todavía más el vago sentimiento de superioridad social que Sara quería inculcarles a sus hijos. A falta de otros, los buenos modales y el buen uso de la lengua fueron los primeros signos de distinción social al que los Lida intentaron aferrarse. Tales gestos, en claro contraste con los que prevalecían en los barrios bajos de la ciudad, hablaban tanto de sus aspiraciones como de su identificación con los valores de la burguesía.

Era imposible, sin embargo, aislar a los niños en esa Babel que era Buenos Aires bajo el signo de la inmigración. Bastaba con salir a la calle, o abrir una ventana, para que entraran en contacto con las más variadas jergas. Cada barrio, cada cuadra, eran demasiado heterogéneos; en cualquier esquina vivía un comerciante gallego, y a los pocos metros había una familia de rusos, y luego turcos, polacos o italianos, tanto del sur como del norte, etc. Tamaña variedad habría resultado inimaginable en la rígida y compartimentada sociedad austriaca que Sara comenzaría a añorar cada vez más.

Los niños, en especial los dos más pequeños, que aprendieron a balbucear sus primeras palabras en la nueva ciudad, se dejaron impresionar por el cambalache de lenguas que escuchaban a diario. Y a través de los lenguajes de barrio se vincularon con esa Buenos Aires tan cosmopolita como políglota. Sara les tenía prohibido hablar como cualquier hijo de vecino; no eran unos chiquillos cualquiera. Ellos de todas formas se regocijaban escuchando el habla popular. La ciudad tuvo mucho que ver en la gran atracción que la pluralidad lingüística ejercería sobre los hermanos Raimundo y María Rosa. El hecho de vivir en barrios –uno tras otro– que en nada se parecían a *ghettos* les ayudó a comprender que tenían ante su vista un impresionante experimento multicultural. Aunque jamás lo hubieran podido definir en estos términos.

Y el resto fue haciéndose sobre la marcha. La educación, sobre todo, afianzó mucho el carácter. Emilio llevaba casi siempre a los hermanitos a la escuela. A veces en tranvía, pero la mayor parte de las veces a pie. Eran poco más de quince cuadras; si bien relativamente pocas para un adulto, podían volverse interminables para niños en edad escolar. Emilio, poco más, arrastraba por la calle a los dos menores, que se resistían a caminar. Sin embargo el esfuerzo solía tener una recompensa que lo justificaba todo: con las monedas que se ahorraban por no usar el tranvía, podían reunir un peso o dos para comprarse libros, que guardaban como verdaderos tesoros. Vagar por la calle, al fin y al cabo, podía también dejar muy buenas enseñanzas.

Pero sin duda lo que alejó definitivamente a los hermanos Lida de los demás chicos de barrio fue el ingreso al Colegio Nacional. Como es natural, Emilio fue el primero: comenzó sus estudios secundarios en el Nacional Manuel Belgrano hacia 1917. El muchacho cumplió con satisfacción el rito de pasaje que suponía empezar a vestirse como alumno de un colegio tal: corbata o moño según la ocasión, prolijo traje oscuro con camisa blanca, largo sobretodo en invierno, el pañuelo que sobresale del bolsillo y quizás algo de gomina en el cabello prolijamente cortado al ras. Los chicos del barrio no se vestían así. A lo sumo, usaban camisa y saco para las ceremonias, como la de la primera comunión que quedaría inmortalizada en su respectiva foto. Para muchos, esa sería la primera vez que lucían una camisa. Por algo lo vivirían con tanta expectativa.

Tampoco viajaban al centro para ir a estudiar. Desde el primer día en que Emilio atravesó en tranvía la ciudad de sur a norte, desde el barrio sur de la ciudad, hasta Pueyrredón y Santa Fe, pudo apreciar los contrastes que separaban a su barriada popular, donde abundaban las casas bajas alternadas, todavía, con algunos terrenos a medio construir, de una zona donde proliferaban los *petits hôtels*. Incluso la iglesia católica era bella allí; no se parecía en nada a esas capillas de materiales baratos e improvisados que había por su barrio. Y las casas parecían tener otra solidez, otra majestad. Pero no lo perturbaba: no se sentía avergonzado por provenir de un barrio en que nada de esto existía. Emilio había logrado adquirir una gran seguridad en sí mismo. Trataba a sus compañeros de igual a igual, a pesar de que casi todos vivían cerca del colegio y él no. Algunos eran netamente porteños; otros, hijos de inmigrantes y otros tantos más, vástagos de importantes familias de provincias. De aquel colegio saldrían jóvenes que luego estudiarían para abogados o para médicos, o se convertirían en empleados de la administración o de las grandes tiendas de comercio.

Pero cuando el día escolar llegaba a su fin había que volver al barrio, donde los chicos de la cuadra se burlarían de él diciéndole "cajetilla", o cosas todavía mucho peores. Eran habituales las bromas para con el estudiante que vestía de traje, el judío que llevaba puesto su kipá, el sacerdote de sotana, el joven remilgado, la muchacha que se endomingaba demasiado sin ninguna razón aparente.

Por ese tipo de burlas, hacía rato que Sara tenía ganas de irse de los barrios populares de la periferia de Buenos Aires. Cada año que Emilio pasaba en el colegio se le hacía más duro de sobrellevar. Bastaba con ver la admiración con la que los hermanos menores escuchaban los relatos de Emilio acerca de cómo pasaba su día en el centro, ¡se les hacía agua la boca! Si le iba tan bien como todos esperaban, a Raimundo también lo enviarían a estudiar al mismo colegio. En cuanto a la niña, los planes eran claros: que asistiera a bailes, kermeses y otros eventos sociales en cuanto se convirtiera en una joven casadera, como se decía entonces. Sí, los Lida se estaban volviendo una típica familia burguesa. Pero no estaban firmes los planes para que María Rosa estudiara: eso sí que no. Los padres consideraban que la educación de la mujer era algo de lo que se podía prescindir, y más si se trataba de la educación media o superior. Veremos luego qué recorrido debió transitar María Rosa para hacer torcer la voluntad paterna e ingresar al Liceo de Señoritas Nº 1. Sea como fuere, quedaban cada vez menos razones para seguir viviendo en un barrio que no era más que puro arrabal.

Y cada vez faltaba menos para ingresar en los años veinte. Era una época extraordinaria para entrar en la adolescencia. A diferencia de Emilio, Raimundo tuvo la suerte de comenzar la escuela secundaria después de la Revolución Rusa y de la Reforma Universitaria. La primera, porque liberó energías y esperanzas en los jóvenes, en un torrente que tenía mucho de emotivo. La segunda, en cambio, disolvió buena parte de aquella solemnidad que hacía no mucho tiempo atrás todavía se respiraba en los claustros. No fue sólo una fría cuestión de estatutos universitarios, escritos en el papel, sino que implicó cambios profundos, incluso en el terreno de la sensibilidad. Los jóvenes ya no esperaban que sus profesores les transmitieran fría y enciclopédicamente un determinado saber, sino que fueran capaces de ejercer una suerte de autoridad moral. Tenían avidez por hallar un gurú en el que creer. El saldo de todo ello fue la posibilidad de imaginar un destino diferente al que sus padres les habían trazado. Los hijos reclamaron el derecho a estudiar lo que realmente les gustaba. Incluso las mujeres jóvenes comenzaban a soñar con descubrir y desarrollar su vocación. Raimundo y María Rosa fueron un producto de todos estos cambios, así como también de los propios avatares de una familia como los Lida, que iba y venía a lo largo de Buenos Aires.

Pero en rigor hubo muchos otros factores que hicieron de la década del veinte un tiempo maravilloso para ingresar en la adolescencia. Sería un formulismo puramente libresco afirmar que todo se debió al influjo de las grandes revoluciones, como si estas fueran capaces de transformar por sí solas la sensibilidad de la gente común, casi como por arte de magia. No obstante, los cambios se sintieron en todos los planos; fueron vividos, antes que proclamados por medio de consignas y panfletos revolucionarios. Ellos, finalmente, harán posible que María Rosa estudiara en el Liceo y terminara por ingresar a la Universidad, a pesar de que sus padres le negaran por completo su apoyo. Lo cierto es que la autoridad paterna comenzaba a evaporarse en el seno de la familia y no había nada que hacer contra eso.

Con la excusa de que los chicos crecían y necesitaban estar más cerca del centro –en 1920 Raimundo ingresó al mismo colegio que Emilio– Mauricio tomó la decisión de mudarse. Fue todo un cambio. La nueva casa tenía dos patios –uno delante y otro al fondo–, pisos de mosaicos y una amplia cocina. Era confortable, ventilada, luminosa, de generosas dimensiones y mucho mejor conectada por las redes de tranvías que la anterior.

Mauricio intentó prosperar una vez más con un pequeño negocio barrial. Esta vez no fue un taller de encuadernación, sino más bien una joyería o, mejor dicho, una suerte de taller de reparación de relojes y joyas. Mauricio era un artesano nato y, también, un buen observador. Se dio cuenta de que algo estaba cambiando en el mundo de las mujeres, incluso las de barrio, y de que era una buena época para un negocio así. La masificación comenzaba a percibirse y se conseguía *bijouterie* a precios accesibles para la cada vez más diversificada clase media. Sara supo ayudar en el nuevo negocio, y más ahora que los chicos estaban más grandes y requerían menos cuidados y atención. Resultó más hábil vendedora que Mauricio, sabía atraer la clientela y tratar a la gente. Pero sin duda la estrella fue Emilio, quien verdaderamente tomó el timón del negocio familiar. De este modo se afianzó su autoridad en la familia.

Y se mudaron "al centro", aunque sin abandonar el eje sur de la ciudad. Se instalaron a muy pocos pasos de la Plaza Constitución, en la calle Pavón al 1300. A este barrio volverían una y otra vez. Era una neta expresión del viejo sur urbano, con algunas casonas que conservaban todavía la elegancia y la sobriedad de antaño. Su actual deterioro social y económico no debe hacer olvidar que justo allí se levantaría la más imponente estación de ferrocarril de la Argentina. Se la utilizaba para conectar la ciudad con la próspera campaña bonaerense, y no con el cordón industrial del Gran Buenos Aires, que por entonces ni existía.

El escenario barrial se completaba con unos muy respetables edificios religiosos. No lejos de allí estaba la bucólica Casa de Ejercicios Espirituales, con sus grandes y frescos patios poblados de flores. Tenía el encanto de lo añejo. Más moderna, pero no menos bella y apacible, era la pequeña iglesia del Inmaculado Corazón de María, una verdadera joya arquitectónica en estilo gótico, que aún conserva una colección de vitrales que fueron directamente traídos de Alemania.

En comparación con el barrio que dejaban atrás, el pasaje a Constitución era una forma de ascender algún escalón social. Incluso había allí una elegante confitería, ¡como las de los barrios de verdad! Y no todos esos cafetines propios de malevos y rufianes. Era, por fin, un lugar como la gente donde vivir. La mudanza fue celebrada con la adquisición de un piano de pie, pagado en interminables cuotas a crédito. Los Lida tendrían ahora una casa de veras, mientras Sara se convertía en toda una señora.

Capítulo III
Independencias

Los rasgos de carácter de María Rosa y de Raimundo, que no tardarán en revelarse plagados de sutiles diferencias, se afianzaron, como es natural, a través de sus vivencias de adolescencia. Difícil que un varón y una muchacha de los años veinte compartieran plenamente sus aventuras de juventud. La educación de la mujer y la del varón solían ser en todo sentido muy diferentes. Mientras que a Raimundo se lo apoyó para que le siguiera los pasos a su hermano mayor en la Universidad de Buenos Aires, a María Rosa, en cambio, se la desalentó por completo para que siguiera una carrera universitaria. Los padres no creían que valiera la pena el esfuerzo de darle una educación superior y sofisticada a la niña. Ni siquiera consideraron necesario que accediera a la educación secundaria. Fue sólo la tenacidad de su hermano mayor, ya pronto a recibirse de médico, lo que hizo posible que años después María Rosa se convirtiera en universitaria. De hecho, Emilio inscribió a María Rosa en el Liceo Nacional de Señoritas y se convirtió de algún modo en su tutor: le firmaba los boletines y documentos escolares, la llevaba a clase y la iba a buscar. Desde muy joven María Rosa se forjó la idea de que la mujer tenía que luchar tenazmente para alcanzar su formación intelectual, algo que el hombre era capaz de obtener –casi– con un cerrar y abrir de ojos. Por algo se hablaba de *m'hijo el dotor*; no de *m'hija la dotora*. No obstante ello, no había ninguna traba legal para que la mujer estudiara y accediera, incluso, a la educación universitaria, como lo demuestra el ejemplo temprano de Cecilia Grierson, la primera mujer graduada en Medicina.

Pero a Raimundo tampoco le fue fácil de todas formas. Cuando terminó el secundario y se decidió por estudiar en la Facultad de Filosofía y Letras debió hacer frente el consabido disgusto familiar. Recordaría Emilio que "papá se opuso tenazmente porque decía que era una carrera de vagos sin porvenir. Hubo una enconada lucha, pero al fin lo pude convencer a papá que [Raimundo] no podía estudiar otra carrera que la de Letras".[1] Otra vez fue Emilio el que amparó la vocación de sus hermanos. Emilio se graduaba justo cuando los menores pensaban en ingresar a la universidad. Con ello, su autoridad en la familia se consolidó, desplazando en muchos sentidos a la del padre que, si bien orgulloso por los logros de su hijo mayor, se vio a la vez completamente superado por él. Fue bajo la protección de Emilio, pues, que María Rosa y Raimundo ingresaron a la Facultad de Filosofía y Letras a mediados de los años veinte. La inclinación de cada uno de ellos por las humanidades respondió, no obstante, a sus diferentes inquietudes, y también, vivencias.

Hay un elemento que los une, sin embargo: la pasión por los libros. Desde chicos se desvivían por conseguir unas monedas para comprarlos usados, baratos o como fuere, y por leer cualquier papel impreso que se les cruzara por delante los ojos, aunque sólo fuere una hoja de diario. Sin embargo, sus maneras de leer fueron desde el vamos bien diferentes. Raimundo era capaz de entusiasmarse con algún viejo manual de versificación en lengua española y se lanzaba de manera juguetona a inventar poemas, variando el estilo de uno al otro. Hacía rimas, inventaba juegos de palabras, buscaba en todo papel impreso que se posaba ante sus ojos algún retruécano con el que divertirse. Improvisaba, siempre. En sus propias palabras, y en referencia a este aspecto de su personalidad, Raimundo –ya adulto– era capaz de burlarse de sí mismo, "del retórico que llevo dentro y que desde niño se ha deleitado llenando páginas y más páginas sin decir nada, con solo una apariencia de sentido (ritmo, canto)".[2]

María Rosa, en cambio, era concienzuda y disciplinada, como si sólo el varón pudiera darse el lujo de jugar de aquel modo con el lenguaje y la poesía, improvisando. Los poemas que María Rosa escribía eran escasos, y los conservaba en secreto. La poesía, en las niñas, pasaba por algo meramente decorativo; de hecho la recitación de versos por parte de las niñas solía ser habitual en los actos de declamación, tan frecuentes por entonces

1. Carta de Emilio Lida a Yakov Malkiel, Buenos Aires, 15 de noviembre de 1980. *MA*, 11/21.

2. Carta de Raimundo Lida a Alfonso Reyes, Ohio, 9 de agosto de 1951, transcripta en S. Zaïtzeff, *Alfonso Reyes, Raimundo Lida y María Rosa Lida de Malkiel. Correspondencia*, México, El Colegio de México, 2009, p. 43.

en las tertulias de las escuelas de barrio, de los clubes sociales y de las sociedades de fomento. Por algo ella prefería los libros para ser leídos en silencio, de cabo a rabo, como estudiándolos. La literatura no era para ella algo banal, sino cosa bien seria.

Cada uno hizo su propio camino, en especial a partir de la adolescencia; forjaron sus caracteres con independencia uno del otro, a pesar de los múltiples hilos que tenían en común. Narraremos por separado, y en paralelo, cada una de estas historias.

* * *

Muchos años después, Raimundo recordaría que hubo dos profesores en el Colegio Nacional que fueron decisivos en su formación, según explica en una carta de 1956 dirigida a su hijo:

> Desde pequeño me gustaba enormemente la literatura de imaginación, y en particular los versos (leerlos y hacerlos). Luego se agregó la música, pero ya algo tarde para hacerme variar de rumbo fundamentalmente. Aunque en la escuela me distinguía yo en casi todas las materias (las excepciones han sido: caligrafía, dibujo, modelado, ejercicios físicos), las que más feliz me hacían eran las idiomático-literarias, y sobre todo la llamada "composición". A los 14 o 15 años era yo muy escritor. Proporcionalmente, diría que más escritor que ahora. A esa edad tuve dos profesores que decidieron mi vocación, en el Colegio Nacional Manuel Belgrano: Roberto Guibourg y Roberto Fernando Giusti. [...] Fue la época de nuestras incipientes revistas de muchachos. Al acercarme al final de mi bachillerato, ya estaba yo resuelto a estudiar filosofía y letras. Un fuerte estímulo en esa dirección había sido mi hermano que inundaba la casa de buenos libros –prestados o comprados con enormes sacrificios– y que leía insaciablemente y nos hacía leer a María Rosa y a mí. En los años de la Universidad fui dejando de escribir versos, e interesándome más y más en la historia y crítica literarias.[3]

3. Carta de Raimundo Lida a Fernando Lida, Cambridge, 5 de octubre de 1956. Archivo de la familia, Buenos Aires.

Guibourg fue su profesor de literatura y lengua española en primer año; Giusti lo fue de tercero a quinto año. En esas clases de literatura de los tempranos años veinte, y mientras publicaba su primera colaboración literaria en el *Boletín del Colegio Nacional Manuel Belgrano*, Raimundo entró en contacto con las polémicas que atravesaban a la literatura argentina en los años veinte, en pleno florecer de las vanguardias.[4] Pudo entrever que estaba asistiendo a un verdadero choque entre dos generaciones literarias, una ya consagrada, y otra que luchaba por salir a flote por medio de novedosas publicaciones de vanguardia. Sin identificarse plenamente con ninguna de ellas, Raimundo se dispuso a aprender todo lo que pudo de ambas. Si bien los jóvenes vanguardistas tenían una actitud iconoclasta para con los mayores –actitud natural en toda generación que lucha por hacerse un lugar en el mundo de las letras y las artes–, Raimundo no sintió que hubiera que optar entre unos y otros sino que, por el contrario, era mucho más conveniente abordar a ambos grupos con una buena dosis de eclecticismo, para sacar de ambos el mejor partido. A pesar de que se sintió poderosamente atraído, como joven lector, por la experiencia vanguardista, lo cierto es que no compartía del todo aquel espíritu iconoclasta. Llegados a este punto, será necesario que nos detengamos un momento en la figura de Jorge Luis Borges, crucial para el desarrollo estético y literario argentino del siglo XX; más precisamente, aquel Borges de los años veinte, puesto que su modo de irrumpir en la escena literaria con un estilo literario tan personal no podía sino fascinar a un adolescente de afición por los versos y la literatura como Raimundo. Pero fue, con todo, un lector ecléctico de Borges.

Habría sido Roberto Giusti, uno de sus profesores que más honda huella dejó en Raimundo, quien le transmitió algo de esa actitud ecléctica. A lo largo de varias décadas, el fundador de la prestigiosa revista literaria *Nosotros* había dado acogida en sus páginas a los dos polos encontrados de las polémicas literarias en boga; si bien por su edad era un neto exponente de la generación de los mayores, le brindó un espacio a los jóvenes vanguardistas cuando estos irrumpieron en los tempranos años veinte en la escena literaria porteña. Así, *Nosotros* fue una revista de puertas abiertas, donde "todas las tendencias podían expresarse", según las propias palabras

4. Francine Masiello, *Lenguaje e ideología. Las escuelas argentinas de vanguardia*, Buenos Aires, Hachette, 1986.

de Giusti.[5] No había por qué hacer de ambos polos términos netamente irreconciliables.

Rubén Darío y Jorge Luis Borges fueron las figuras más representativas de ambas generaciones aquí contrapuestas. El primero, padre del modernismo, se había convertido en el referente por antonomasia para toda una generación de poetas y hombres de letras en toda Hispanoamérica, cuyo influjo se hacía sentir en la Argentina a través de Leopoldo Lugones, entre otros. El segundo, en cambio, comenzaba apenas a hacerse conocer como el más firme impulsor del movimiento ultraísta y como una de las caras visibles de varias revistas vanguardistas, entre ellas, la *Martín Fierro*. En sus textos juveniles, Borges fue el más claro exponente de esta iconoclasia vanguardista, a través de sus largas diatribas contra el "rubenismo" y la poesía clasicista de Lugones. También en *Martín Fierro* se puede encontrar algo de esto. Borges se permite ahí la chanza agresiva, en especial contra Lugones, de quien se burla descaradamente, sin más.[6] Pero es contra Darío, en última instancia, hacia donde van dirigidos todos los dardos, con el propósito de desplazarlo del pedestal que había conquistado en las primeras décadas del siglo. Despectivamente se refería al "rubenismo" como una especie de plaga que había invadido la literatura hispanoamericana:

> El rubenismo fue nuestra añoranza de Europa [...] Lugones es otro forastero grecizante, verseador de vagos paisajes hechos a puro arbitrio de rimas y donde basta que sea azul el aire en un verso, para que al subsiguiente le salga un abedul en la punta. [...] Son rubenistas vergonzantes, miedosos.[7]

5. Acerca de *Nosotros*, y su modo de abordar las polémicas literarias en los vanguardistas años veinte, véase el testimonio de Roberto Giusti, transcripto en Alfredo A. Roggiano, "Roberto F. Giusti y la revista *Nosotros*", *Revista Iberoamericana*, 44 (julio-diciembre 1957), p. 288.

6. Su expresión más elocuente en el "Romancillo, cuasi romance, del roman-cero a la izquierda", *Martín Fierro*, N° 30-31, 8 de julio de 1926, firmado a varias manos.

7. Jorge Luis Borges, "Prólogo", Índice de la nueva poesía americana, Buenos Aires, El Inca, 1926, transcripto en *Textos recobrados (1919-1929)*, Buenos Aires, Emecé, 2007, pp. 333-334.

Borges rechazaba los moldes rígidos y estereotipados, plagados de parnasianismo, que creía ver en sus mayores y se procuró modelos (en lengua española, inglesa y cualquier otra) que no tuvieran nada de canónico. Con el correr del tiempo, el propio Borges admitiría que esas opciones que en los años veinte se presentaban a simple vista como irreductibles, no lo eran tanto: "rubenismo" vs. ultraísmo; poetas de Florida vs. Boedo.

Las polémicas se multiplicaban y solapaban unas sobre otras. Pero en los años veinte ni siquiera la contraposición aparentemente irreconciliable entre los escritores de Florida y los de Boedo era insuperable. Se acusaba a los primeros de ser elitistas, mientras los segundos conservaban –se supone– un perfil más auténticamente popular. Sin embargo, en verdad, las fronteras sociales no eran así de rígidas en Buenos Aires: no podían serlo en una calle Florida que combinaba las más lujosas tiendas, junto a viviendas abandonadas y conventillos que afloraban a tan solo unos pocos metros de allí, como suele ocurrir en toda gran arteria que late en el corazón de una ciudad moderna. Así, la contraposición entre ambos grupos tenía algo de impostado. Por ejemplo, nada le impidió a Borges, emblema del grupo de Florida, escribir sobre compadritos y malevos de los barrios bajos. Según sus propias palabras, por demás irónicas, esa disputa no habría sido más que "un juego juvenil; broma que deseaban imitar los grupos antagónicos en serio que florecían en París".[8] Las polémicas servían, sin embargo: permitían tomar conciencia acerca del estilo propio, y de los modelos literarios que se iban a adoptar. Tanto es así que en Borges convivían la fascinación por Evaristo Carriego, el poeta del arrabal, más cerca de los de Boedo que los de Florida, con una admiración velada, muy difícil de admitir por entonces, pero no por ello menos significativa, por Lugones, a quien no podía dejar de considerar el poeta con mayúsculas.[9]

Borges escogió modelos literarios que luego Raimundo también hizo suyos. En lengua española, el más acabado fue Francisco de Quevedo, por quien Borges sentía una fascinación entre lúdica, lingüística y literaria que

8. En María Esther Vázquez, *Borges. Esplendor y derrota*, Barcelona, Tusquets, 1996, pp. 92-93.

9. Dijo Borges en 1977: "Siempre pienso en Lugones con el temor y la esperanza, a la vez, de que lo que escribo se parezca a Lugones", "La pasión literaria", Suplemento de cultura de *La Nación,* 13 de febrero de 1977.

perduraría durante un cierto tiempo; habría sido su amistad con Adolfo Bioy Casares, quien siempre lo acusó a Borges de excesivo barroquismo, la que lo habría apartado de esa afición, o quizás Bioy Casares tan solo exagera.[10] Sea como fuere, Quevedo representaba para el Borges de los años veinte y treinta el atrevimiento del poeta por subvertir los cánones literarios establecidos y hacer un uso del lenguaje, en prosa y en verso, que desbordaba cualquier rígido esquema de aspecto clásico. No había punto de contacto entre el estilo de un Lugones, aferrado a los modelos helénicos, y el de un Borges dispuesto a innovar con el lenguaje poético y literario. En esos años, leía con fruición a Quevedo, en lengua española, y a John Milton y William Shakespeare, en lengua inglesa:

> La rima es aleatoria. Ya don Francisco de Quevedo se burló de ella por la esclavitud que impone al poeta; ya otro más poderoso, Milton el puritano, la tachó de invención de una era bárbara y se jactó de haber devuelto al verso su libertad antigua, emancipándole de la moderna sujeción de rimar. Estas ilustres opiniones las saco a relucir, para que nuestro desdén de la rima no se juzgue a puro capricho y a torpeza de mozos. Sin embargo, mi mejor argumento es el empírico de que las rimas ya nos cansan.[11]

La admiración de Borges por Quevedo está expresada desde el número uno de la revista *Proa*, y habrá de reiterarse en otras tantas publicaciones suyas de los años veinte. Quevedo invitaba a revalorizar la lengua española, contra los rígidos modelos de la generación anterior. Además de todo, tenía humor y sabía hacer de la poesía un juego que nada tenía de ceremonioso. Contra el canon literario, la apuesta por la imagen y el aprovechamiento de

10. Adolfo Bioy Casares, *Memorias. Infancia, adolescencia y cómo se hace un escritor*, Barcelona, Tusquets, 1999, cap. 20. Décadas después Borges admitió que esa fascinación había retrocedido significativamente "hay [en Quevedo] una afición a los juegos de palabras bobos [...] Actualmente mi admiración por Quevedo es muy limitada", en Fernando Sorrentino, *Siete conversaciones con Jorge Luis Borges*, Buenos Aires, El Ateneo, 2001 [1ª edición, 1974].

11. Jorge Luis Borges, "Prólogo", Índice de la nueva poesía americana, Buenos Aires, El Inca, 1926, transcripto en *Textos recobrados (1919-1929)*, Buenos Aires, Emecé, 2007, pp. 332-333.

los recursos literarios y poéticos hasta sus últimas consecuencias; contra la rigidez de las formas, la riqueza de la lengua en toda su extensión; contra la solemnidad y el arcaísmo, el juego lingüístico, el retruécano y la chacota. En todo sentido, Quevedo se vuelve para Borges un maestro y un modelo invalorable, "sus descomunales calaveradas de imaginación, de idioma, de razonadísimo disparate [...] Todo lo revuelven e invierten".[12] El canon acartonado contra el cual Borges se rebelaba, a través de la recuperación de Quevedo, no es el del Siglo de Oro sino el de Rubén Darío. Esgrimió a Quevedo para derrocar aquel rubenismo tan bien recibido en las revistas literarias más consagradas de toda Hispanoamérica de comienzos del siglo XX, incluyendo las páginas de *Nosotros*.

Fundada en 1907, *Nosotros* gozaba ya para los años veinte de una sólida reputación, reconocida no sólo en el país sino en buena parte del mundo hispanoparlante. Sus ejemplares llegaban a las principales ciudades de América y España, de ahí que la revista publicara reseñas de obras literarias y ensayísticas provenientes de diferentes lugares de habla española. En sus páginas publicaron las principales plumas de esas primeras décadas del siglo XX: Rubén Darío, Miguel de Unamuno, José Enrique Rodó, Leopoldo Lugones, entre tantísimos otros nombres que se convertirían en íconos de toda una generación. Contra ellos arremetió la vanguardia en los años veinte.

Roberto Giusti, sin embargo, no era un rubenista, al menos no en el sentido despectivo en el que Borges usaba el término. Si bien pertenecía a una generación anterior a la de Borges, fue capaz de recibirlo de brazos abiertos en *Nosotros* cuando, recién llegado de Europa en 1921, hizo su presentación del ultraísmo en la Argentina. Casi simultáneamente con la presentación de la revista *Prisma*, salió publicado en *Nosotros* el primer artículo de Borges, a la sazón denominado "Ultraísmo".[13] Sus colaboraciones en la revista de Giusti se repitieron en los años sucesivos una y otra vez.

12. Jorge Luis Borges, "Quevedo humorista", *La Prensa*, 20 de febrero de 1927. Este artículo continúa otros trabajos sobre el mismo tema, recogidos tanto en *Inquisiciones* (1925) como en *El idioma de los argentinos* (1928).

13. Jorge Luis Borges, "Ultraísmo", *Nosotros*, Año 15, Vol. 39, N° 151, diciembre de 1921.

Fue a través de Giusti que Borges llegó a las aulas del Colegio Nacional donde estudiaba Raimundo. Y fue también así que entró en contacto con las revistas literarias y las polémicas del momento. Era un momento de mucha efervescencia en el campo literario y el profesor así se lo transmitió a sus alumnos, despertando una febril fascinación de Raimundo por Quevedo, que se hacía eco de la polémica desatada por el joven Borges contra el rubenismo. De hecho, en un diálogo con Borges sostenido en 1977 y publicado en *La Nación* por la periodista María Esther Vázquez, Raimundo todavía recordaba que:

> Lo que yo quería confesarle es que debo mucho a esos estímulos recibidos de sus ensayos sobre Quevedo o sobre Cervantes. Recuerdo que en el bachillerato mi primer contacto con Quevedo fue un par de páginas que Roberto Giusti nos leyó en voz alta y que me deslumbraron. Pero luego, Borges, su ensayo de 1924, una revaloración de Quevedo poeta, ha sido decisivo para mi inclinación hacia este tema.[14]

El joven estudiante creció en medio de esta admiración por una figura como la de Borges que en más de un sentido le resultaba extraordinaria. Pero no suscribió todos sus dichos al pie de la letra; no llegaría al punto de repudiar todo aquello que el propio Borges rechazaba en sus años juveniles por medio de la proclamación del ultraísmo: a saber, el así llamado rubenismo. Todavía muchos años después, Raimundo continuaría debatiéndose en torno a esta cuestión, para concluir que tanto el rubenismo como el anti-rubenismo expresaban, en el fondo "dos distintos modos de afirmar la fuerte presencia de Rubén" en la literatura hispanoamericana del siglo XX.[15] Ya la revista de Giusti, de hecho, había mostrado que rubenismo y

14. "La pasión literaria", Suplemento de cultura de *La Nación,* 13 de febrero de 1977. Se refiere al ensayo de Borges incluido en el libro *Inquisiciones*, de 1925. También Borges refirió a Quevedo y Cervantes en *El idioma de los argentinos*, de 1927.

15. Raimundo Lida, "Darío, Lugones, Valle-Inclán", en Anthony Zahareas (ed.), *Ramón del Valle-Inclán. An Appraisal of his Life and Works*, New York, Las Americas Publishing Co., 1968, p. 424.

ultraísmo podían transitar por sus mismas páginas sin arriesgar en ello nada de su prestigio.

Mientras Giusti lo deslumbraba leyendo en clase los más incisivos textos ensayísticos de Borges, Edmundo Guibourg le mostraba otra de las facetas de aquel deslumbrante Borges de los años veinte: el *flâneur* que salía a patear la ciudad. Las interminables caminatas nocturnas de Borges por los barrios arrabaleros de la ciudad y, al mismo tiempo, su admiración por la poesía de Evaristo Carriego, a quien le dedicó un libro homónimo en 1930, se vieron reflejadas en sus varios poemas sobre la ciudad, publicados en *Fervor de Buenos Aires* (1923) y *Cuadernos San Martín* (1929), con sus personajes de barrio –muchos de ellos anclados en el viejo Palermo–, sus paisajes de suburbio, sus facones y sus lunfardos. Guibourg compartía esta afición por hacer de la ciudad el tema de su escritura y alentó a sus alumnos a retratar en sus composiciones escolares distintos rincones de Buenos Aires, casi como si se tratara de unas "aguafuertes" arltianas *avant la lettre*. De hecho, era una época en la que las transformaciones urbanas en la ciudad se veían día a día puesto que en los años veinte Buenos Aires se sumergió en una vasta escala de transformación, que envolvía no sólo al centro tradicional sino a los nuevos barrios, hasta entonces relativamente periféricos e incluso marginales.[16] No es casual, pues, que escritores tan estrechamente vinculados al periodismo como Arlt, Borges o Guibourg manifestaran esta inclinación. Colaborador del diario *Critica* desde sus inicios, Guibourg terminó por tener en los años treinta una columna propia que –significativamente– se titulaba "Calle Corrientes" y se dedicaba a reflejar el movimiento de la tradicional calle del teatro, concentrándose en especial en las salas más populares del espectáculo.[17] La crónica urbana y el peregrinar como *flâneur* a lo largo de la ciudad fue lo que Guibourg intentaría alentar en el joven Raimundo.

16. Leandro Gutiérrez y Luis Alberto Romero, *Sectores populares, cultura y política. Buenos Aires en la entreguerra*, Buenos Aires, Sudamericana, 1995; Beatriz Sarlo, *Una modernidad periférica: Buenos Aires, 1920 y 1930*, Buenos Aires, Nueva Visión, 2003 y de la misma autora, *El imperio de los sentimientos*, Buenos Aires, Catálogo, 1985.

17. Sus crónicas se encuentran en Edmundo Guibourg, *Calle Corrientes*, Buenos Aires, Plus Ultra, 1974.

Pero no fue la veta arltiana la que dejaría su huella. En realidad, Raimundo prefería salir a caminar por el viejo centro, o los viejos barrios de la ciudad, antes que por el arrabal de los márgenes; aquellos estaban más consolidados, tenían sus calles ya empedradas e iluminadas, sus negocios de cierta tradición, y sus librerías. Acá se veían hombres que vestían de traje, usaban sombrero y hacían un esfuerzo por hablar de manera educada, con corrección, por lo común de usted. A Raimundo le gustaba escuchar cómo hablaban, se creía capaz de detectar a través de los diferentes matices de su pronunciación la proveniencia, el origen étnico y social del hablante. Escuchar a la gente hablar era todo un juego, una enseñanza. Salía por lo general solo; el hermano mayor ya tenía a su cargo responsabilidades de adulto–ocuparse del negocio familiar, estudiar en la Universidad– y no solía acompañarlo. Quizás por eso Raimundo se volvió un *flâneur* del centro, más que de arrabal. Y era, sobre todo, un *flâneur* que dejaba flotar su oído en medio de la gente. No le interesaba mirar vidrieras ni se fascinaba por las luces de la ciudad, pero podía pasarse largas horas en la calle escuchando a la gente hablar.

Todo ello lo llevaba al lunfardo. Le interesó más que nada por curiosidad lingüística, y lo mismo cabe decir del tango: le prestó más atención a sus letras y a su vocabulario que a su música o baile. No podría decirse que fuera su música favorita. En materia de música, la preferida fue la clásica, y uno de sus primeros arrobamientos ocurrió con las interpretaciones de Beethoven de Wilhelm Backhaus, célebre pianista que visitó el país en reiteradas ocasiones a lo largo de la década del veinte.[18] Prefería el clasicismo y el romanticismo alemán de comienzos del siglo XIX al impresionismo; de igual modo, Wagner no llegó a enloquecerlo y menos que menos el expresionismo vanguardista de la posguerra. Ayudado por su madre, de gran afición por el piano y la música de la época romántica, se hizo de un gusto musical, que iba un poco contra la corriente de los tiempos en los que le tocaba crecer.

De igual manera, se hizo *flâneur* a su propio modo, recalando también en cafés y bibliotecas populares. A veces en el café Tortoni, uno de sus

18. En carta a su hijo decía: "Backhaus es uno de los recuerdos más maravillosos que me quedan de cuando yo tenía tu edad", carta de Raimundo Lida a Fernando Lida, Cambridge, 11 de octubre de 1955. Archivo de la familia, Buenos Aires.

favoritos, donde pasaba sus tardes de fin de semana. Allí conoció al matemático español Julio Rey Pastor que en los años veinte se radicó en la Argentina.[19] Y en una biblioteca socialista, la Anatole France, conoció a Jacobo Muchnik, que años más tarde será el responsable de la casa Fabril Editora, editorial popular de cierto auge en los años cincuenta y sesenta. Allí jugaba al ajedrez y se deleitaba aprendiendo esperanto, casi una religión en esos tiempos, por ser un símbolo de la utopía internacionalista y pacifista, en auge en especial en la posguerra:

> Era un centro de inquietudes izquierdistas, como decían algunos, cuya biblioteca me tocó dirigir alguna vez. En medio de tanta inquietud creo yo haber ¡ay! introducido dos vicios: el esperanto y el ajedrez.[20]

De un modo u otro, las clases de literatura del colegio lo llevaron a recorrer diferentes aristas de Buenos Aires. Y casi todas se tocaban con Borges. Giusti y Guibourg, sus profesores favoritos, lo habían puesto en contacto con él, en poesía y prosa, en ensayo y periodismo. Pero de todas las facetas que Raimundo podía llegar a apreciar de Borges –eran sin duda muchas–, la que parece haber predominado en la lectura del joven estudiante fue su admiración por el dominio que el poeta tenía de la lengua. A tal punto que una palabra –tan sólo una palabra– sutilmente elegida en medio de un poema publicado en una revista literaria de la época podía ser leída como una suerte de guiño sutil que reafirmaba el contrato de lectura entre el lector y el autor. Al menos, así leyó Raimundo alguna de las colaboraciones de *Martín Fierro*, según tuvo oportunidad de confesarle muchos años después al propio Borges:

> Recuerdo haber leído en la revista *Martín Fierro* un romance [...] Yo era muy joven entonces y no podía identificar a los autores. Pero por ahí aparecía una palabra *velicómenes*, claramente

19. Carta de Raimundo Lida a Fernando Lida, Cambridge, 16 de mayo de 1960. Archivo de la familia, Buenos Aires.

20. Carta de Raimundo Lida a Fernando Lida, Cambridge, 7 de febrero de 1965. Archivo de la familia, Buenos Aires.

quevedesca. Cuando la leí, y con mi petulancia de muchacho [...] me dije: "Esta palabra, en la Argentina solo la conocemos dos personas: Borges y yo". Y esos versos eran, en efecto, de usted.[21]

Tan sólo una palabra, por parte de un Borges que era un ávido lector de diccionarios, bastaría para cautivarlo. Aquel guiño interpretado en clave netamente quevedesca fue una de las más fuertes emociones de adolescencia que dejaron en Raimundo Lida la revista *Martín Fierro* y la lectura de poetas y escritores vinculados a la vanguardia literaria de los años veinte. Otras más provinieron de las largas caminatas por las calles del centro de la ciudad y de los conciertos de Backhaus y otros pianistas, a quienes intentaría emular en el piano del living familiar, interpretando los *Lieder* de Schubert o Schumann, tomados de alguna vieja partitura en alemán. En sus cuadernos tenía escritas las letras de los poemas de Goethe o Heine. Y cada tanto, cuando se quedaba en casa y tenía un rato libre, se dedicaba a su afición por recitar poemas de memoria. O bien a versificar. O a inventar algún juego de palabras en lengua española. O a aprender esperanto. O a jugar al ajedrez. Así transcurrió la adolescencia de Raimundo. Era ya un muchacho delgado, de cabello rizado, cara redonda, manos delicadas, figura ágil y esbelta de mediana estatura, carácter circunspecto, de pocas palabras, tímido, algo solitario.

* * *

Los liceos nacionales de señoritas fueron, a principios de siglo, instituciones de gran prestigio social. El primero de ellos se estableció en una casa alquilada en el sur de la ciudad, en 1907; rápidamente se mudó a la Av. Santa Fe 2.729, a pocas cuadras de la avenida Pueyrredón, en un edificio pequeño, aunque elegante, al estilo de los *petit- hôtels*. Le siguió luego el Liceo Nº 2, que se estableció en 1926 en el barrio de Caballito, frente a la Plaza Lezica, y que se llamaría "Amancio Alcorta". La educación femenina se completaba con la difusión de las escuelas normales. La gama de instituciones destinada a la educación media de la mujer era variada y estaba sometida a la creciente demanda de la sociedad. Ya para los años

21. "La pasión literaria", Suplemento de cultura de *La Nación,* 13 de febrero de 1977.

veinte, de hecho, el Liceo de la Av. Santa Fe había alcanzado el máximo de su capacidad. La matrícula crecía sin parar año tras año. Era una neta expresión de los avances de la mujer en la sociedad, un avance que era común en casi todas partes en el mundo de la posguerra. Tanto es así que en primer año, las chicas debían compartir sus pupitres con sus compañeras: se sentaban tres o cuatro en el mismo banco, allí donde en teoría sólo debía haber dos. Las aulas, preparadas para un máximo de treinta alumnas, habían casi alcanzado a duplicar esa cifra. De ahí la incomodidad a la que debieron acostumbrarse, en especial, durante el primer año de Liceo. Este hacía las veces de "filtro". Ya en el segundo año, se ganaba en comodidad. Era el premio por haber pasado de año. Lo que allí se desataba era una despiadada guerra por la supervivencia.

Pero María Rosa no le temía a este tipo de obstáculos. Había logrado sobrellevar, tras larga lucha, la negativa paterna a enviarla a estudiar; cualquier dificultad le parecía poca cosa luego de haber vencido esa ardua batalla. La autoridad del *paterfamilias* comenzó ahí a perder algo de su influencia sobre la niña. No obstante, María Rosa tuvo siempre por el padre un miedo reverente, difícil de vencer. Sólo Emilio fue capaz de lograr que la situación cambiara a su favor. Ingresar al Liceo fue desde el vamos una batalla ganada y ya nada lograría hacerla amilanar.

Esa lucha le había dejado, con todo, un sabor amargo, a pesar de la evidente victoria: le transmitió la sensación de que en la vida las cosas le costarían el doble que a sus hermanos varones, sólo por el hecho de ser mujer. Ella tendría que estudiar más y sin duda más concienzudamente; tendría que demostrar a cada hora que estaba preparada para la decisión que había tomado. Tanto más en un colegio como el Liceo de esos años, que dejaba alumnas en el camino en cada promoción. Los varones, en cambio, no tenían nada que demostrar: casi naturalmente Emilio y Raimundo ingresaron al Colegio Nacional. No hubo crisis familiar; no hubo ninguna batalla que lidiar. Casi naturalmente, también, irían a la Universidad. Aquí no había necesidad de explicar nada. En los estudios de María Rosa, en cambio, había que justificarlo todo a cada paso. Esta lección María Rosa la aprendió mucho antes de ingresar al Liceo.

La educación de la mujer traía consigo, para peor, complicaciones que no se presentaban en el caso del varón. A la niña habría que llevarla a la escuela todos los días y también ir a buscarla. Claro que los varones se las arreglaban solos desde muy jóvenes; se movían por la ciudad sin ningún problema. Pero a una señorita no se le podía conceder esa misma libertad. María Rosa no estaba autorizada con sus trece o catorce años de adolescente a moverse por la ciudad a sus anchas. Los dos varones se repartieron la tarea de acompañar a la hermana. Con Emilio, ya estudiante de la carrera de Medicina en la Universidad, solían tomar el tranvía.

Con Raimundo las reglas de juego eran otras. María Rosa debía aguardarlo en el *hall* del colegio. Raimundo terminaba sus clases en el Nacional media hora después que las chicas del Liceo. Ambos colegios estaban a menos de dos cuadras de distancia. Precisamente por ello, las señoritas terminaban sus clases un rato antes: era un modo de prevenir encuentros inesperados entre muchachas y muchachos en las inmediaciones de los colegios. En los años veinte, las señoritas del Liceo no iban a permanecer después de hora aguardando en la esquina a que los muchachos del colegio vecino salieran de clase. Así, cuando los varones partían, se encontraban con que ellas ya se habían ido. Era un mecanismo sencillo para resguardar las "buenas" costumbres; de este modo se preservaban las formas propias de una sociedad ya de por sí harto plagada de rigideces y convencionalismos. María Rosa era una de las pocas que estaba autorizada a esperar a un muchacho del colegio de varones: todos sabían que Raimundo era uno de sus hermanos mayores.

Cuando él llegaba, a veces, la llevaba a caminar por la ciudad. Solía ocurrir que se volvieran caminando para ahorrar las monedas del tranvía. Otras veces la llevaba a recorrer la ciudad, en general en dirección hacia el centro, por Av. Santa Fe, alejándola del circuito habitual de casa a la escuela. María Rosa no era muy de ir a pasear por sí sola, y menos en estos tiempos de adolescencia. Paseaba un rato con Raimundo, pero al rato ya le pedía que la llevara a casa. No es que no le gustara caminar. Tenía la necesidad de justificarse todo el tiempo por el modo en que había iniciado sus estudios en el Liceo, contraviniendo la autoridad paterna; tenía que demostrar que era una estudiante seria y aplicada. No podía irse de paseo así nomás; tenía que ir a casa a estudiar. Raimundo, en cambio, era en este sentido algo más despreocupado: una vez que llegaban a casa, María Rosa se encerraba en su cuarto a estudiar, mientras Raimundo podía dedicarse un buen rato a tocar el piano de la sala. No porque la educación en el Liceo fuera tan exigente que no le permitiera un simple respiro. De hecho, María Rosa no era de las que sufrían por pasar de año. Egresó del Liceo con medalla de oro.

El Liceo ofrecía una educación científica y humanista que no desatendía la formación integral de las muchachas en tanto que "señoritas", de acuerdo con los cánones de la época. Esto se verifica en sus planes de estudio, que incluían la enseñanza en asignaturas específicas de economía doméstica, higiene y puericultura. Para más de una de las alumnas estas clases solían ser un verdadero "plomo", un mal necesario de los colegios de niñas. Muchas otras en cambio las aceptaban sin problema, puesto que las consideraban cosa natural –más o menos como se aceptan las clases de catecismo en una escuela católica–. Claro que María Rosa estaba dentro del primer grupo, aun cuando esas horas "perdidas" no provocaran en ella una reacción desmedida. A ella nunca se le habría ocurrido vestirse "a lo varón" en signo de rebeldía para con los estereotipos femeninos que enseñaba la escuela. Había quienes eran capaces de hacerlo, sin embargo.[22] La rebeldía de María Rosa era más bien silenciosa. Su manera de reaccionar reflejaba, desde ya, mucho de su carácter: era una chica de rostro redondeado y rasgos suaves, labios delgados, cabello prolijamente arreglado, que en esos años juveniles llevaba peinado en dos largas trenzas, de carácter medido y gestos elegantes, sus ojos rara vez miraban de frente, por timidez. No era persona de reaccionar con brusquedad.

A pesar del tiempo perdido en asignaturas anodinas, el colegio dejó en algún sentido su marca: allí María Rosa conoció a un modelo verdaderamente digno de ser seguido para su vida. Su nombre era Lidia Peradotto y enseñaba en el Liceo. Fue profesora universitaria, humanista, autora de ensayos, artículos especializados y de una tesis de doctorado, en la que precisamente se encontraba trabajando a comienzos de los años veinte, justo cuando le daba clase a María Rosa. Ahí María Rosa escuchó hablar, por primera vez, del desafío que implicaba un doctorado. Peradotto llegó a ser titular de cátedra en la Universidad de Buenos Aires, en un momento en el que ese tipo de puestos estaba bajo un apabullante predominio masculino. Fue un modelo a seguir dentro y fuera de las aulas, en pocas palabras, en la vida misma. La mayoría de los profesores del Liceo eran varones, las mujeres tan sólo daban las materias propiamente femeninas. El hecho de conocer a una

22. Véase en este sentido el testimonio que Renata Donghi de Halperin pronunció en 1980, en ocasión del aniversario del Liceo en http://www.liceo1exalumnos.org.ar/boletin.htm#1, consultado en 2009.

profesora a punto de obtener su doctorado le abriría enormemente los ojos acerca de las oportunidades que una mujer podía llegar a alcanzar en la vida académica, intelectual y universitaria.

Otra de las enseñanzas del Liceo, que ella misma se encargaría de seguir cultivando por sus propios medios en los años sucesivos, fue el contacto con las lenguas clásicas. En los colegios de niñas, se consideraba mucho más adecuado el clasicismo que la introducción de las lecturas de autores de vanguardia, ya en boga en los colegios de varones. Ahí María Rosa afianzó sus conocimientos de latín y griego y sobre esa base siguió por su propia cuenta su aprendizaje tan intensivo como apasionado de la literatura antigua. Era un terreno en el que María Rosa no habría podido despertar ningún tipo de suspicacia. Las lecturas de las señoritas estaban sujetas a una vigilancia considerada natural en los años veinte en las escuelas para las niñas de clase media, había demasiado libro "obsceno", además de barato, al alcance de la mano. Y si bien Sara y Mauricio no estaban en condiciones de ejercer activamente esa vigilancia –no tenían el hábito de la lectura y no habrían podido discriminar con claridad entre una lectura "sana" y otra desviada– bastaba con el comentario de alguna compañera o profesor para que se despertara cualquier atisbo de sospecha. No, nada de eso ocurriría.

María Rosa se construyó una reputación intachable y jamás dio lugar a ningún tipo de habladuría. No iba a bailes, se mantenía apartada del tango y siquiera frecuentaba el cine; apenas salía a pasear con alguna que otra amiga cuidadosamente escogida, como Francisca Chica Salas. En el tiempo libre, sus pasatiempos eran bajo todo punto de vista inobjetables. Por un lado, se entretenía recitando de memoria los poetas latinos. Se sabía al dedillo los versos de Horacio y de Virgilio, y desafiaba a quien no los conociera con la minuciosidad de la que ella era capaz. Y además sabía traducirlos. Pasaba sus ratos libres volcando en el papel sus propias versiones de estos textos clásicos, tratando de buscar en cada caso la palabra que mejor refleje el sentido que el autor debió de haberle dado en su tiempo. Las traducciones existentes al español eran pésimas, ella lo sabía. Elegía sus fragmentos preferidos y los transcribía primero en su lengua original; luego los pasaba al español. Traducir y recitar eran dos caras de una misma moneda. Era su modo de aprovechar –o, quizás, matar– el tiempo. Dedicarse a escribir poesía habría sido más que sospechoso en una "señorita", y algo parecido cabe decir de la novela por entregas o el folletín femenino, por lo demás vulgar; no así traducir clásicos griegos y latinos, que pasaban por completamente inofensivos.

Del clasicismo provenían también los códigos que gobernaban el círculo de relaciones en el que ella se movía. María Rosa no se relacionaba con cualquiera de las compañeras del Liceo; era en realidad de muy pocas amigas. Quizás por su timidez –suele aparecer siempre cabizbaja en las fotos de sus años del Liceo–.

María Rosa Lida entre sus compañeras de curso del Liceo, circa 1926. Foto extraída de *Álbum gráfico del Liceo Nacional de Señoritas de la Capital* publicado con motivo del vigésimo aniversario de la fundación de dicho establecimiento 1907-abril- 1927, Buenos Aires, 1927.

Pertenecer a su círculo se volvía una suerte de privilegio. Sólo a sus más caras amigas era capaz de hacerles el honor de ofrendarles en prenda de amistad algún fragmento manuscrito, redactado por su propia pluma, que con seguridad reproduciría una elegante traducción de algún clásico grecolatino. Esas piezas podían llegar a adquirir con el tiempo un valor cultual, único.[23]

Al círculo de María Rosa sólo ingresaban las chicas que se consideraban más serias y estudiosas. ¿Las atraía sinceramente el estudio? ¿O el hecho de que María Rosa tuviera dos hermanos varones ligeramente mayores, de los cuales uno de ellos ya estaba en carrera y pronto se convertiría en médico y, por consiguiente, en un excelente partido? ¿Y que el segundo no tardaría en seguirle los pasos en la Universidad? Sea como fuere, al círculo de María Rosa no ingresaba cualquier chica del Liceo. Ella sentía que tenía por misión la tarea de levantar un cerco que protegiera a sus hermanos del contacto con chicas que no estaban a su misma altura. Por ello, en la selección de las candidatas que ingresaban a su círculo no solo entraban en juego las aptitudes intelectuales, también era necesario considerar la sensibilidad estética, la elegancia femenina y la finura de modales, el conocimiento de los códigos de urbanidad y de etiqueta propios de la época, el desenvolvimiento en el lenguaje, conocimiento de idiomas, música y arte en general. Todo esto se condensaba de alguna manera en el amor por el clasicismo.

El clasicismo era el lenguaje de la ofrenda, del discurso conmemorativo y de la celebración. En ocasión de las liturgias patrias que se reiteraban en cada nueva fiesta maya o julia, Leopoldo Lugones –el poeta con mayúsculas– no vacilaba en ensalzar el heroísmo patrio con la evocación de las epopeyas grecorromanas.[24] Si bien tal manera de expresarse era sobrecargada –típica retórica de época, bien decimonónica–, resultaba por lo demás apropiada para los días de ceremonia. Y lo era, también, para María Rosa, aunque a ello se le sumaban otras muy diferentes razones. Puesto que su afición por el clasicismo expresaba, sobre todo, una evasión. Daba cuenta de su rechazo por la vulgaridad y el mal gusto de las mayorías que, en una sociedad cada vez más democrática como la de los años veinte, podían darse el lujo de enviar a sus hijas al Liceo, pero lo hacían tan sólo para ostentar una determinada posición social y no por una auténtica vocación humanista. De allí que muchas de sus compañeras se conformaran con un conocimiento

23. Uno de estos fragmentos, del filósofo judío Filón de Alejandría, le fue obsequiado a su compañera de estudios Rebeca Schmukler, luego devenida su cuñada.

24. En este sentido, Leopoldo Lugones, *Estudios helénicos*, Buenos Aires, Babel, 1923; *Nuevos estudios helénicos*, Buenos Aires-Madrid, Babel, s/d.

superficial de la antigüedad clásica. Para María Rosa, ello no era más que el mero reinado de la mediocridad.

Se entregó al clasicismo, con sus tradiciones y sus jerarquías, aun cuando ese tipo de aficiones desentonara cabalmente con las tendencias predominantes en la sociedad porteña de su tiempo, una sociedad que se volvía cada vez más llana, bajo el imperio del tango, el cine, la novela popular y la radio que no tardaría en popularizarse. El Liceo no hizo de María Rosa una muchacha como las demás que asistía a bailes, conciertos o conferencias; muy por el contrario, la alejó lo más posible del mundanal ruido de la ciudad y la sumergió en la lectura silenciosa, apenas compartida con un muy selecto círculo de amigas que sentían aquel mismo rechazo por la frivolidad y la mediocridad ambientes. Incapaz de reconciliarse del todo con la modernidad de una ciudad como Buenos Aires que rápidamente se sumergía en el siglo XX, su opción por el clasicismo fue todo un gesto de independencia de carácter. Era un refugio arcaizante, en más de un sentido antimoderno.

* * *

Sus diferencias en su formación, su carácter, sus aficiones y pasatiempos, que se manifestaron ya desde la adolescencia, les confirieron a María Rosa y a Raimundo rasgos que por momentos parecían capaces de apartarlos. Ella permanecía reconcentrada sobre su propio mundo privado, cuya escena central estaba ocupada por los poetas y los idiomas antiguos. Se quedaba la mayor parte del tiempo en casa leyendo. Él tenía en cambio una curiosidad más bien dirigida al mundo exterior, de ahí que lo encontremos dando vueltas por el centro de Buenos Aires. A través de sus profesores, se volcó hacia las revistas literarias, donde se reflejaban los debates, los autores y las tendencias del momento, a las que todavía se asomaba, sin embargo, con relativa timidez. Y claro que, con los años, las diferencias de carácter habrán de pronunciarse más.

Pero, no obstante sus diferencias, ambos hermanos habrán de confluir en el Instituto de Filología de la Facultad de Filosofía y Letras de la Universidad de Buenos Aires, que a partir de 1927 quedó bajo la dirección del lingüista español Amado Alonso. Raimundo fue el que primero se sintió atraído por él. Y no fue el único, dado que Alonso logró nuclear a su alrededor a un grupo de jóvenes discípulos que, súbitamente, se volcaban a seguirle los pasos. Justo entonces la filología comenzaba a despertar pasiones y enconadas polémicas en Buenos Aires.

Capítulo IV
La filología aterriza en Buenos Aires

A comienzos del siglo veinte, la filología era una disciplina casi desconocida en la Argentina. En Europa, en cambio, llevaba ya varias décadas de desarrollo. Las transformaciones sociales y políticas de fines de siglo XIX hicieron que la preocupación por los estudios lingüísticos cobrara creciente interés, a la luz del desarrollo de los nacionalismos. Entonces se volvió un lugar común que en los más variados rincones del planeta se comenzara a definir la nación a partir del criterio de la lengua, un rasgo homogeneizador que obraba con extraordinaria fuerza en poblaciones cada vez más alfabetizadas e integradas a la modernidad. Así, las naciones modernas, en su preferencia por un determinado idioma oficial, terminarían por someter a centenares de otras lenguas que no llegaron a alcanzar aquel mismo rango al casi indigno puesto de dialecto. Tendieron a quedar relegadas, pese a que continuaban siendo habladas por poblaciones numéricamente significativas. Para sobrevivir, tan sólo les queda la alternativa de convertirse en objeto de alguna enconada resistencia cultural o lingüística.[1] Folkloristas, hombres de letras y filólogos fueron partícipes activos en estas lides en todo el mundo occidental; el auge que encontró la filología a fines del siglo XIX no es en este sentido nada casual. Hay incontables ejemplos de estas luchas, sobre todo, entre los nacionalismos culturales emergentes de Europa central y oriental a fines del siglo XIX donde, tanto el Imperio Ruso como el Austro-Húngaro, mantuvieron estrechamente sometidas lenguas y culturas que anhelaban convertirse en verdaderas naciones.

1. Sobre este aspecto de la concepción de la nación de fines del siglo XIX, véase Eric Hobsbawm, *La era del imperio (1875-1914)*, Barcelona, Crítica, 1998 y también su *Naciones y nacionalismo desde 1780*, Barcelona, Crítica, 1991.

En la Argentina, y a pesar de la inmigración de masas que arribó con ímpetu al país desde las décadas finales del siglo XIX, estas batallas no alcanzaron sin embargo la misma virulencia que en otras latitudes. La inmigración convirtió a la Argentina en una verdadera Babel, donde se hablaban decenas de lenguas diferentes, y más todavía resaltaba este rasgo en las grandes ciudades del litoral. En este contexto la lengua oficial encontró dificultades para imponerse por sobre las demás, y más en un país donde había abundante prensa escrita que circulaba con profusión en los más variados idiomas. Contra ello, precisamente, las presiones nacionalistas que comenzaron a hacerse oír hacia el Centenario reclamarían la total preeminencia de la lengua del país por sobre las demás. Nacionalizar a través de la escuela y del servicio militar obligatorio significaba, entre otras cosas, la posibilidad de crear y difundir rituales patrióticos que alentaran la difusión de los valores así llamados nacionales y, por añadidura, así también podría lograrse al mismo tiempo la meta de que todo el mundo hablara debidamente la lengua nacional.[2] No se trataba simplemente de buscar cómo definir la identidad nacional, a través de la identificación de los rasgos de la cultura o la literatura propias, gesto común ya presente desde hacía tiempo atrás, entre escritores e intelectuales decimonónicos de inspiración más o menos romántica.[3] Si la lengua podía ser concebida como un elemento clave en la definición de la nación, debía también ocupar su puesto entre los rasgos capaces de dar cuenta de la identidad nacional.

Sin embargo, lo cierto es que la lengua nacional "argentina" estaba muy lejos de ser plenamente propia y autóctona; como tantas otras cosas, ella había sido traída desde España, desde Europa. Por más que el fervor de los criollistas y de los folkloristas haya pretendido más de una vez la ilusión

2. Al respecto, véase Fernando Devoto, *Nacionalismo, fascismo y tradicionalismo en la Argentina moderna. Una historia*, Buenos Aires, Siglo XXI, 2002; Lilia Ana Bertoni, *Patriotas, cosmopolitas y nacionalistas. La construcción de la nacionalidad argentina a fines del siglo XIX*, Buenos Aires, Fondo de Cultura Económica, 2001.

3. Juan María Gutiérrez, *Cartas de un porteño. Polémica en torno al idioma y a la Real Academia Española*, Buenos Aires, Taurus, 2003, con un estudio preliminar a cargo de Jorge Myers; Adolfo Prieto, *El discurso criollista en la formación de la Argentina moderna*, Buenos Aires, Sudamericana, 1988; Ángel Rosenblat, "Las generaciones argentinas del siglo XIX ante el problema de la lengua", *Revista de la Universidad de Buenos Aires*, Buenos Aires, 1960, N° 4.

de identificar la existencia de una lengua *argentina*, clara y distinta con respecto a las demás variantes dialectales e idiomáticas que ofrece la lengua española, estos esfuerzos de inspiración netamente romántica no lograron hacer olvidar que en realidad la lengua argentina, como tal, no existía.[4] No obstante, se tratara o no de una quimera, aquella ilusión despertó hondas esperanzas entre filólogos y lingüistas ansiosos de que la Argentina tuviera su propio idioma. Y no tardaría en suscitar –también– hondas polémicas. Cuando en la década de 1920 la filología, en tanto que disciplina, aterrizó en la Argentina –el Instituto homónimo de la Universidad de Buenos Aires fue establecido en 1923– se vio rápidamente envuelta en un debate sobre la nación y su idioma que desbordó con creces el estrecho marco de los especialistas que se dedicaban a tan erudita disciplina. A reconstruir los debates que esta cuestión suscitó en la primera mitad del siglo XX dedicamos este capítulo, a fin de entender qué atractivos tenía la filología en la Argentina de los años veinte.

Cuando en 1900 se publicó en París la obra pionera de Lucien Abeille, *Idioma nacional de los argentinos*, en la que se procuraba demostrar que en la Argentina se hablaba un idioma vernáculo que no coincidía plenamente con el de España y que, por lo tanto, debía ser denominado –lisa y llanamente– "argentino", su autor no logró eco suficiente como para inaugurar tras de sí una escuela lingüística o filológica en el país. De hecho, su libro fue refutado por importantes intelectuales de la Argentina, como Paul Groussac y Ernesto Quesada.

Tanto es así que en los años veinte, cuando se fundó el Instituto de Filología de la Universidad de Buenos Aires a instancias de su rector Ricardo Rojas, el flamante director del nuevo Instituto, el español Américo Castro, hacía referencia al "felizmente anulado" trabajo de Abeille.[5] Mientras que Abeille había reivindicado el voseo como un rasgo típico de aquel idioma argentino que pretendía estudiar, Castro daba por descontado que ese idioma no podía ser otro que el mismo español que se hablaba en España: el

4. Una síntesis de estos debates en Rudolf Grossmann, *El patrimonio lingüístico extranjero en el español del Río de la Plata*, Buenos Aires, Biblioteca Nacional, 2008.

5. Instituto de Filología. *Discursos pronunciados por el Decano don Ricardo Rojas y por el Profesor don Américo Castro en el acto inaugural realizado el día 6 de junio de 1923*, Buenos Aires, Facultad de Filosofía y Letras, 1923.

voseo, tan común en las calles porteñas, tan sólo podía ser considerado una desviación poco feliz del "auténtico" español. Américo Castro –de carácter "arbitrario y tronante",[6] según lo describiera uno de sus colegas, Carlos Blanco Aguinaga, que fuera alumno de Amado Alonso– concebía su misión en la Argentina como una imprescindible obra de purificación que debía ser llevada a cabo en un país en el que su lengua había llegado a degenerar casi sin límites, sin duda por haber sido un área marginal en el antiguo imperio español.[7] No es pues un dato menor que la filología aterrizara con ímpetu en Buenos Aires de la mano de los intelectuales españoles. Castro seguía los pasos de José Ortega y Gasset, Adolfo Posada y Rafael Altamira, que habían visitado la universidad y la sociedad argentinas durante la década del Centenario.

El nuevo director, que no permanecería sin embargo más de un año en Buenos Aires, fue recibido en 1923 con pompa y circunstancias, tal como por entonces se le solía dar la bienvenida a los visitantes extranjeros: fue uno más de los tantos huéspedes que en los años veinte tuvo la ciudad. Fue objeto de "demostraciones" y homenajes de todo tipo, mientras su discurso inaugural era difundido en la prensa y publicado en un libro conmemorativo. Así comenzó a hablarse en Buenos Aires de algo hasta entonces bastante desconocido: la filología que, gracias a la visita del español, llegó a alcanzar las páginas de los grandes matutinos porteños. Era una novedad y como tal era capaz de atraer la atención. Y lograría captar todavía mucho más interés en torno de sí en la medida en que despertara algún tipo de polémica a su alrededor que causara revuelo en la opinión.

El diario *La Prensa* disparó la primera piedra: publicó una serie de artículos polémicos firmados por Arturo Costa Álvarez, profesor de la Universidad de La Plata y colaborador habitual del semanario *El Hogar*, donde solía tener una columna dedicada a comentar peculiaridades de la lengua hablada en las calles de Buenos Aires. Con la intención de desacreditar

6. Carlos Blanco Aguinaga, "Don Amado Alonso", *Príncipe de Viana*, 213 (1998), pp. 15-20.

7. Sobre sus ideas lingüísticas, véase Américo Castro, *La peculiaridad lingüística rioplatense y su sentido histórico*, Buenos Aires, Losada, 1941. Un comentario crítico se encuentra en Jorge Luis Borges, "Las alarmas del doctor Américo Castro", en Jorge Luis Borges y José Edmundo Clemente, *El lenguaje de Buenos Aires*, Buenos Aires, Emecé, 1998.

la labor de Castro, lo acusó de desconocer por completo la lengua "argentina" y de pretender implantar una disciplina, una técnica y toda una bibliografía de carácter puramente español y, por lo tanto, poco apropiada para el ambiente local. El autor profetizaba que Américo Castro fracasaría por completo en el corto plazo. La estocada lanzada por Costa Álvarez logró que en las columnas de los grandes diarios se comenzara a hablar acerca de la filología, una materia que, de otro modo, habría permanecido en las manos de los especialistas, sin trascender al público. Y al poco tiempo al filólogo español lo podremos encontrar como colaborador, a su vez, del diario *La Nación*. La visibilidad social que adquirió Castro tornó todavía más violentas las diatribas de Costa Álvarez. Y la polémica llegó, también, a las páginas de la revista *Martín Fierro,* que intervino a favor de Castro.[8] Lo que se debatía, en pocas palabras, era la pertinencia o no de importar de España una disciplina que implicaba toda una manera de pensar la lengua y la literatura. Se acusó a la filología de ser una disciplina solo "para españoles", puesto que relegaba a un segundo plano la literatura y el "idioma" autóctonos. Se volvía, así, a la discusión que ya había planteado Abeille de si era pertinente hablar de una lengua plenamente argentina. Y si lo era, ¿qué sentido tenía "importar" a los especialistas?

La batalla lingüística, que apenas daba sus primeros pasos, no era pura y simplemente una polémica entre eruditos. Sacaba a la luz las transformaciones que se estaban produciendo en la sociedad y la cultura porteña de entreguerras. Por un lado, Buenos Aires podía darse el lujo, a través del diario *La Nación*, de contar entre sus colaboradores asiduos a las más importantes plumas del mundo hispanoamericano, entre las que se destacó Ortega y Gasset. Por el otro, la ciudad era también el escenario en el cual había logrado crecer y desarrollarse un diario como *Crítica*, que en los años veinte vivía un éxito editorial tras otro, imponiendo un estilo propio.[9] Y no sólo en lo periodístico sino además, en un uso del lenguaje que una y otra vez rompía con los cánones lingüísticos más tradicionales. No obstante ello, el diario se vendía, y en grandísimas tiradas: si *La Nación* era el diario más

8. Carlos Grünberg, "Un gramático", *Martín Fierro*, 15 de abril de 1924, p. 5 y ss.

9. Sylvia Saítta, "El periodismo popular en los años 20", en Ricardo Falcón (dir.), *Democracia, conflicto social y renovación de ideas 1920-*1930, Buenos Aires, 2000; *Regueros de tinta. El diario "Crítica" en la década de 1920*, Buenos Aires, 1998.

prestigioso, aunque de "extrema derecha" –retrógrado y reaccionario, según la revista *Martín Fierro*– *Crítica* era el más leído.[10] La difusión y expansión de la prensa popular obligaba, pues, a comenzar a pensar en el uso que se hacía del idioma, en especial, en la cultura de masas. Y también en la literatura: en 1926 salía a la luz el *Don Segundo Sombra* de Ricardo Güiraldes, reavivando el interés por la literatura gauchesca y la idea acerca de una lengua que podía ser pensada como netamente "argentina".

Que la Argentina se preocupara, pues, en los años veinte por traer de España a lingüistas capaces de llevar adelante la fundación de un Instituto de Filología no es casual. Era una empresa ardua de todas maneras. ¿Cabía esperar de los académicos españoles que se acostumbraran a la informalidad de la lengua coloquial que se hablaba en las calles de Buenos Aires, y que incluso se escribía en los diarios de circulación masiva, los más populares? El solo nombre de España sugería la evocación de la tradición y del casticismo. Al fin y al cabo, la lengua propia de la alta cultura en la sociedad porteña de comienzos del siglo XX era, en primer lugar, el francés, y en mucha menor medida el inglés o el alemán. Apenas se tenía en cuenta al español como lengua culta, refinada, elegante, y así lo había sido desde hacía muchos años atrás. Tanto es así que la propia María Rosa, que tanta afición tendría en su madurez por la literatura castellana, sintió una cierta aprensión cuando, todavía en el Liceo, tuvo su primer contacto con el *Cantar de Mío Cid*, escrito en una "lengua que era y no era la nuestra, que por momentos nos sabía a dialecto sin timbre literario y por momentos nos sonaba chocarrera e ininteligible".[11] Mientras la lengua y la literatura españolas se presentaran bajo aquella misma pátina de tradicionalismo y casticismo que a María Rosa le provocaran tanta impresión, no lograrían llamar la atención de nadie. Y, menos que menos, entre los jóvenes universitarios, ávidos de novedad. Para realmente convertir al Instituto de Filología en un polo atractivo era necesario conferirle una orientación que lo apartara del casticismo, con plena vocación por abordar los más amplios problemas literarios y lingüísticos.

10. Roberto Mariani, "*Martín Fierro* y yo", *Martín Fierro*, 25 de julio de 1924, p. 2 y "Sorpresas de *La Nación*", *Martín Fierro*, 12 de diciembre de 1926, p.3.

11. María Rosa Lida de Malkiel, "Mis tres encuentros con Pedro Salinas", *Buenos Aires Literaria*, N° 13, octubre de 1953.

Este era el verdadero desafío que implicaba la instalación de un Instituto de Filología en Buenos Aires.

Quizás por eso, cuando Américo Castro abandonó Buenos Aires a comienzos de1924, tras un año de gestión al frente del Instituto, se habló de su "fracaso" –la palabra perteneció al propio Costa Álvarez–. Fueron nombrados sucesivamente nuevos directores, que no lograron perdurar más de una temporada. Si el Instituto no lograba encontrar eco en la sociedad, atraer a los jóvenes y entrar en diálogo con los cenáculos literarios y culturales más prestigiosos de la ciudad, llevaría una existencia errática, casi moribunda. El academicismo de los filólogos españoles continuaría despertando críticas, en la medida en que no lograran insertarse cabalmente en la sociedad y la cultura porteña. Distintas voces se alzaron para reclamar que el Instituto fuera capaz de captar el pulso de la sociedad local, y conocerla a fondo, incluso su literatura. La más importante fue la de Jorge Luis Borges, a través de su obra *El idioma de los argentinos*, que alcanzó en 1927 el Segundo Premio Municipal. Allí se aborda de lleno este tema y se discuten dos lecturas acerca del idioma hablado en el Río de la Plata, que Borges dará en rechazar:

> Una es la de quienes imaginan que esa habla ya está prefigurada en el arrabalero de los sainetes; otra es la de los casticistas o españolados que creen en lo cabal del idioma y en la impiedad o inutilidad de su refacción. [...] El que no se aguaranga para escribir y se hace el peón de estancia o el matrero o el valentón, trata de españolarse o asume un español gaseoso, abstraído, internacional, sin posibilidad de patria ninguna. Las singulares excepciones que restan [...] son de las que nos honran.[12]

Las dos lecturas que Borges criticaba eran en cierto sentido igual de puristas, aunque en direcciones a todas luces divergentes. Nos concentraremos en la segunda, que va dirigida al academicismo de los españoles más casticistas y, en última instancia, al propio Instituto de Filología fundado por Américo Castro, a quien Borges criticó abiertamente en varias

12. Jorge Luis Borges, *El idioma de los argentinos*, Buenos Aires, Editores Peña-Del Giudice, 1952, p. 13.

oportunidades, por ser incapaz de adaptarse a su auditorio en cada una de las conferencias que dictara en Buenos Aires. Así, Castro utilizaba con frecuencia la palabra "egregio", señala Borges, un término que en Buenos Aires está completamente en desuso. Y concluye, rotundamente: el lingüista español "no sabe impresionarnos".[13] El lingüista debe ser flexible en el uso de la lengua, conocer los usos y costumbres locales y hacer un esfuerzo por adaptarse a su auditorio. Este es el error que Borges advierte en Castro y en los lingüistas españoles instalados en el Instituto de Filología: son demasiado académicos y casticistas, y resultan por ello incapaces de acercarse al habla popular tal como es usada por el hombre de la calle. No se trata de hacer ensayos sobre la literatura gauchesca o los sainetes, puesto que no sería más que un análisis libresco, como si se tratara de un ensayo de laboratorio. El habla popular solo se encuentra en la calle.

O en la así llamada "contra- filología" que surgió en la Argentina en los años veinte, apuntando sus dardos contra el Instituto de la Universidad de Buenos Aires. Su más neta expresión se encuentra en los escritos de Vicente Rossi, aunque también Roberto Arlt se interesó por ella a fines de los años veinte, en un gesto a través del cual se procuraban rescatar las hablas populares y en particular, el lunfardo.[14] Si bien hoy en día tan solo se lo recuerda a Rossi por su libro *Cosas de negros* de 1926, fue también el autor de una serie de folletos pioneros de aparición irregular que tenían por fin llevar a cabo esa operación de rescate lingüístico, a su vez acompañados de un tono recurrente de burla dirigida contra el Instituto porteño, y cualquier otra institución académica que intentara domeñar la lengua, en especial, la popular. La descarnada crítica al academicismo de los lingüistas españoles instalados en Buenos Aires fue moneda corriente en los "Folletos lenguaraces" que desde Córdoba primero, y luego desde Buenos Aires, editara Rossi desde mediados de la década del veinte hasta principios de los años cuarenta. Estos folletos ofrecían un nutrido glosario de la lengua popular y se caracterizaron por la ironía mordaz con respecto a la incapacidad que los filólogos españoles

13. Jorge Luis Borges, *El idioma de los argentinos*, p. 29.

14. Sylvia Saítta, *El escritor en el bosque de ladrillos. Una biografía de Roberto Arlt*, Buenos Aires, Sudamericana, 2000.

más prestigiosos tenían para interpretar el lenguaje "argentino".[15] Y en este mismo sentido, luego de 1931 Rossi habrá de arremeter, también, contra la flamante Academia Argentina de Letras, que acababa de ser fundada. ¡Nada menos! No admitía ninguna autoridad académica en el dominio de la lengua.

Contra cualquier vicio de casticismo, Vicente Rossi se esforzó por mostrar las fuertes vinculaciones que la lengua española conservaba con las más variadas tradiciones culturales, alejadas de lo español, desde ya: desde la cultura –hoy diríamos– afroargentina, hasta los surtidos cocoliches italianos de los inmigrantes, o bien el lenguaje del criollo, del indio o del gaucho. Rossi era, en los propios términos de Borges, que leía con voracidad sus folletos y los elogiaba por demás cada vez que podía, un verdadero "montonero", rebelde a la autoridad española en materia lingüística, y un completo díscolo con respecto al Instituto de Filología de la Universidad de Buenos Aires. A Borges lo atrae Rossi por curiosidad lingüística; sus glosarios eran ricos en matices y ejemplos, muy vívidos. Pero la batalla entre ambos –Borges lo sabe– es desigual: "se trata de un vistoso duelo (que es a muerte) entre un matrero criollo-genovés de vocación charrúa y la lenta partida de policianos, adscriptos esta vez a un Instituto de Filología que despacha glosarios y conferencias en la calle Viamonte".[16]

El mérito de Rossi –según Borges– reside en haber captado, como no podría haberlo hecho ningún filólogo academicista o universitario, el habla popular en su total naturalidad, más allá del artificio que la literatura, tanto gauchesca como arrabalera, construyó a los fines puramente literarios. Borges cree que en buena medida Rossi tiene razón cada vez que sugiere que "los filólogos españoles o hispanizantes tienen que justificar su empleo oficial: han inventado de muy mala gana un idioma gauchesco que luego retraducen con apuro al español antiguo, y han decretado que su monumento es

15. Algunos de estos folletos estaban directamente dirigidos a replicar las publicaciones del Instituto de Filología de la Universidad de Buenos Aires. Así el caso de los folletos números dos y tres, que llevan por título "Rectificaciones y ampliaciones a unas notas lexicográficas". Ambos fueron publicados en 1927.

16. Jorge Luis Borges, "Desagravio al lenguaje de Martín Fierro", *Revista Multicolor de los Sábados (Diario Crítica)*, 21 de octubre de 1933. Al respecto, véase Ivonne Bordelois y Ángela Di Tullio, "El idioma de los argentinos: cultura y discriminación". *Ciberletras. Revista de crítica literaria y de cultura*, N° 6, enero de 2002.

el *Martín Fierro*".[17] Su irreverencia contra el academicismo de los lingüistas universitarios, siempre en tono de burla, es desmesurada, y Borges lo sabe. De allí que lo defina a Rossi como un "montonero" que se levanta contra la autoridad enquistada de todos aquellos filólogos librescos que pretenden convertirse en verdaderos inquisidores de la lengua y del buen decir.

En cierta medida es legítimo el gesto de rebelión, cree Borges, pero de lo que se trata es de promover una nueva orientación en la formación de los filólogos y los lingüistas, con el propósito de lograr que estén en contacto con la sociedad y la cultura de su propio tiempo. Si la iconoclasia de Rossi pudiera servir de algo, será precisamente para alentar una nueva filología tanto menos libresca, y al mismo tiempo mucho más en contacto con la sociedad en la que se inscribía. El Instituto de Filología no podía evitar darse por aludido y mirar para un costado.

En este marco, en 1927, hizo su arribo a la Argentina Amado Alonso, el nuevo director del Instituto de Filología de la Universidad de Buenos Aires, designado desde Madrid por Ramón Menéndez Pidal. Fue el único capaz de permanecer más de un año académico en la ciudad; de hecho, su permanencia se extendió por casi dos decenios hasta 1946. No es casual.

Amado Alonso llegó en septiembre, cuando todavía era joven y soltero, además de apuesto; había nacido en 1896, de tal modo que tenía poco más de treinta años. Aún no había obtenido su doctorado. Otros de los viajeros del segundo quinquenio de los años veinte que ya eran ilustres –o lo serían luego– fueron Albert Einstein, Ernest Ansermet, Le Corbusier, el conde Keyserling, Waldo Frank, Filippo Marinetti, María de Maeztu, Manuel García Morente y Lucien Levy- Bruhl.[18] También se encontraba en Buenos Aires Pedro Henríquez Ureña, que llegó en 1924 y terminó instalándose en la Argentina por más de dos décadas. Todos estos viajeros notables se encontraron con un creciente número de personas que acudía a verlos cada vez que estas figuras daban una conferencia o participaban en algún evento

17. Jorge Luis Borges, "Desagravio al lenguaje de Martín Fierro", *Revista Multicolor de los Sábados (Diario Crítica)*, 21 de octubre de 1933.

18. Francis Korn, *Los huéspedes del 20*, Buenos Aires, Sudamericana, 1974. Muchos de estos personajes dejaron huella en Victoria Ocampo, *Autobiografía IV. Viraje*, Buenos Aires, Sur, 1982.

público. En esos años era frecuente –como señaló María Rosa Oliver– "ir conociendo a diario personas distintas".[19] E interesantes, cabe agregar.

Claro que Amado Alonso era uno de los más jóvenes y quizás el menos célebre de todos los visitantes. No había llegado con un contrato para dar conferencias, conciertos o exhibiciones por una o dos temporadas, sino para hacerse cargo de la dirección de un Instituto que había sido duramente bastardeado por la opinión y en el que hasta ahora ninguno de sus predecesores había logrado sobrevivir más de un año. A poco de arribado, la prensa local lo increpó duramente: "¿Qué ocurre con el Instituto de Filología? ¿Cómo allí no se publica nada? ¿Qué hace el "galleguito" [Alonso] que han traído para dirigirlo?".[20] Sería necesario remar contra la corriente.

Además, la Universidad contaba con muchísimos menos recursos en su haber de los que contaban muchas otras iniciativas culturales que se estaban desarrollando en Buenos Aires, gracias al generoso subsidio aportado por un puñado de mujeres que alentaron por demás las artes, las letras y la cultura en los años veinte.[21] En especial, se destaca la gestión llevada adelante por los grandes apellidos porteños que, a modo de mecenas, se volcaron a financiar las visitas de los más reputados artistas, escritores e intelectuales del extranjero. En los años veinte, la fortuna privada se dedicó como nunca antes a alentar el fomento cultural en las artes, a través de iniciativas como las de la Sociedad de Amigos del Arte o la Asociación del Profesorado Orquestal, que se dedicaban –respectivamente– a promover artistas plásticos, los grandes directores de orquesta y los músicos que los acompañaban. Y en este mismo sentido se cuenta la Sociedad de Conferencias, establecida en 1925 en estrecha relación con Amigos del Arte y patrocinada por Elena Sansisena de Elizalde y Victoria Ocampo, que se encargaba de promover las visitas de conferencistas del extranjero.[22] Así se desató una verdadera fiebre

19. María Rosa Oliver, *La vida cotidiana*, Buenos Aires, Sudamericana, 1969, p. 251.

20. Cito en Tomás Yerro Villanueva, "Amado Alonso, lerinés ilustre", *Cauce. Revista de filología y su didáctica*, N° 20-21, 1997-98, p. 306.

21. Sobre la historia de la Universidad de Buenos Aires, y más puntualmente la facultad de Filosofía y Letras, Pablo Buchbinder, *Historia de la Facultad de Filosofía y Letras*, Buenos Aires, Eudeba, 1997.

22. Al respecto, véase *Amigos del Arte 1924-1942*, Buenos Aires, Malba, 2008; Verónica Meo Laos, *Vanguardia y renovación estética. Asociación Amigos del Arte 1924-1942*, Buenos Aires, Fundación CICCUS, 2007.

por las conferencias y las exhibiciones artísticas; la asistencia podía ser tan masiva que se volvía asfixiante. Incluso las artes plásticas alcanzaron una popularidad rápida e inusitada. El caso más sonado tuvo lugar en ocasión de la exposición del pintor cubista Emilio Pettoruti en la galería Witcomb. Se vio por completo desbordada, a tal punto que las obras expuestas corrieron serios riesgos, debido a los apretujamientos y empujones de la gente que se agolpaba en el estrecho local. El pintor debió proteger sus cuadros con vidrios para evitar que el público los dañara: "los escupían, los laceraban o escribían insultos en ellos".[23]

A pesar del intenso movimiento cultural, no había, sin embargo, quien estuviera dispuesto a patrocinar a un académico que venía a investigar y a dar cátedra en un Instituto que hasta ahora no había podido ganarse el visto bueno de la opinión pública. Además, una cosa era invitar a un extranjero a dar un ciclo de conferencias, que duraría unas semanas, y otra distinta era instalarse en el país, para lo cual se hacía necesario alcanzar algún puesto estable. Las cátedras universitarias no eran las más rentables. Tanto es así que el dominicano Pedro Henríquez Ureña –con el que la Argentina no fue, según Borges, todo lo generosa que aquel merecía, en buena medida por el solo hecho de ser dominicano–,[24] vivía austeramente de sus cátedras en la Universidad Nacional de La Plata, en el Colegio Nacional de La Plata y en el Instituto Nacional del Profesorado Secundario. Y si el mexicano Alfonso Reyes, arribado en 1927, unos pocos meses antes de la llegada de Alonso, podía hacerlo de manera tanto más holgada, era porque poseía un cargo diplomático en la embajada de su país, que acababa de ser inaugurada en la Argentina.

Amado Alonso se vinculó rápidamente con ellos.[25] En especial, con Alfonso Reyes, que permaneció en el país hasta 1930 y jugó un papel clave

23. Emilio Pettoruti, *Un pintor ante el espejo*, Buenos Aires, Solar/ Hachette, 1968, p. 202.

24. Fernando Sorrentino, *Siete conversaciones con Jorge Luis Borges*, Buenos Aires, El Ateneo, 2001, pp. 112-113.

25. Sobre la figura de Alonso: Ana María Barrenechea, "Amado Alonso y el Instituto de Filología de la Argentina", *Cauce, Revista de filología y su didáctica*, Nº 18-19, 1995-1996, pp. 95-106; Juan María Lecea Yabar, "Amado Alonso en Madrid y Buenos Aires", *Cauce*, Nº 22-23, 1999-2000, pp. 403-420 y del mismo autor, "Amado Alonso (1896-1952)", *Cauce*, Nº 18-19, 1995-1996, pp. 17-70.

en su inserción en la sociedad local. Celebraba tertulias muy amenas en la sede de la embajada de México, localizada en una ubicación privilegiada en la calle Arroyo 820, a pocos pasos de Plaza San Martín, que le sirvieron a Alonso como aprendizaje para iniciar su tránsito, por demás exitoso, a lo largo de los múltiples espacios de la sociabilidad porteña, con sus siempre variados públicos. Muchos de los asistentes a las tertulias de Reyes terminarían confluyendo en la revista *Sur*, de Victoria Ocampo, fundada en 1931. Amado Alonso se integró bien pronto a este círculo; su relación con Alfonso Reyes databa desde antes de su arribo a Buenos Aires y una vez aquí, desde luego, se afianzó.[26] Acerca de aquellas tertulias, María Rosa Oliver escribió:

> La Embajada de México [...] pronto se convirtió en el lugar donde se reunían escritores y artistas de todo el país, hasta entonces desvinculados entre sí o que mutuamente se ignoraban, y allí los argentinos tenían la oportunidad de cambiar ideas con colegas llegados del resto de América y de Europa en un ambiente distenso y cordial: no por diplomático sino porque su ironía le hacía tomarlos *cum grano salis*, Alfonso Reyes era llano y natural en su trato con los notables de paso: [...] "Pues me es tan fácil platicar con un profesor de la Sorbona como con un general mexicano".[27]

Este estilo en el trato social, que le permitía al académico participar al mismo tiempo de los más variados círculos de sociabilidad, fue el mismo en el que, en líneas generales, aprendió a desenvolverse Amado Alonso desde sus primeros días en Buenos Aires. En una sociedad como la porteña de los años veinte, donde estaban a la orden del día las tertulias, a veces comandadas por damas –Delia de la Torre, Victoria Ocampo–, la llaneza en el trato social y la ductilidad para alternar con los más variados interlocutores le permitieron a Alonso encontrar eco y ganar amigos en ámbitos de lo más variados de la sociedad local. Desde sus primeros días en Buenos Aires se lo encuentra bien vinculado socialmente. Junto a Henríquez Ureña y a Alfonso Reyes, participó en las reuniones de agasajo, recepción y bienvenida que

26. Así lo refleja la correspondencia entre ambos, transcripta en Marta Elena Venier (ed.), *Crónicas parciales. Cartas de Alfonso Reyes y Amado Alonso*, El Colegio de México, 2008.

27. M. Rosa Oliver, *La vida cotidiana...*, pp. 234-235.

se solían hacer a los visitantes más o menos ilustres –las así llamadas "demostraciones"–, muchas de ellas comandadas por revistas culturales como *Nosotros* o *Martín Fierro*.

Esta última, por ejemplo, había organizado en 1924 los banquetes en honor a Marinetti y a Ansermet. *Nosotros*, a su vez, atendió la recepción a Reyes cuando llegó al país en agosto de 1927. El discurso que dio el mexicano en esa ocasión fue publicado en la revista en octubre y elogiado por Raimundo al propio Reyes un tiempo después, en cuanto tuvo la ocasión de hacerlo. Se organizó una comisión de gente distinguida, que debía atender todos los detalles a fin de que el recién llegado se sintiera a gusto en Buenos Aires. A veces estas comisiones se volvían agobiantes, puesto que no le daban al invitado ni un segundo de respiro. Este *modus operandi*, habitual en los años veinte, aparece retratado con mordaz ironía en la literatura de la época: así, la *Historia funambulesca del profesor Landormy* de Arturo Cancela. Impresionado por la acogida que recibió, Reyes declaró en su discurso de bienvenida: "no he tenido tiempo de estar triste [en Buenos Aires] puesto que me lleváis como arrebatado de unos brazos a otros, en claro calor de compañía".[28] Y Reyes a su vez se encargaría de prepararle la cena de bienvenida a Amado Alonso, a la que asistieron María Rosa Oliver y Victoria Ocampo, entre otras personas. A diferencia de Américo Castro, Alonso llegó a Buenos Aires con el pie derecho.

En este círculo de relaciones construido en torno a las tres figuras hispanoamericanas de Reyes, Henríquez Ureña y Alonso, el idioma español comenzó a ganar prestigio literario e intelectual en los círculos cultos de la sociabilidad porteña. Ya sea a través de la música de Manuel de Falla –como le ocurrió a Victoria Ocampo–, o a través del propio trato social con estas reputadas figuras, la lengua española y todo lo que ella traía consigo –la historia, la literatura– despertaron creciente interés por parte unas elites cultas tradicionalmente muy francófilas. María Rosa Oliver señala que, gracias al trato frecuente con ellos, "inicié un mimetismo que después me resultó muy útil: el de suprimir el voseo al hablar con otros latinoamericanos".[29] La

28. Alfonso Reyes, "Saludo a los amigos de Buenos Aires" (en el banquete ofrecido por la revista *Nosotros*, el 24 de agosto de 1927), *Obras Completas*, Vol. 8, México, Fondo de Cultura Económica, 1996, p. 145.

29. María Rosa Oliver, *La vida cotidiana...*, p. 236.

cultura hispanoamericana atraía. De ello mismo da cuenta una breve leyenda que Raimundo escribió al margen de sus papeles de estudiante en algún momento alrededor de 1930, redactada con juvenil entusiasmo, remedando quizás la "Oda a Roosevelt" de Rubén Darío: "Los Estados Unidos quieren aprovecharse de la América hispana que reza y canta y baila. ¡Temblad, yanquis! América comienza a incorporarse. ¡Y tiemble vuestro Hoover ante Henríquez Ureña!".[30] Desde su llegada a la Argentina, Henríquez Ureña había pregonado la reivindicación del americanismo en lengua española, en cuanta conferencia tuvo ocasión de dar, desde la Sociedad Amigos del Arte, hasta la Universidad de La Plata.[31]

En este marco, la filología ya no será vista como cosa tan extraña y ajena, como le había ocurrido en 1924 a Américo Castro. Consciente de las polémicas habidas en los años precedentes, Amado Alonso hizo un enorme esfuerzo por diferenciarse de Castro, a quien describe como un hombre que se caracterizaba por "su fuerte personalidad, su fe en España, su visión de los problemas, su afán de influir en el espíritu ajeno".[32] Para evitar recibir las mismas críticas de las que había sido objeto el fundador del Instituto, Amado Alonso tenía que mostrarse capaz de entablar una filología dispuesta a hacerse eco de los problemas de la sociedad argentina, con la que de un modo u otro debía entrar en diálogo, a fin de que no se repitiera la acusación de que la suya era una "filología para españoles" únicamente. Así, desde el mismo momento de su llegada a Buenos Aires, sostuvo la idea de una filología fuertemente enraizada en la Argentina. Supo darle publicidad a esta idea. En las declaraciones que realizó a los periodistas que lo fueron a recibir en el puerto a su llegada, y rodeado por un corro formado por profesores y estudiantes de la Universidad, junto con alguna que otra persona más que se acercó a curiosear para saber quién era la personalidad que acababa de arribar, declaró:

30. Papel suelto, s/f. Archivo de la familia Lida, Buenos Aires.

31. Pedro Henríquez Ureña, "El descontento y la promesa", conferencia pronunciada en Amigos del Arte, 1926, *Obras Completas*, Santo Domingo, 1976, T. 6, pp. 11-27.

32. Carta de Amado Alonso a Alfonso Reyes, Buenos Aires, circa enero de 1929, transcripta en Marta E. Venier (ed.) *Crónicas parciales. Cartas de Alfonso Reyes y Amado Alonso*, México, El Colegio de México, 2008, p. 5.

> Que se propone en primer término conseguir que se establezca un laboratorio elemental de fonética y luego tratar de levantar un mapa lingüístico del país, a cuyo efecto considera urgente recoger los residuos de las lenguas aborígenes, hoy dispersos, así como las voces e inflexiones propias del habla corriente de los campos y el interior de la República. Otro que tiene en vista cumplir es la fundación de una «Revista de Dialectología Hispanoamericana» pues cree que Buenos Aires es el lugar más indicado para centralizar esa labor en la América española.[33]

Recibió casi automáticamente la estocada que no pudo dejar de lanzarle Rossi, ante sus dichos y sus promesas de llevar a cabo estudios dialectológicos: "es decir que un extranjero que por primera vez viene al Plata (será el tercer *Adelantado* que recibimos) trae ya la misión de hacernos nada menos que un léxico criollo - paisano (*gauchesco* le dirán nuestros filólogos)".[34] Alonso no podía eludir la discusión en torno a la existencia (o no) del "idioma de los argentinos", un debate recurrente en la filología y la lingüística argentina de la época.

Lo primero era escuchar atentamente a los argentinos hablar; no había más que detenerse a auscultar por la calle a la gente común y detectar con sagacidad los más mínimos matices de su pronunciación. Tenía que evitar mostrarse como un español pedante que venía a denunciar la falta de purismo en la lengua criolla. Alonso tenía un oído entrenado para ello: traía de España una vasta preparación en fonética, campo en el cual se había formado con el lingüista Tomás Navarro Tomás, el principal especialista en esa área en lengua española. La fonética era una pieza clave para enraizar a la filología en la Argentina. Así, pues, alentó al por mayor este tipo de estudios. (En esta línea, permaneció, de hecho, trabajando durante años su discípula Berta Elena Vidal de Battini, que hizo infinidad de viajes por el interior de la Argentina a fin de recabar información fonética regional a lo largo del país.) Como ejemplo de la capacidad de Alonso de prestar atención a la palabra

33. "Se encuentra en Buenos Aires el filólogo español Amado Alonso", *La Prensa*, 15 de septiembre de 1927.

34. Vicente Rossi, "Más rectificaciones y ampliaciones a unas notas lexicográficas" en *Folletos lenguaraces,* N° 3, Río de la Plata, 1927, p. 28.

hablada de la gente común, sin burlarse de ella, basten las siguientes líneas que dan cuenta de un observador que se toma largo tiempo para escuchar:

> He estado atento muchas horas a las conversaciones de peones y reseros en estancias del Azul y tenía que afinar bien el oído para percibir un conato de rehilamiento en las *ll*, *y* de aquellos argentinos.[35]

Se interesó por el gaucho y su modo de hacer uso del idioma. Así advierte Alonso que su lenguaje es pobre cuando se refiere a la vegetación de la pampa, pero es mucho más rico, naturalmente, cuando debe describir el pelaje de su caballo.[36] El lingüista se adapta a lo criollo y se interesa por el lenguaje de *Don Segundo Sombra*. Amado Alonso no era el típico académico que se encerraba entre libros en la biblioteca e invocaba la autoridad lingüística de la rancia tradición castellana. Al fin y al cabo, Amado Alonso era de origen navarro –nació en el pueblo de Lerín en 1896–. Por sus orígenes vascos y sus conocimientos de euskera, no estaba dispuesto a admitir una visión rígida y homogeneizadora de la lengua española. Estaba preparado más que ningún otro lingüista español para aceptar la diversidad de hablas dialectales. Por su capacidad de acercarse al habla de la gente común será difícil ver en él a un filólogo puramente libresco, reconcentrado con una actitud academicista en antiguos manuscritos, libros o publicaciones, sin mayor contacto con la sociedad.

Alonso no pudo ignorar en su trabajo las demandas de la sociedad argentina, y ello se reflejó en la respuesta que elaboró cuando le tocó intervenir en la polémica cuestión acerca del "idioma de los argentinos". Sabía que era este un tema por demás sensible. "Que nadie me suponga gratuitamente la intención de zaherir al medio intelectual del que formo parte", advirtió, cuando finalmente se pronunció sobre este punto en 1932. En lugar de mostrarse como un lingüista casticista y algo pedante, se puso al nivel del

35. Amado Alonso, "El problema argentino de la lengua", *Sur*, N° 6, otoño de 1932, p. 164.

36. Amado Alonso, "Preferencias mentales en el habla del gaucho", *Cursos y Conferencias*, Año IV, N° 10, 1935, pp. 1027-1049. Un interesante retrato de Alonso en Luis Emilio Soto, "Amado Alonso, hablista, oidor y corregidor", *Nosotros*, N° 31, octubre de 1938, pp. 326-335.

público porteño para el que escribía. Así, pues, lejos de afirmar que el idioma español –el auténtico, el único posible– era el que se hablaba en España, y que todas las demás variantes de él no serían más que desviaciones impuras, Alonso sostuvo que aquel español prístino no existía siquiera en su país de origen, puesto que era tan grande la diversidad de matices provenientes de cada tonada regional, e incluso dialecto, que sería impropio hablar de algún tipo de pureza en la lengua española peninsular.

Pero no aceptó que existiera un auténtico "idioma nacional de los argentinos". Postular su existencia, advirtió, era pecar de excesivo porteñismo, puesto que implicaría desconocer la infinidad de variantes lingüísticas regionales que existen en la Argentina, tan heterogéneas –casi– como las que se presentan en las diversas regiones españolas. Esto no quita reconocer, de todas maneras, el enorme peso específico que en cuestiones lingüísticas –como en tantas otras más– tiene Buenos Aires, por su fuerza expansiva, en todo el espacio rioplatense.[37] Ante tan cuidadosa argumentación, Borges –siempre punzante– no osó descalificarlo, como había hecho de manera tan lapidaria con Américo Castro. Alonso demostró con enorme habilidad que sabía cómo hablarle a la sociedad argentina, al menos la más culta, y estaba dispuesto a continuar haciéndolo.

Si hay algo que lo caracteriza es su capacidad de adaptarse a la sociedad porteña, y a sus círculos de sociabilidad. De personalidad expansiva e incluso seductora, con un don de gentes que le permitirá integrarse fácilmente a los más variados círculos sociales, con una enorme facilidad de palabra que incluso le abrirá el paso hasta alcanzar en reiteradas ocasiones al micrófono de un estudio de radio, puede decirse que Amado Alonso terminará por integrarse plenamente a la sociedad porteña de entreguerras, en la que llegará a moverse como pez en el agua. Tenía una personalidad magnética –"hay que ser un poco actor para ser buen profesor", solía decir–, poco frecuente en un académico de aquellos años, y capaz de atraer, incluso seducir, a los estudiantes. Con Raimundo charlaba de fútbol, puesto que Don Amado era un gran simpatizante de River Plate en los tempranos

37. Al respecto, Elvira de Arnoux y Roberto Bein, "La valoración de Amado Alonso de la variedad lingüística del español", *Cauce*, N° 18-19, 1995-1996, pp. 183-194. Sobre este tema, Amado Alonso, "El problema argentino de la lengua", *Cursos y Conferencias*, Año IV, N° 4, 1935, pp. 405-413.

años cuarenta cuando el equipo –la "Máquina"– conquistó premios y laureles. Jugaban también al ajedrez. Incluso una vez Alonso consultó al ajedrecista argentino Roberto Grau, que tenía una columna en *La Nación* y en otras publicaciones, por alguna duda que Raimundo le transmitió; puede apreciarse entonces el variado círculo de amistades que el español tejió en Buenos Aires.[38] Su carácter llano y sociable lo ayudó sobremanera a revertir la imagen que en la Argentina había tenido la filología desde los tiempos de Castro, a tal punto que el propio Borges debió comenzar a moderar sus críticas contra el academicismo del Instituto.

Así fue cómo Raimundo se acercó a Alonso, junto con otros tantos compañeros más: "el Dr. Alonso enseguida me distinguió, me enseñó y me hizo su colaborador",[39] escribió años después. Esto ocurría hacia 1930. No puede sin embargo contársela a María Rosa por ahora; su incorporación al Instituto de Filología tuvo lugar hacia mediados de la década de 1930. La relación de Raimundo con Alonso fue, en principio, más académica que social, puesto que la distancia generacional imponía sus condiciones. Raimundo todavía era estudiante; no era un par, y no tenía acceso, en principio, a las tertulias de las que participaban las figuras más conocidas del mundo literario e intelectual. Pero estaba claro que Alonso lo apreciaba, puesto que a instancias del joven –y en buena medida para promoverlo– fundó una colección de libros que el Instituto de Filología se encargaría de publicar sobre "Estudios estilísticos", donde se abordaban y difundían distintos ensayos de filosofía del lenguaje y teoría estética, mayormente de origen alemán, cuyas traducciones y ediciones estuvieron bajo el cuidado de ambos.[40] Más bien

38. "Yo se lo transmití a don Amado Alonso, que a su vez se lo propuso a Roberto Grau. En cosa de un minuto lo resolvió Grau. [...] Yo nunca lo hubiera podido resolver", Carta de Raimundo Lida a Fernando Lida, Cambridge, 15 de enero de 1957. Archivo de la familia, Buenos Aires.

39. Carta de Raimundo Lida a Fernando Lida, Cambridge, 5 de octubre de 1956. Archivo de la familia, Buenos Aires.

40. El primer título de esta colección fue la *Introducción a la estilística romance* de Karl Vossler, Leo Spitzer y Helmut Hatzfeld, con edición y traducción a cargo de Raimundo Lida y Amado Alonso (Buenos Aires, Instituto de Filología, 1932). Luego siguieron Karl Vossler, *La vida espiritual en Sudamérica* (Anejo del Instituto de Filología, Buenos Aires, 1935) y Leo Spitzer, *La enumeración caótica en la poesía moderna*, traducido por Raimundo Lida (Buenos Aires, 1945).

anclado en la teoría y en la ensayística que en la fonética o la dialectología –problemáticas que Alonso no podía eludir–, desde el vamos Raimundo no tendrá el mismo perfil que su versátil maestro. La dialectología y la etimología, por ejemplo, no le atraían especialmente. Los sucesores de Alonso en estos campos fueron Marcos Morínigo y Vidal de Battini, y no los hermanos Lida.

Hubo un ámbito propio de la cultura porteña de los años veinte con el que Amado Alonso sin embargo no se involucró mayormente, a pesar de que atraía a los más jóvenes que lo circundaban: las revistas literarias, juveniles o estudiantiles. En revistas así publicaron María Rosa y Raimundo sus primeros artículos. Ella escribió algunos breves textos en estilos que remedaban a autores clásicos, ya fuere en versos latinos o en español antiguo; eran verdaderos juegos literarios.[41] El gran predicamento que a fines de los veinte comenzó a adquirir la lengua, la cultura y la literatura españolas en la cultura porteña la lleva a interesarse por el español antiguo. Él, por su parte, publicó unas muy pequeñas notas ensayísticas sobre filósofos del lenguaje, en especial alemanes. Pero Alonso no participó de este tipo de iniciativas, a pesar de que lo invitarían a hacerlo más de una vez. Y en verdad, cuanto más Raimundo se acercó a Alonso, más se fue alejando de ese tipo de revistas que crecían como hongos y duraban apenas muy pocos números.[42]

Publicar en estas pequeñas revistas literarias tenía sus bemoles. Así lo advirtió Alfonso Reyes, sagaz observador de la sociabilidad y la cultura porteñas de entreguerras. En un principio el mexicano se entusiasmó por ellas, a tal punto que cobijó en 1929 el lanzamiento de *Libra*, revista a cargo de Leopoldo Marechal y Francisco Luis Bernárdez. Pero advirtió a poco de andar que las revistas no traían sino dolores de cabeza, y comenzó a distanciarse de ellas. Aún antes de que *Libra* viera la luz, Borges –a quien habían invitado a participar del proyecto– declaró que no quería ver mezclado su nombre junto al de un nacionalista como Marechal y se alejó bruscamente del grupo. No fueron sólo las disputas político-ideológicas las que

41. María Rosa Lida, "A la manera del Arcipreste", *Verbum*, 75, 1930, p. 571; "Parodia catulliana", *Verbum*, 75, 1930, p. 518.

42. Al respecto, Francine Masiello, "Argentine Literary journalism: the production of a critical discourse", *Latin American Research Review*, Vol. 20, N° 1, 1985, pp. 27-60; John King, *Sur: A study of the argentine literary journal and its role in the development of a culture, 1931-1970*, Cambridge University Press, 1986.

incomodaron a Reyes, sino los propios códigos de la vida literaria porteña, formada en torno de grupúsculos inestables y competitivos. Tanto que comenzó a evaluar la idea de alejarse de Buenos Aires, según le escribía a Ortega y Gasset por esos años:

> Un día, sin buscarlo, me vi rodeado y frecuentado por algunos de los jóvenes que considero más escrupulosos y exigentes en materia de letras [...] Un día me hablaron de fundar una revista. Y yo, que veo esta ciudad llena de revistas, y que tengo cierta experiencia de lo mal que salen, dije: cuando Uds. publiquen las dos o tres cosillas que tienen en casa y que no se deciden a confiar a las revistas que andan por ahí, ya no sabrán qué hacer con su nueva revista. [...] ¡He tardado tanto en comprender las características de este mundillo literario, donde todos andan en bandos y les importa más la política de los bandos que el verdadero trabajo! [...] Conclusión: me estoy alejando de todos los grupos y bandos, desligándome de toda oferta de mera colaboración. Más voy a decirle: esas malas impresiones me confirman en mi deseo de alejarme. Esta carta es absolutamente confidencial.[43]

Por algo fue que Amado Alonso no se involucró en las revistas literarias juveniles. A sus discípulos los llevó a escribir en las revistas más importantes de Buenos Aires tales como *Sur*, *Nosotros* y *Cursos y Conferencias*, con las que el propio Alonso solía colaborar. Pero aquel joven Raimundo de comienzos de la década de 1930 no resignaría del todo su participación en revistas juveniles de todo tipo, al menos en un principio; estaba haciendo sus primeras armas y no podía eludir acercarse a ellas. Fue secretario del *Boletín del Colegio de Graduados de la Facultad de Filosofía y Letras*, donde invitó a publicar a varios de sus compañeros de estudios, entre los que se cuenta Leonor García, que no tardará en convertirse en su novia.

43. Carta de Alfonso Reyes a José Ortega y Gasset, Buenos Aires, 10 de enero de 1930, transcripta en Bárbara Aponte, "A dialogue between Alfonso Reyes and José Ortega y Gasset", *Hispania*, Vol. 49, N° 1, marzo 1966, p. 38. Acerca de la experiencia de Reyes, véase Eduardo Robledo Rincón (coord.), *Alfonso Reyes en Argentina*, Buenos Aires, Eudeba-Embajada de México, 1998; Rose Corral (ed.), *Libra 1929. Edición facsimilar*, México, El Colegio de México, 2003.

Con el correr del tiempo, sin embargo, y a medida que se afianzó como investigador, y como profesor en diversas cátedras, se iría alejando cada vez más de las pequeñas revistas literarias. Se preparaba para convertirse en un filólogo.

Capítulo V
La historia de Leonor

No había, no pudo haber habido nunca, puntos de contacto entre los Lida y los García durante sus años de infancia. María Rosa y Leonor terminarían, sin embargo, por coincidir en el Liceo de Señoritas. Que ambas muchachas estudiaran allí habla a las claras del ascenso social de sus respectivas familias. Pero a pesar de su confluencia en esa misma institución educativa, no hay ningún parecido en el modo en que ambas familias abordaron la aventura del ascenso. Había incontables alternativas para acceder a la misma meta.

Empecemos por Donato Genaro García, padre, nacido en 1876. Hay muchas leyendas en torno a su vida. Sobre su nacimiento poco y nada se sabe. Sólo que era criollo, hijo de padres que lo abandonaron al nacer en una Casa de Expósitos. Se presume que era vástago de un importante militar cuyo nombre no quería verse manchado por la llegada de un hijo natural. El primer nombre de pila y el apellido con el que lo bautizaron fueron el reflejo de su condición de hijo de nadie. Se dice que una mucama negra se habría encargado de llevarlo a su casa, cobijarlo y darle por un tiempo muy difícil de precisar un muy modesto hogar. Esto al menos es lo que cuenta la leyenda familiar, construida sobre la muy poco sólida base de la ropita de muy buena calidad que vestía al momento de ser abandonado.

Su educación en estas condiciones fue apenas elemental. En el asilo en el que le tocó pasar la mayor parte de su infancia, unas monjas le enseñaron a leer y escribir y algunos elementos de aritmética, las mismas que le hicieron tomar la primera comunión. Pero no avanzó mucho más en su formación, y no tuvo contacto con los libros, más allá de algunos anticuados catecismos que no abría sino por obligación. Ya adolescente, sin embargo, se volvió un ávido lector, aunque jamás leyera libros. En la Buenos Aires de 1890 los periódicos brotaban como hongos, con titulares y avisos en todos los tamaños. Cada vez que podía, se los devoraba; los leía de punta a punta, sin omitir nada, ni siquiera los avisos de los remates de cabezas de ganado y la grilla de los horarios del tren, aunque muy rara vez tomara el ferrocarril. Le encantaba mirar cómo los voceaban los canillitas; con tal de vender eran capaces de importunar a los peatones. Le impresionaba ver cómo esos chiquillos se las ingeniaban para ganarse buenas propinas.

Fue hacia 1890 que descubrió su vocación. Una tarde en que todos los chicos del asilo se habían ido a ver el desfile del 25 de Mayo, todo cambió. Lo mandaron a limpiar la cocina. Esa orden hubiera sido para cualquier otro muchacho una especie de humillación. La cocina era un sitio que le agradaba: allí nunca hacía frío, puesto que el fuego estaba prendido todo el día, a diferencia de las inmensas habitaciones de techos altos y sin calefacción de los hogares de niños de aquella época. Fue como nacer de nuevo: en un abrir y cerrar de ojos entendió los usos posibles de los mil y un implementos de cocina y echó a volar su imaginación. Lo normal hubiera sido que un chico como él, sin familia, ni instrucción, ni dinero, se hiciera peón de fábrica o de construcción, comenzando como simple aprendiz. Eran oficios con los que se podía aspirar a una vida digna. Pero Donato de algún modo intuía que ese no era su camino. En la cocina vio la clave, pero había que dominarla como un rey. Y la cocinera del asilo no le supo enseñar gran cosa, sólo unos huevos revueltos, pucheros y purés que preparaba de mala gana. No tenía al alcance ninguna escuela de *haute cuisine* a la que un muchacho como él hubiera podido acceder.

Salió a recorrer los mejores hoteles de Buenos Aires, intentó hablar con todos los *maîtres* habidos y por haber pero se cansó de que sistemáticamente le cerraran la puerta en sus narices. Claro que un purrete como él, desgarbado y sin modales, no despertaba el menor interés. Lo trataban como a un mendigo que en lugar de buscar un puesto de aprendiz, solo quería una limosna para pasar la tarde y divertirse un rato. Después de que lo rechazaran por decimoctava o vigésima vez comprendió que no estaba haciendo las cosas bien. Pero ya no sabía a dónde ir a tentar suerte.

Hasta que un día, deambulando por el puerto de Buenos Aires, uno de sus lugares favoritos de su *dolce far niente*, donde de vez en cuando podía conseguir alguna changa, vio algo que le cambiaría la vida. Recientemente modernizado, el puerto recibía barcos de todo tipo, color, bandera. Era un espectáculo fascinante. Podía pasarse horas viendo los barcos llegar y descargar sus mercaderías. Y todas esas banderas..., así se las había aprendido todas. Y de repente, un cartel en letra irregular que decía: "se busca peón de cocina para viajes a Europa, África o el Caribe". No lo pensó dos veces. No era como ir a París en primera clase pero estaba más que bien. No viajaría de polizón.

Y prácticamente terminó dando la vuelta al mundo. Un barco lleva al siguiente, y como quien no quiere la cosa, para cuando se quiso acordar, ya había atracado más de mil veces en lugares de los que nunca antes había oído hablar. Años después, sus relatos adquirirían dimensiones legendarias. Amén de los principales puertos europeos, conoció otros que nunca habría podido imaginar: Río de Janeiro, Panamá, Ciudad del Cabo, Cartagena de Indias, Cádiz, Lisboa, Marsella... Y llegó al Viejo Continente, la frutilla del postre de todas sus andanzas, la fuente de sus más refinados conocimientos en materia culinaria. Y también de mucho más.

Ahí aprendió a familiarizarse con los idiomas, en especial el francés, imprescindible para cualquier chef que se precie. Sus antiguos cuadernos de cocina, escritos a mano, revelan un esfuerzo por dominar el idioma, a fuerza de copiar recetas de libros extranjeros. Luego, no menos importante, los códigos que necesitaba para tratar con los hombres de mundo. Mirar siempre a los ojos, estrechar la mano con la energía necesaria según los casos, vestir de modo pulcro y sencillo de tal modo de no derrochar fortunas, caminar erguido, no olvidar nunca de hacerse lustrar los zapatos, hablar sin titubeos y transmitir en todos los gestos una sensación de seguridad que diera siempre la impresión de que él era un hombre que sabía muy bien el terreno que pisaba. Trabajaba en hoteles y restaurantes, empezando como ayudante de cocina, para luego perfeccionar su oficio. Su especialidad favorita era la pastelería.

Fue en la deslumbrante Francia de la *belle époque* donde comenzó a pensar en regresar. Los argentinos pululaban por todas partes. En especial, en París. En la calle, se detectaban con facilidad. La sonrisa pícara, el sombrero echado de lado, una cierta prestancia en el caminar. En la Rue Rivoli, un joven y esbelto cocinero como Donato podía conversar a la par de las más encumbradas familias de la sociedad porteña. Los Anchorena, los Roca, los Uriburu, los Alvear, los Pereda y tantos más estaban ahí y empezaron a oír hablar de la fama que se estaba haciendo Donato García como chef de primera en los hoteles de París. Tejió sus contactos y preparó sus valijas para volver. Cuando en Buenos Aires se inscribió en una agencia de colocaciones, y declaró su experiencia de cocina en París, no tardó en ascender rápidamente en el oficio.

En solo unos pocos años de trabajar al servicio de alguna de esas familias, podría hacerse de un buen dinero como para invertir en algún negocio. O algo parecido que le asegurara su independencia económica. Nunca dejaría de pensar en la idea de independizarse. Ya tenía una base para comenzar. En ese peregrinar por el mundo llegó a reunir una respetable suma en libras esterlinas sudafricanas. Uno de los primeros puertos importantes en el que recaló fue el de Johannesburgo, entonces poderoso centro de atracción debido a sus minas de oro; era una ciudad tan incipiente cuanto precaria, que prometía ser un nuevo Eldorado. Más tarde, por una simple cuestión de disciplina, prefirió continuar así, antes que cambiar de repente a francos o libras británicas. En el mundo del patrón oro y de la fácil convertibilidad de antes de la Primera Guerra Mundial, la moneda sudafricana era una opción tan buena como cualquier otra.

Finalmente, después de casi cuatro años de vida itinerante, recaló en Buenos Aires. Nadie que lo hubiera visto partir lo habría reconocido a su regreso. Vestía como un caballero. Usaba sombrero, lucía apuesto, su porte era elegante y sus modales eran los de un hombre de mundo. ¡Incluso traía equipaje! Pensar que no había partido más que con un casi derruido morral.

Entró a trabajar al servicio de los hombres que ocupaban el centro de la escena en la vida nacional. Cuando en 1898 Roca llegó por segunda vez a la primera magistratura, y se lanzó a recorrer el país en el recientemente inaugurado tren presidencial, requirió de los servicios de un chef de primera categoría y naturalmente recurrió a Donato García, cuyo *savoir faire* –todo el mundo lo sabía– estaba a la altura de los paladares más exigentes. Tenía una reputación tan sólida que podía negociar las mejores condiciones de salario y trabajo. Se encargaba de todo en la cocina: desde ir al mercado de abasto por la mañana temprano, a fin de seleccionar por sí mismo los mejores animales y alimentos, hasta de la preparación de todas las comidas, incluida la pastelería de la merienda. Sólo una cosa le exigieron de manera indeclinable: que sentara cabeza y se casara. Un matrimonio borraría el recuerdo de su vida aventurera, evitaría habladurías que podrían empañar su reputación y fortalecería la imagen de un hombre digno de la confianza que los más importantes apellidos comenzaban a depositar en sus manos. Hacia 1900, ya se lo encuentra en Buenos Aires trabajando sin parar en recepciones, banquetes de todo tipo, fiestas privadas en casas particulares, salones, elegantes *rôtisseries* de moda y a veces para los hoteles de nombre francés.

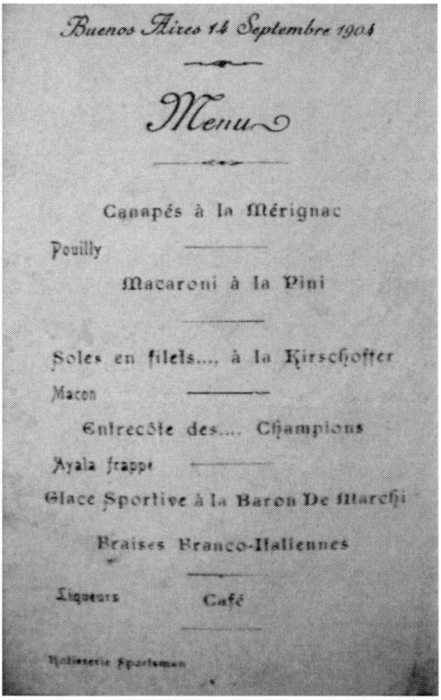
Buenos Aires 14 Septembre 1904

Menu

Canapés à la Mérignac

Pouilly

Macaroni à la Pini

Soles en filets..., à la Kirschoffer

Macon

Entrecôte des.... Champions

Ayala frappé

Glace Sportive à la Baron De Marchi

Fraises Franco-Italiennes

Liqueurs

Café

Rôtisserie Sportsman

Menú de época, confeccionado por Donato Genaro García para una recepción particular en la *Rôtisserie Sportsman*, 1904 (Archivo de la familia).

Incluso le dieron consejos para escoger mujer. “No se fíe usted de las apariencias, es preferible una muchacha buena y trabajadora, que tenga los pies en la tierra, antes que cualquiera de las tantas soñadoras que hoy en día pululan por la ciudad, atraídas por las grandes vidrieras”, le dijo Julio Argentino. “Le sugiero que se fije en María Rodríguez, la muchacha gallega que trabaja acá en la casa. Usted la tiene que conocer, fue la primera mucama del tren presidencial, y su madre trabajó con nosotros durante muchos años. Es una chica honesta y bastante bonita. Son cosas que no abundan, vea usted”. Para qué negar que en ese momento la idea de casarse no estaba entre sus prioridades. Pero comprendió rápidamente que el matrimonio tenía un valor que iba más allá de la expectativa de formar una familia. Y más para un huérfano como él, que carecía del respaldo de un apellido y una casa de buenas costumbres. Por algo se lo decía alguien como don Julio.

María no lo deslumbró. Algo menuda y rellenita, aunque bien vestida; una cierta falta de gracia en sus gestos y la sonrisa fácil de quien ignora que hay cosas que no se regalan le transmitieron una sensación de insipidez. Pero él no buscaba enamorarse. Imaginó que eso llegaría naturalmente con el correr de los años, si lograban sobrellevar juntos todas las adversidades. Se consideraba a sí mismo un hombre que vivía con los pies en la tierra. Precisamente por eso la eligió.

Al poco tiempo de trabar relación, ella le lanzó una estocada: "¿cuáles son sus intenciones?". Él le respondió sin rodeos: "seamos novios". Al día siguiente María lo presentó a los suyos, que lo recibieron de brazos abiertos. No había trabajador doméstico en Buenos Aires que desconociera la epopeya de Donato, un don nadie convertido en todo un chef de primera, capaz de escribir recetas de cocina en francés –se conservan todavía algunos de sus cuadernillos que dan fe de su conocimiento del idioma, así como también de su gran dedicación por su oficio–. Donato no sólo consiguió una novia de indiscutible reputación, sino además una familia que lo acogió como si hubiera sido su propio hijo. ¿Qué más podía pedir un joven que llevaba el estigma de haber sido un expósito?

Se casaron en la iglesia del Socorro, en Juncal y Suipacha. Era una de las parroquias históricas de Buenos Aires. Si bien bastante pobre y marginal en sus primeros tiempos, para el momento de la boda había ya dejado atrás sus épocas de austeridad. La ciudad había dado un fuerte vuelco hacia esos barrios de la zona norte, donde se instalaron los mejores palacios y palacetes de las familias más distinguidas. La vieja iglesia supo sacar provecho. Conservó su sobria fachada estilo colonial, pero se pobló de altares e imágenes que embellecieron sus paredes blanqueadas y puestas a nuevo.

El cura, el padre Apo, como todos en el barrio le decían con cariño, era en realidad todo un monseñor que se ocultaba bajo la modesta fachada de una sotana ya muy raída. Sabía hablar con llaneza, con algo de campechano, cuando tenía que tratar con los gringos y los trabajadores del barrio, pero también era capaz de expresarse con elegancia señorial cuando le tocaba lidiar con los Ortiz Basualdo o los Unzué. El cura se ganó el cariño de todos. Tanto que María lloró desconsoladamente su muerte en 1932. Y en 1934 se negó a ir al Congreso Eucarístico, porque creía que sin el padre

Apo no quedaba nada que festejar. Hasta ese punto llegaba el cariño por el sacerdote.

El cura los casó un sábado otoñal de 1907, en una sencilla ceremonia a la que no invitaron más que a la parentela más cercana. Ella llevaba un vestido que caía casi como una túnica, coronado por un pequeño ramillete de flores que lucía en el cabello del lado derecho. Él vestía un traje negro de corte clásico con camisa blanca, cuyo cuello había sido cuidadosamente almidonado para la ocasión.

Pero cuando los novios salieron de la iglesia parroquial, se encontraron con que una ceremonia que había querido ser casi íntima se había convertido en un inesperado hervidero. En el atrio se formó un corro bastante grande de curiosos, atraídos por la presencia de los padrinos de boda: Emilio Evaristo Anchorena y su señora, la hija del ex presidente José Evaristo Uriburu. La noticia corrió como un reguero de pólvora. La parroquia no estaba más que a dos cuadras del palacio de la familia, todavía en obra. Se hicieron interminables, casi apoteóticas. En esa marcha casi procesional, se escucharon vivas a los novios y al padre Apo. Y le lanzaron gran cantidad de flores a la señora de Anchorena, que las atajaba con una sonrisa en los labios y una reverencia cuidadosamente ejecutada.

A pesar de que no había mucho que mostrar en medio de los maderos que atravesaban el acceso principal, los curiosos pudieron sin embargo admirarse de las dimensiones de la mansión que los Anchorena se estaban construyendo. Prometía ser un verdadero palacio. En la vereda, los criados ya habían preparado los carruajes para que los flamantes esposos secundaran a los señores de la casa en su viaje de descanso al campo. Pero antes de partir, era necesario lograr que la turba de curiosos se dispersara; la pequeña y abigarrada multitud no quería más que un guiño en el que solazarse. Emilio Anchorena y su señora subieron, pues, a saludar desde lo que sería más tarde el balcón principal de la residencia en el ala central del edificio, pero que en ese momento no era más que un rudimentario tablado. Se podía desde allí escuchar con claridad el consabido "vivan los novios". "Y los padrinos también", agregaron en cuanto los vieron asomarse al improvisado balcón. La señora descollaba con ese inmenso sombrero rosa de ala ancha y cuidadoso arreglo floral. Su marido, con chistera, lucía un traje que aparentaba sencillez, pero no podía ocultar el terciopelo de su cuello. Llevaba una flor en el ojal, expuesta al humo de un cigarro fumado con boquilla que el señor parecía no querer largar ni un segundo. Saludaron desde el balcón reiteradas veces y pudieron advertir que al rato la gente comenzaba finalmente a retirarse.

Novios y padrinos subieron a sus respectivos carruajes. Los Anchorena, en su elegante cabriolé de dos plazas, tirado por un cochero vestido de traje; los García, en un coche de alquiler. Ambos partían con el mismo destino: la estancia que la familia tenía en el suroeste de la provincia de Buenos Aires. Allí los flamantes novios pasarían unos pocos días de descanso, lo más parecido a una "luna de miel" que cabía en esa época. Luego tendrían que incorporarse al ritmo habitual del trabajo doméstico, tanto en el campo como en la ciudad.

Desde hacía muchos años que María Rodríguez trabajaba en el servicio doméstico; se había familiarizado con este tipo de labor desde su llegada a la Argentina, en la década de 1890. Junto con su madre y sus hermanas, trabajó al servicio de los Uriburu luego de que la tradicional familia salteña se fuera a vivir a Buenos Aires, después del ochenta. Difícil que un provinciano que pretendía pisar fuerte en la política nacional no se fuera a instalar al puerto. Y como los mucamos iban a donde fueran sus patrones, la vida de los Rodríguez fue itinerante, trabajando alternadamente para distintas ramas colaterales de los Uriburu. Cuando estos se vincularon con Roca –tenían una relación que iba más allá de las lealtades políticas o de partido, puesto que José Evaristo (h.) se casó con una de las hijas de Julio Argentino, Agustina Eloísa– no faltaron los viajes al interior. En especial a Córdoba, puesto que los Uriburu Roca estaban a su vez emparentados con los Funes, una muy tradicional familia cordobesa. Los vínculos con el interior se traducían en frecuentes viajes a las estancias de provincia. María había pasado el verano en las sierras más de una temporada; otras, las pasaría en Mar del Plata. Y una vez incluso viajó a Europa como niñera de los Llambí Campbell, un viaje en el que tuvo ocasión de pasar unos días por Pontevedra, donde se localiza Puenteareas, su pueblo natal. Lo que más le sorprendió de ese viaje fue que llevaran vacas lecheras a bordo, a fin de que los niños de los patrones tuvieran leche fresca a su disposición. Era algo de lo más común en la época, sin embargo.

Pero finalmente María logró establecerse en Buenos Aires junto a Leonor Uriburu que acababa de casarse con un Anchorena. Contra su propia tradición familiar –recordemos que provenía de una familia salteña de abolengo– eligió a un porteño por marido, miembro a su vez de una familia cosmopolita de antiguo arraigo en la cada vez más moderna Buenos Aires.

Si bien provinciana de origen, no tardó en convertirse en una gran señora de la sociedad, incluso retratada en una célebre pintura de Antonio de la Gándara, en un estilo parecido al que se usaba en New York para retratar a la familia Vanderbilt (su pintura tiene un fuerte aire de semejanza con la tela *Consuelo Vanderbilt and Son*, de Giovanni Boldini, de 1906). A su directo servicio se colocó María, con la expectativa de poder quedarse para siempre en ese maravilloso palacio que prometía ser uno de los más deslumbrantes de Buenos Aires. Se confiaba en que estaría concluido para el Centenario.

En medio del trajín de las obras en marcha, María y Donato tuvieron que ocuparse de terminar el departamentito que les asignaron dentro del palacio. Los albañiles estaban tan atareados con las galerías de las alas principales que no tenían tiempo que perder con las habitaciones de los mucamos. Pero por suerte él se daba bastante maña con la construcción –¿con qué no se daría maña Donato a esta altura de su vida?–. Y también los ayudó un cuñado que era maestro mayor de obras. Así que todo quedó en familia, como solía ser en esos tiempos.

Se mudaron antes de que la mansión hubiera sido oficialmente inaugurada. Y mientras tanto, una nueva vida comenzaba a gestarse, ¿se llamaría Leonor o Evaristo? Su primer bebé crecería en el palacio más lujoso de Buenos Aires y eso a María la hacía feliz. Pero Donato no estaba igual de entusiasmado con la idea de seguir viviendo allí. Lo veía como algo temporario, solo a los fines de hacer dinero. Luego, comprarían un terreno y levantarían su propia casa en algún barrio de suburbio. Lo decía con convicción.

"¡Pero qué tontería!", pensaba ella mientras escuchaba sus planes, "si acá lo tenemos todo". A pocos pasos estaba la calle Florida y poco más allá, la Avenida con generosa iluminación nocturna, los cafés elegantes a los que ella nunca había entrado pero que de todas formas siempre observaba con emoción. ¡Y qué decir de las grandes tiendas! En los días de liquidación la culpa que le provocaba el hecho de gastar en cosas que ella sabía superfluas era más fácil de expiar que en cualquier otro momento. Por muchas razones, la sola idea de dejar el palacio la amargaba. María estaba convencida de que los nuevos barrios de la ciudad estaban todos llenos de basurales, amenazados por inundaciones o ratas, plagados de compadritos y de vaya a saber qué. Todas esas historias que desde joven había escuchado sobre las condiciones miserables de los arrabales la instaban a aferrarse cada vez más a la idea de no ir a ninguna parte.

Hay algo de irónico en esa resistencia pasiva por parte de la hija de dos gallegos que recorrieron miles de kilómetros en las cuchetas más económicas de los barcos antes de echar raíces, arrastrando a su prole aquí y allá, en función de las oportunidades de trabajo que consiguieran. Hija de un vigilante nocturno en el ayuntamiento de un pequeño pueblo gallego, la familia había gozado de respetabilidad. María recordaba la casa que su familia había llegado a tener en Pontevedra, con algo de terreno propio. Las hijas mayores fueron las primeras en partir hacia América, en busca de nuevos horizontes. Recalaron primero en Montevideo, donde María aprendió a cebar mate, para después llegar a Buenos Aires. Y todavía volvieron a cruzar el Atlántico un par de veces más. En esos tiempos, nunca tuvieron casa propia –vivían siempre en lo de sus sucesivos patrones–, y ni siquiera habían podido darle a sus hijos más que una educación de lo más elemental. Las cartas que se conservan de María Rodríguez reflejan una caligrafía pueril e infinidad de faltas de ortografía. Si bien la hija siguió un camino muy parecido al de sus padres puesto que hizo del servicio doméstico su ocupación, no faltó tampoco en ella la aspiración a mejorar de condición, típica entre los inmigrantes o sus hijos. Se expresaba en su rechazo por continuar con ese estilo de vida itinerante. Creía que ya era hora de recoger el fruto de todas las experiencias que habían atravesado sus padres y finalmente establecerse en un lugar en el que se pudiera echar raíces. También en esto consistía el sueño del inmigrante arribado a estas tierras. María tenía la certeza de que una vida dichosa pasaba por tratar de permanecer lo más posible en el mismo lugar, en vez de aventurarse en busca de fortunas inciertas, vaya a saber en qué puertos lejanos. Y más cuando había una criatura pronta a nacer. Cuando al cabo de un año llegó además el varón, que recibió el nombre de Donato Evaristo, María y Donato no volverían a hablar durante largos años del tema de la mudanza.

Los chicos pasaron su infancia en palacio. Al igual que en la película *Novecento* de Bernardo Bertolucci, los hijos de la mucama, luego ama de llaves, se criaron junto a los de las diferentes ramas de la familia dueña de casa. Había muchos niños allí. Enrique Anchorena y su señora tenían cinco hijos, todos coetáneos de los García; Emilio y Leonor Uriburu tuvieron otros tantos más. Compartían juegos y diversiones, como ese insólito día de 1918 en que nevó en Buenos Aires, y todos los niños de la casa fueron a Plaza San Martín a hacer juegos de nieve. Y también, la salud y la enfermedad. Una vez que Leonor García enfermó –se dice que de fiebre tifoidea– los Anchorena se preocuparon por su salud, mandaron consultar a varios médicos y mimaron a la hija del cocinero y la doncella de la casa con regalos y otras atenciones. Y también compartían las tristezas, como esa vez que uno de los niños que frecuentaba la casa fue mordido por un perro rabioso. La fatal decisión de sacrificarlo impactó en grandes y chicos, a tal punto que existe un relato literario en el que se retrata lo dramático del episodio y se habla del dolor de la niñera.[1] Durante toda su vida, fue recordado por Leonor como uno de los momentos más dolorosos de su infancia.

Lo más alegre fue, en cambio, el descubrimiento de Buenos Aires. Todo lo que acontecía digno de nota en la ciudad tenía lugar a muy pocas cuadras de donde ellos vivían, ya sea en Plaza San Martín, la calle Florida, la Avenida de Mayo o la plaza homónima. Esas cuadras eran su "barrio", donde los García encontraban incontables oportunidades de alternar con las familias de los demás trabajadores domésticos de la zona. Intercambiaban los chismes, cruzaban favores, se solidarizaban para ocuparse de las criaturas, llevarlas a la escuela, al cine o a distintos paseos de fin de semana. Se encontraban en la Plaza y cuchicheaban. Era una peculiar sociabilidad entre trabajadores dado que, a diferencia de los sindicatos y otros espacios más típicos dentro de la clase obrera, la que allí se generaba era espontánea, se producía en el cotidiano contacto cara a cara y estaba comandada por las mujeres.

Podría decirse que la propia historia de Buenos Aires estuvo desde el vamos estrechamente vinculada a la de la familia. La construcción de la ciudad era un espectáculo que se advertía a simple vista, y no era cuestión de perdérselo. Un ejemplo: la inauguración del subte en 1913, que se tradujo en un completo paseo para toda la familia. Los García asistieron al acto de inauguración donde hablaron las autoridades, y luego tuvieron la oportunidad de viajar por primera vez en esos vagones elegantes que llevaban desde Plaza de Mayo hasta Miserere –solo se inauguró este tramo–. Lo hicieron una y otra vez, con todo gusto. Y claro que no estuvieron solos; muchas familias salieron a hacer ese mismo paseo. Ya podía advertirse cómo el centro de Buenos Aires empezaba a llenarse de gente.

1. La víctima habría sido Alejandro Uriburu Roca, sobrino de Leonor Uriburu de Anchorena. El episodio fue relatado por Eduardo Wilde en su cuento "Pequeñeces".

Otro de los espectáculos a los que se podía asistir en las calles de la ciudad, y quizás el más preciado para los sectores populares, fueron los desfiles de las fiestas cívicas, y tantos otros actos oficiales. A Leonor y su hermano siempre los llevaban a ver las paradas militares que se hacían en la calle Florida para el 25 de Mayo y el 9 de Julio. Había años en los que se preparaban unos festejos proverbiales. Después del Centenario, celebrado con gran pompa tanto en 1910 como en 1916, esto se volvió moneda corriente, con más y más asistencia. Se iluminaba la Plaza, se instalaban arcos conmemorativos, se hacían los consabidos desfiles, espectáculos musicales y otros tantos entretenimientos más. Además, ya con el subte después de 1913, se podía ir fácilmente hasta la Plaza del Congreso; este trayecto se afianzó como el más típico del espacio céntrico, tanto para las conmemoraciones como para las movilizaciones sociales y políticas.

¡Y se podía ver de cerca al presidente! En los actos públicos esto era todavía frecuente, puesto que la sociedad no era tan grande como para imponer vallas infranqueables que impedían el contacto directo entre la figura pública y la gente que la ovacionaba. Iba bastante gente de público, pero no la suficiente como para provocar graves desórdenes o tumultos. Incluso las mujeres comenzaban a asistir a los desfiles desde las veredas y podían transitar con bastante comodidad. Pero cuando había movilizaciones de carácter puramente "político", las mujeres no se entremezclaban y se limitaban a mirar desde los balcones desde donde eventualmente les lanzaban flores y aplaudían el cortejo que circulaba por las calles.

Apenas fueron capaces de moverse solos en el centro de Buenos Aires, Leonor y su hermano Donato procuraron el placer de escabullirse, junto con otros chicos del barrio que eran sus compañeros de correrías, por todos sus rincones. Los vehículos eran mucho más lentos que hoy en día, los autos eran pocos y la ciudad era fácilmente transitable. La leerían con ojos infantiles de *flâneurs*: les llamaba la atención que en la calle Florida, su favorita, hubiera tan pocas mujeres que anduvieran por la calle sin una compañía masculina. Hombres solos, de traje y sombrero, en cambio, los había a montones. Otra alternativa era que las mujeres formaran grupos femeninos, quizás con primas, hermanas, vecinas o amigas. El hecho de andar en grupo hacía más fáciles de soportar las miradas masculinas.

Pero la madre no quería que los chicos vagaran por las calles; tenía los temores más típicos de la época: que algún hombre mal intencionado se topara en su camino y los llevara, en especial a la niña, a algún lugar "de perdición". Les transmitió su propio miedo a los desconocidos, en especial si se enfrentaban a hombres adultos que estaban solos, y sin sombrero. Prefería que pasaran la tarde en el cine. En esa zona céntrica los había buenos y "decentes".

Era la época del cine mudo y si bien aparentemente no había mucho que oír en las salas de cine, lo cierto es que las apariencias engañan. Las salas céntricas solían tener sus propias orquestas. Sin ellas prácticamente no se podía funcionar: eran imprescindibles para amortiguar el ruido del tránsito que provenía desde la calle. A veces, sin embargo, los directores de orquesta hacían silencios y permitían que las voces de la gente de la calle se colaran estrepitosamente. Incluso se sospechaba que lo hacían adrede. A la hora de la salida de los diarios de la tarde, cuando los canillitas voceaban los titulares en la calle, podía llegar a darse la feliz coincidencia de que los chiquillos anunciaran desde la vereda una morbosa crónica del crimen justo en el momento en que se estaba reproduciendo en la pantalla un policial. No faltarían las reacciones del público, incluso con gritos. En las salas de cine, difícilmente se guardaba silencio. Era común que se hablara durante la proyección, incluso a viva voz, y como los chicos solían ir todos a la misma función –llamada "sección"– en la que se encontrarían con sus amigos, también habitués, la conversación no se apagaba nunca. Se charlaba incluso con los que estaban sentados dos o tres filas delante.

Pero, con todo, los cines céntricos solían ser menos conversados que los de barrio, tanto más bulliciosos todavía, puesto que no siempre contaban con orquestas para amortiguar el ruido y las voces del público. Por eso, los que frecuentaban los cines de barrio creían que ir al centro era mucho más aburrido.[2] Al fin y al cabo, la película no era precisamente lo más importante; los chicos apenas se fijaban en ella. Sí le prestaban atención a los rostros de los actores, eso sí. Las muchachas iban al cine a copiar los modelos femeninos que veían encarnados en las actrices, desde sus peinados, sus gestos o modos de hablar. Y a soñar con sus actores masculinos predilectos. Tom Mix, una popular estrella norteamericana de película de cowboys, estaba de moda en los tiempos en que Leonor entraba en su primera adolescencia.

2. Sobre el cine mudo en Buenos Aires, véase "Cines porteños", *Caras y Caretas*, 24 de octubre de 1923.

Los niños García pasaban sus tardes en los cines céntricos, los mejores de la ciudad, viendo infinidad de películas –podían ser muchas, puesto que las películas de cine mudo eran breves–. La madre les daba 30 centavos a cada uno: 20 para la entrada de la "completa" (la función en continuado para toda la tarde) y 10 más para golosinas. Pero los chicos hacían sus travesuras, desde ya: pagaban sólo 10 de entrada como si fueran a ver una sola sección y se escabullían para que el acomodador no los descubriera en su engaño. El resto lo destinaban a multiplicar sus raciones de chocolatines y caramelos. Así llegaban a reunir 40 centavos entre los dos. El dueño del cine tácitamente toleraba la picardía: prefería que gastaran el dinero en golosinas antes que en entradas "completas", puesto que sobre estas tendría que rendir su porcentual a la distribuidora.

Así, lo mejor de su infancia transcurrida en palacio no fue el hecho de corretear por los grandes y elegantes patios de la mansión Anchorena. Por lo general les solían estar vedados. Era María, y no los Anchorena, la que no les permitía que corretearan por la casa. Temía que hicieran alguna "diablura". Les exigía que se comportaran bien, que fueran discretos y aprendieran las buenas costumbres. Se lamentaría todo el tiempo de que sus hijos fueran unos "salvajes" maleducados, no como los chicos tan pulcros y distinguidos de la casa. Su admiración por los señores Anchorena la llevaría a compararlos, para descubrir que los suyos tenían algo de vulgar. Por algo prefería enviar a los chicos al cine.

Y los chicos, claro está, encantados. Estaban en pleno corazón de Buenos Aires, y eso para ellos era la libertad. La experiencia embriagadora de la ciudad moderna, cuyas cuadras caminaban y volvían a caminar, mirando las vidrieras de sus tiendas comerciales, a la gente que hormigueaba en sus principales arterias, a los hombres que se paraban delante de los locales de los grandes diarios para enterarse de las últimas noticias y comentarlas, incluso a veces a viva voz: estos fueron los ingredientes que le dieron sabor a su infancia. Y junto con todo ello, la muy temprana fascinación por la incipiente cultura de masas y por la magia del cine tanto como espectáculo como experiencia casi ritual. El fenómeno de la modernización urbana fue parte inherente a sus vidas, puesto que estos chicos crecieron a la par de la ciudad, y en espejo con ella.

La familia también crecería. Con los chicos ya más grandes, y los ahorros reunidos, Donato recuperó el viejo proyecto de trabajar por su cuenta y, al mismo tiempo, de tener casa propia. Por otra parte, los fallecimientos de Julio Argentino Roca y Evaristo Uriburu, ambos ocurridos en octubre de 1914, contribuyeron mucho a esa decisión. A ellos se sentía obligado desde hacía años. Ahora que ya no estaban, podría liberarse del compromiso de tener que trabajar cama adentro. Abandonarían finalmente el palacio en algún momento poco antes de 1920.

Pero no rompieron sus vínculos con la casa de los Anchorena, ni con los demás apellidos a los que desde siempre estuvieron vinculados. En los años veinte, Leonor Anchorena de Uriburu les envió, por ejemplo, alguna postal desde Biarritz, donde pasaba sus vacaciones con su familia. Y unos años después, en ocasión del Congreso Eucarístico de 1934, Donato García fue el chef especialmente contratado para preparar la recepción que la señora de Pereda hizo en honor de uno de los arzobispos brasileños de visita en el país. Que los García conservaran ese tipo de contactos era sin embargo cada vez más difícil de explicar para quienes desconocían su anterior historia. Y más cuando ya no vivían en palacio, y se habían alejado definitivamente de la sociabilidad típica de los trabajadores domésticos de la zona céntrica. Tal es así que cuando Leonor conoció a Raimundo, no encontró un modo preciso de explicarle por qué sus padres tenían trato familiar con aquellos apellidos. Para peor, el gran congreso religioso era el evento de la hora, y ella estaba al tanto de todos los detalles de su organización gracias a los contactos de la familia. En una tarjeta que exhibía el escudo arzobispal de uno de los importantes monseñores de visita a la Argentina, le escribiría:

> Esta tarjeta tan paquetona es una tarjeta de mamá y la usa el Emmo. Cardenal Sebastián Leme, huésped de honor de Doña María Adela de Pereda, *née* Ayarragaray, y actual presidenta del Consejo Arquidiocesano de la Acción Católica Argentina. Del cómo y por qué de estas relaciones mías tan aristocráticas ya le hablaré algún día, ¡bástele saber que esta noble y joven dama posee una de esas casas hacia las cuales siente Ud. horror y que yo admiro desinteresadamente![3]

3. Postal, de Leonor García a Raimundo Lida, 13 de octubre de 1934. Archivo de la familia, Buenos Aires. El cardenal Leme fue una figura relevante en el Brasil de Getulio Vargas.

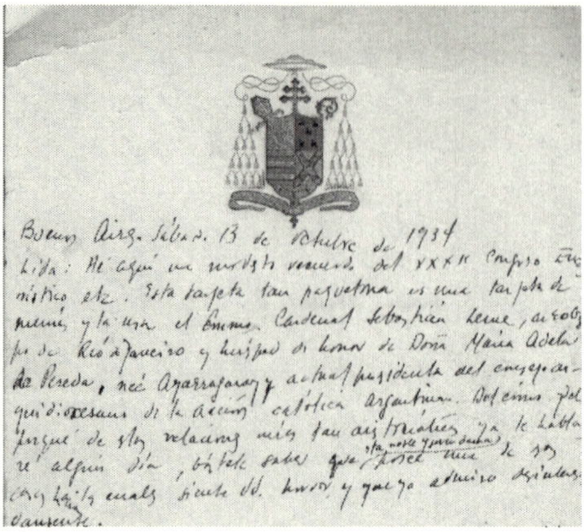

Buenos Aires. Sábado 13 de Octubre de 1934

Reproducción de la tarjeta con el escudo episcopal del cardenal de Brasil que utiliza Leonor García para su correspondencia con Raimundo Lida, en los días del XXXIV Congreso Eucarístico Internacional (Archivo de la familia).

Esa misma tarjeta se usaría para presentar los menús de cada una de las comidas de las que participó el cardenal brasileño. Pero volvamos a Donato, y a su proyecto de abandonar la vida en palacio, independizarse y establecerse en casa propia en alguno de los nuevos barrios de la ciudad. Se trataba, claro está, de una ambición compartida por muchos trabajadores de Buenos Aires, hubieran o no pasado por los conventillos céntricos. No faltó tampoco en otros tantos miembros de la propia familia de los Rodríguez. María tuvo cuatro hermanas cuyos maridos tuvieron aspiraciones parecidas, aunque no todos corrieran con pareja suerte. Todas las hijas mujeres habían sido costureras o trabajadoras domésticas en su juventud –típicos oficios de trabajadoras jóvenes–, pero luego de casarse se mudarían y se dispersarían en función de las actividades de sus maridos. Una de ellas, llamada Virginia, se casó con Nemesio Fernández, un trabajador artesanal que se instaló en el barrio de Flores y logró establecer una pequeña fábrica de utensilios culinarios en madera. Sus hijos varones heredarían de hecho esa fuerte vocación artesanal. Y otra de sus hermanas, que no vivía muy lejos de allí, había puesto una pequeña panadería. A la luz de estos ejemplos y otros tantos más que escuchaba a diario entre las trabajadoras domésticas del centro, María fue venciendo su inicial rechazo a la idea de mudarse a un barrio suburbano, puesto que pudo ver con el transcurso del tiempo cómo sus hermanas progresaban, construían su casita y ponían un modesto negocio del que podían vivir sin mayores contratiempos.

Pero la comparación no es del todo precisa, de todas formas, puesto que a los García les fue relativamente mejor que a sus cuñados en el camino hacia el ascenso social. Las varias propiedades que les dejaron de herencia a sus hijos lo atestiguan.

Hacia 1917, Donato comenzó a comprar en cuotas un terreno en el barrio de Palermo, más allá del Maldonado –fue bastante antes de que lo entubaran, de allí que el precio fuera muy económico–. Se ubicaba en la esquina de Humboldt y Costa Rica, en lo que hoy se conoce bajo el mote de "Palermo Hollywood". Esa zona comenzaba a poblarse con modestas casas de trabajadores y, muy lentamente, a mejorar, a pesar de la cercanía con el arroyo que le daba todavía tan mala fama. No obstante, en los primeros años del siglo, a muy pocos metros de allí, los vecinos habían comenzado a levantar la iglesia de Nuestra Señora del Rosario, que ya en 1913 fue declarada parroquia. Quedaba a sólo dos cuadras de la casa familiar, en Bonpland y Nicaragua. El crecimiento de esa modesta capilla fue un claro síntoma de cómo progresaba año a año esa barriada popular.

Donato compró allí algo más que un terrenito para edificar su casa; en realidad, eran tres terrenos aledaños. Toda la esquina se transformó en propiedad de los García y fue loteada en distintas parcelas de las dimensiones habituales para la época –se respetó el consabido loteo de los 8,66 metros de frente–. Donato se encargó de llevar adelante las obras, y las supervisó directamente, comenzando por la casa que se destinaría a vivienda familiar. Las primeras construcciones fueron precarias, pero luego terminaron siendo casas cómodas y habitables. En total, hizo construir cuatro viviendas. La primera casa que estuvo concluida fue la que sirvió de vivienda a la familia, en Humboldt 1892; allí vivió Leonor hasta el momento de su boda con Raimundo, y a allí regresaría luego de su divorcio en 1953. Uno de los terrenos aledaños, Donato lo destinó para ser utilizado, quizás, como un pequeño taller. Y por último, construyó dos viviendas más –una de ellas en altos– que destinaría a alquiler.

Ya establecido en Palermo, orgulloso de la posición alcanzada y de los logros que había visto emanar de sus propias manos tras tan largos años de trabajo, Donato procuró elegir para sus hijos la mejor educación a la que podía aspirar –mejor sin duda de la que recibirían los hijos de sus cuñados–. Era una manera de demostrar el estatus social adquirido y de apostar a que en el futuro sus hijos pudieran conservar e incluso consolidar la posición económica de la familia. Así, Donato Evaristo fue enviado al prestigioso Colegio Otto Krause, con la expectativa de que se transformara en un ingeniero o un técnico y lo ayudara en sus emprendimientos comerciales e industriales. Para la niña escogió el mejor colegio que había en plaza, el Liceo de Señoritas. Sabía que las hijas de los obreros no solían ir a este colegio de gran reputación, sino en el mejor de los casos, a las escuelas normales. Fue por ello que eligió este colegio para Leonor: no era la hija de un obrero cualquiera, sino de Don Donato Genaro García, un hombre que había llegado a ganarse el respeto de los más encumbrados apellidos por su talento y por sus méritos, a hacer fortuna propia, a establecer propiedades y obtener una renta de las casas que él mismo había hecho levantar. Sus hijos no estudiarían en colegios de medio pelo.

Capítulo VI
Lorchen y Rai

En el Liceo, Leonor y María Rosa no trabaron amistad; no sólo pertenecían a diferentes cursos y camadas, puesto que Leonor era dos años mayor, sino que se mantuvieron relativamente distantes en general. No hay indicios de que Raimundo conociera a Leonor a través de su hermana, o de que esta se la presentara cuando en alguna ocasión la fue a buscar al Liceo: decididamente, la que años después se convertiría en su esposa no formaba parte del selecto círculo de amigas de María Rosa. Leonor no compartía la afición de su futura cuñada por el clasicismo; ni siquiera sabía repetir de memoria clásicos versos latinos, que María Rosa conocía al dedillo. Tan sólo conocía algunas estrofas. Recitaría muy bien, sin embargo, el *Romancero Gitano* de Federico García Lorca, así como muchos otros poetas españoles y franceses.

El ingreso al Liceo en 1921 supuso un cambio en la vida de Leonor. Implicaba dejar atrás una infancia en la que sin demasiadas trabas había podido disfrutar de sus paseos por el centro de la ciudad, para ingresar a un mundo lleno de códigos nuevos y convencionalismos ajenos, como es el de las alumnas del Liceo de Señoritas. Y fue imprescindible, además, dejar atrás el cine del centro, escenario de sus incontables aventuras infantiles. A comienzos de los años veinte, viajar al centro desde aquel Palermo en el que vivían, más allá del Maldonado, no era algo que ella pudiera hacer fácilmente. Ahora necesitaba quien la acompañara. El Maldonado solía ser un zanjón con prostíbulos en sus márgenes y no estaban aún hechos los planes para que el subte llegara a sus cercanías. En 1934 Leonor escribía: "no he visto aún [el film] *Don Quijote*, y es poco probable que lo vea. Me parece difícil convencer a Donato [su hermano Donato Evaristo] de que me lleve".[1]

1. Carta de Leonor García a Raimundo Lida, Buenos Aires, 3 de noviembre de 1934. Archivo de la familia, Buenos Aires.

Acostumbrada a moverse con mucha libertad por el centro, siempre bien iluminado, bien arreglado y en este sentido tanto más seguro que el barrio al que habían ido a mudarse, las cosas cambiaron fuertemente entre 1920 y 1921. Leonor sintió el cambio, y por más de una razón:

> Yo dejé de ir al cine cuando entré en el Liceo en el año 21. Hasta el año 20 iba con mi hermano y con los vecinos de la casa. Pero desde el 21 se acabó el cine porque tenía mucho que estudiar, *sobre todo yo que no pertenecía a un hogar de gente culta e instruida.* Mis padres tenían una cultura muy elemental, de escuela primaria. Así que a mí me costaba muchísimo más que a las chicas que tenían los padres con más cultura.[2]

Mientras vivieron en el palacio Anchorena, nunca había sido un problema para Leonor el hecho de ser hija de una mucama gallega, puesto que allí estaba lleno de mucamas que, con sus hijos, luchaban por salir adelante. Eso era lo más normal del mundo. Ahora, en cambio, su pasado casi se le volvía un estigma. Los García habían logrado convertirse en propietarios y podían darse el lujo de enviar a su hija al Liceo, para que se convirtiera en toda una señorita. Y no tardarían incluso en convertirse en rentistas. Pero la familia no estaba habituada a los códigos sociales de la incipiente clase media. Fue un aprendizaje que tuvieron que hacer padres e hijos. En especial, la madre. Como nunca antes, comenzó a ejercer sobre la hija una tutela moral que incluía la música –el tango estaba prohibido, ni siquiera se le permitía canturrear las canciones de moda–, las lecturas, las salidas de paseo por el centro y las amistades masculinas. Incluso el cine se volvía ahora una fuente de incontables peligros. Al fin y al cabo no era más que una sala oscura en la que se mezclaban hombres y mujeres de cualquier condición social: no era conveniente que una señorita frecuentara esos antros. Las salas de cine comenzaron a adquirir su verdadera respetabilidad burguesa en la década de 1930, cuando el arquitecto Alberto Prebisch construyó el modernista cine Gran Rex en la Av. Corrientes. Mientras tanto, la modernidad despertaba recelos y levantaba continuas acusaciones de falta de moralidad.

2. Entrevista a Leonor García realizada por la autora a mediados de 1989.

Leonor sufría por ello. Pero lo que más la afectaba era el hecho de no sentirse orgullosa de su origen social, en especial, el de su madre. No creía adecuado que ella la acompañara a reuniones sociales; muchas veces prefería no ir con tal de ahorrarse el mal trago que suponía mostrarse con su madre en sociedad, puesto que María no usaba joyas o maquillaje, ni vestía como una verdadera señora, sino que usaba esos vestidos sencillos abotonados al frente y sin escote, que parecían más bien los delantales típicos de las trabajadoras domésticas. Tan sólo se arreglaba bien para las grandes ocasiones, como las visitas de domingo o las festividades, cuando se ponía sombreros o joyas. En los tiempos del Liceo la vida social de Leonor permaneció, pues, relativamente limitada. Nada más salía cuando el Liceo organizaba actividades extraescolares.

Así, tuvo ocasión de asistir, en una visita realizada junto con sus compañeras y alguna profesora del Liceo, al primer Salón de la Sociedad Amigos del Arte, inaugurado el 12 de julio de 1924 en Florida 924, con obras de la colección privada de Francisco Llobet. Era la primera vez que las estudiantes del Liceo tenían la oportunidad de contemplar una exposición de arte europeo del siglo XIX. Como *souvenir* de aquella valiosa experiencia, Leonor conservó toda su vida el catálogo respectivo. La galería apadrinada por las damas de la elite más tradicional de Buenos Aires les abrió sus puertas a los jóvenes de clase media, permitiéndoles un acercamiento de primera mano al arte contemporáneo.

Hubo muchos otros espacios que también estaban abiertos a los estudiantes. Los alumnos de los colegios estatales, y en especial las jóvenes de los liceos, solían tener un gran protagonismo en los espacios públicos en los años veinte: hacían excursiones en grupo, se integraban a la vida pública y luego con frecuencia su presencia quedaba registrada en las fotos que, a veces, llegaban incluso a las páginas de los grandes diarios. Mientras un grupo dirigido por la profesora Peradotto iba en 1926 al Congreso Nacional a escuchar los debates en los que se discutió la ley de derechos civiles de la mujer, otros grupos más visitaron diarios, archivos, museos y hospitales. Así, por ejemplo, la visita de las alumnas del Liceo al diario *La Prensa*, en diciembre de 1925, quedó consignada en las páginas del diario, que al día siguiente publicaría el retrato de las asistentes, entre los que se contaba Leonor. Ya en la Facultad, Leonor también visitaría junto con un grupo de compañeras de estudios el Hospicio Nacional de Alienadas –hoy Hospital Moyano–, llevada por el profesor de Biología Cristofredo Jakob, uno de los profesores más respetados que tenía la carrera de Letras.

En el Hospicio Nacional de Alienadas, con compañeras y profesores de la Universidad, 1927. Leonor García es la primera de la izquierda (Archivo de la familia).

Además, solían participar en los actos públicos en ocasión del 25 de mayo o del 9 de julio. Las fiestas patrias, acompañadas del consabido Te Deum en la catedral, e incluso las fiestas conmemorativas dedicadas a alguna personalidad del siglo XIX que integraría el panteón nacional (Belgrano, Sarmiento, el General Alvear, el Almirante Brown, entre otros), solían dar lugar a celebraciones que tenían por escenario la Plaza de Mayo o la de San Martín, por lo general muy concurridas.[3] Se decoraban las calles céntricas

3. Algunos de estos actos están reflejados en *Álbum gráfico del Liceo Nacional de Señoritas de la Capital publicado con motivo del vigésimo aniversario de la fundación de dicho establecimiento 1907- abril-1927*, Buenos Aires, 1927.

y se le daba una iluminación especial a los principales edificios; se colocaban banderas y gallardetes en cada poste de luz; se anunciaba en los diarios con debida antelación el programa de festejos. En una de estas ocasiones Leonor tuvo la oportunidad –un honor, en verdad– de estrecharle la mano al presidente Marcelo T. de Alvear. Ella no lo olvidaría.

En 1925, en otra ocasión, fue seleccionada junto con algunas compañeras del Liceo –seguramente por su buen desempeño en los estudios– para participar en la ceremonia de inauguración del monumento a George Washington, que se instaló en Palermo.

Grupo de alumnas del Liceo en la "guardia de honor" con motivo de la inauguración del monumento a Washington, 1925 (Archivo de la familia).

Su piedra inaugural había sido colocada unos años antes, junto a otro contingente de estudiantes. En los años veinte, la inauguración de monumentos, por demás frecuente en la ciudad, se daba acompañada de actos públicos en los que un grupo de jóvenes elegantemente vestidos acompañaba a las autoridades de la ciudad. Ello hablaba de la centralidad que adquirían la clase media, así como también sus mujeres, en la esfera pública. Las señoritas del Liceo que hacían las veces de "guardia de honor" lucían muy elegantemente vestidas, a la moda de la época; debían acompañar a las autoridades y atraer con su presencia al público curioso que deseara acercarse a ver de qué se trataba. Por medio de estos actos se lograba que un terreno cualquiera, hasta entonces sin vida, quizás baldío, alcanzara un estatus reconocido de plaza pública, con su monumento, su mástil y sus faroles de luz eléctrica, integrándolo así a la modernidad urbana. Las jóvenes formaban ordenadamente en la base del monumento; lucían sus sombreros sin ala, típicos de los años veinte, y sus faldas sin ruedo ni volados. La moda femenina de la época tendía a una cierta sobriedad. Los hombres a su vez lucían pulcro traje con sombrero.

La sociedad porteña de los años veinte tendía a hacer de los actos públicos en las calles y las plazas de Buenos Aires todo un evento social: ya sea la inauguración de una obra pública, de una plaza, de un monumento, una escuela o una iglesia. En ellos se veía, junto a las autoridades, gentes de lo más corriente, pero casi siempre bien vestidas. Las autoridades eran objeto de discursos y panegíricos donde se ensalzaba la obra en cuestión. El mexicano Alfonso Reyes, que llegó a Buenos Aires en 1927, logró captar algo de esto cuando escribió acerca del carácter pedagógico, y a la vez democrático, que tenía este tipo de actos en una sociedad de inmigración como la porteña, que tendía a ser igualitaria pero todavía se hallaba relativamente poco asentada:

> Existe en la Argentina una fuerza heroicamente consciente y premeditada que va modelando de un modo visible los contornos de este pueblo. Esta fuerza adopta una disciplina bien perceptible: [...] el acatamiento de las categorías, de las jerarquías y –digamos sin rubor la palabra– de las apariencias. ¡Oh, frivolidad profunda! El hombre del pueblo da, al que quiere honrar, el tratamiento de "doctor", es decir: hombre graduado en facultades universitarias, como en las viejas fórmulas aristocráticas se le llamaba "Excelencia", y como en otras se le llama "jefecito" o "patrón". La raya del pantalón, por ejemplo, hace oficio de virtud, a modo de símbolo material que recuerde al público, a la gente de

> la calle, la obligación de practicar el aseo, el buen ademán y el buen porte, todo lo cual supone la obediencia a muchas reglas de conducta verdaderamente superiores. El cuidar así las apariencias y los respetos convencionales convierte la vida en una carrera de obstáculos y crea una disciplina pública, haciendo que la calle misma se transforme en gimnasio o plantel educativo. Sobre un *demos* mezclado de inmigraciones y hábitos mentales inconciliables al parecer, esta disciplina resulta, para la ciudad, la única manera de apoderarse, democráticamente, de su pueblo siempre en formación.[4]

Otro de estos signos de apariencia, y si se quiere de frivolidad, eran los himnos. Cada institución, cada organización de la sociedad civil, tenía el suyo: escuelas, clubes, iglesias, etc. La idea era que hubiera siempre algo que cantar en común. El Liceo de Señoritas, como todo colegio que se precie, tenía el suyo. Las niñas debían aprenderlo y cantarlo en los más importantes actos institucionales, ya sea puertas adentro, o cada vez que el colegio se hacía presente en las calles. Esos himnos, de retórica ampulosa y hueca por demás, se prestaban a la parodia. Conocedor del himno del Liceo a través de su hermana María Rosa que se graduó en 1928 (dos años después de Leonor), Raimundo escribió en tono de burla un contrahimno que decía en su estribillo "si la ignorancia / se une al error / lo que resulta / es la mezcla de los dos".[5] Era un modo de hacerle llevadero a su hermana la superficialidad que caracterizaba a las graduaciones y los actos escolares.

4. Alfonso Reyes, "Palabras a la nación argentina" [publicado en *Nosotros* en marzo de 1930], *Obras Completas*, Vol. 9, México, Fondo de Cultura Económica, 1996, pp. 32-33.

5. "Himno al Liceo", Papeles de Raimundo Lida en el archivo de El Colegio de México.

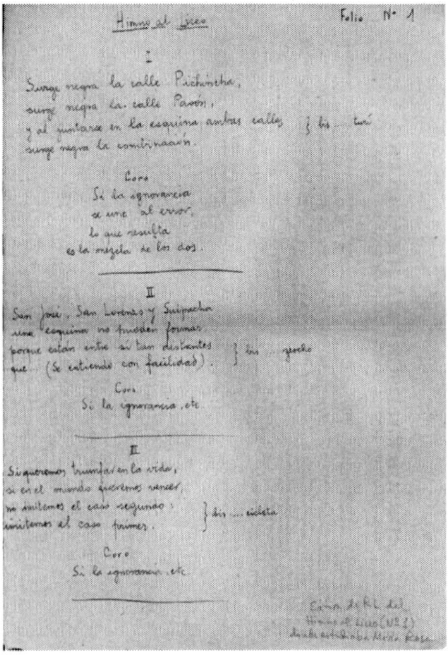

Himno al Liceo

Folio Nº 1

I

Surge negra la calle Pichincha,
surge negra la calle Pasco,
y al juntarse en la esquina ambas calles } bis ... turí
surge negra la combinación.

Coro

Si la ignorancia
se une al error,
lo que resulta
es la mezcla de los dos.

II

San José, San Lorenzo y Suipacha
una esquina no pueden formar
porque están entre sí tan distantes } bis ... gocho
que ... (Se entiende con facilidad).

Coro

Si la ignorancia, etc.

III

Si queremos triunfar en la vida,
si en el mundo queremos vencer,
no imitemos el caso segundo: } bis ... violeta
imitemos el caso primer.

Coro

Si la ignorancia, etc.

Copia de R.L. del Himno al Liceo (Nº 1) donde estudiaba María Rosa

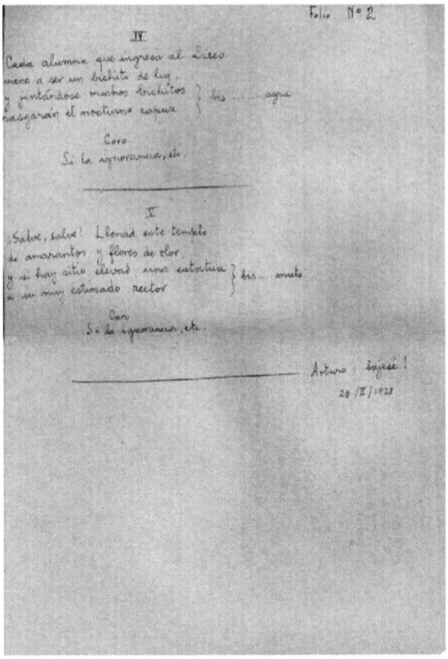

Folio Nº 2

IV

Cada alumna que ingresa al Liceo
viene a ser un bichito de luz,
y juntándose muchos bichitos } bis ... agria
rasgarán el nocturno capuz

Coro

Si la ignorancia, etc.

V

¡Salve, salve! Llenad este templo
de amarantos y flores de olor,
y si hay sitio elevad una estatua } bis ... muto
a su muy estimado rector

Coro

Si la ignorancia, etc.

Arturo: ¡lójese!
28/II/1928

Himno satírico del Liceo de Señoritas, en versión de Raimundo Lida, 1928 (Archivo de la familia, México).

Otro de estos mismos signos de apariencia eran las medallas que las instituciones educativas concedían a sus mejores estudiantes. Leonor obtuvo las suyas, importante motivo de orgullo, en sus cursos de idiomas de la Alianza Francesa y la Dante Alighieri a mediados de la década de 1920. La primera, situada en la calle Maipú al 600, ocupaba una vieja casona en cuya terraza solían organizar sus reuniones los estudiantes, en especial las mujeres. Allí compartió veladas con las hermanas Lucrecia y Delia Oliveira Cézar, entre otras señoritas *bien* que estudiaban francés en la Alianza.

En la Alianza Francesa. Leonor García (1), Delia Oliveira Cesar (2), Marguerite Brown (3), Lucrecia de Oliveira Cesar (4), Aurora Cherubini (5) (Archivo de la familia, Argentina).

El francés era el idioma extranjero preferido entre las jóvenes, por su valor literario y el prestigio social del que gozaba en las elites cultas de Buenos Aires; el italiano, por su parte, era la lengua romántica por excelencia.

Algunas de sus compañeras usaban cabello corto –la "melenita"– bien a la moda de la época. Pero Leonor no seguía este estilo, sin duda osado para ella; sus cabellos eran lacios y muy largos, casi le llegaban a la cintura, pero ella los recogía en trenzas que a su vez servían de base a dos grandes rodetes, en sendos costados de su rostro. Estaba orgullosa de sus trenzas. Los rodetes eran su peinado habitual cada vez que tenía que hacer vida social; era un modo de adaptarse a las modas, sin necesidad de cortar de raíz sus largas trenzas. Entre casa, sin embargo, dejaba que su cabello cayeran libremente sobre sus hombros, lo cual le daba un aspecto más humilde, menos sofisticado. No rehuyó sin embargo de los sombreros de moda, aunque siempre optara por los más discretos y sencillos, al igual que con sus vestidos, que estaban lejos de cualquier gesto de osadía. Lucía siempre prolija y bien arreglada, pero no era frívola ni vivía pendiente de las modas. Quizás fuera algo de esto lo que despertó el interés de Raimundo.

Se conocieron en la Facultad de Filosofía y Letras. Fueron compañeros de curso desde primer año, en 1926, aunque sólo en los últimos tramos de la carrera universitaria se volvió más cercano su trato. En 1930, la correspondencia entre ellos todavía se atenía pura y exclusivamente a intercambios estudiantiles, preparación de exámenes y préstamos de libros y hasta de apuntes tomados en clase. Raimundo había logrado hacerse de una importante biblioteca propia, que contenía incluso antiguas ediciones en alemán de Kant y otros filósofos, lo cual le permitía destacarse entre sus compañeros. Y puesto que ya para 1931 él se le había adelantado rindiendo exámenes libres, Leonor se dirigía a él llamándolo "*Herr* Doctor Lida": Raimundo se había recibido de profesor ese año.[6] Pero fue recién a partir de 1934, cuando ambos habían ya terminado sus carreras universitarias, que la relación entre ellos ganó en intimidad. Su correspondencia así lo revela. A comienzos de ese año, Leonor le escribe una sugestiva carta, en ocasión del nombramiento de Raimundo como profesor suplente en el Instituto Nacional del Profesorado Secundario. También María Rosa había sido nombrada para un puesto similar y la noticia salió publicada en el boletín de los graduados de la facultad. La esquela de felicitación no fue una mera formalidad:

> Apenas he leído la buena noticia de su nombramiento y el de su hermana pensé en enviarles una modesta tarjetita felicitándolos a ambos. Héla aquí, si no todo lo efusiva y cordial y admirativa que Uds. se merecen y yo desearía, por lo menos verídica y sincera, que tal es la norma de mi vida. Al amor lo pintan ciego y a la justicia acostumbran representarla con los ojos vendados, pero ciego el uno y velada la otra, aciertan más de las veces. De más está decirle que pienso que ésta es una de ellas. Rogándole quiera usted transmitirle mis congratulaciones a su hermana, lo saludo con un apretado apretón de manos.[7]

6. Carta de Leonor García a Raimundo Lida, Buenos Aires, 16 de febrero de 1931. Archivo de la familia, Buenos Aires.

7. Carta de Leonor García a Raimundo Lida, Buenos Aires, 27 de abril de 1934. Archivo de la familia, Buenos Aires.

Era una muy sencilla tarjeta, sin ninguna ilustración o grabado, escrita con una caligrafía poco regular; a medida que la escritura avanza, la letra disminuye de tamaño y se apretuja cada vez más. Para la firma casi ni hubo lugar. No se trató de ningún sugerente billete perfumado; de hecho, la propia Leonor da cuenta de la modestia que cabe esperar de su correspondencia. Sin embargo, en la sencillez está el encanto. En una sociedad amante de los formulismos y de las apariencias, donde la correspondencia con una mujer soltera imponía códigos y reservas de las que Raimundo no tardará en lamentarse, esa llaneza era para él algo muy valorable. En la respuesta a la carta anterior, le escribía:

> No encuentro palabras con qué agradecerle las suyas. Y no sé cómo decirle cuánto me importan. ¿Cómo decírselo si ni siquiera puedo llamarla a V. con un nombre cómodo sin anteponerle el almidonado "señorita"?[8]

Y a continuación se refería a "este tono de frases huecas y campanudas, que me fastidia a mí más que a nadie" al que se veía forzado por la necesidad de atenerse a los códigos imperantes. Vivían en una sociedad que hacía necesario conservar las normas del decoro y la etiqueta, y más cuando un muchacho entablaba correspondencia con una señorita. Estos códigos no eran un coto exclusivo de las clases altas, ni se agotaban en meras normas distintivas de su pertenencia social y de su estilo de vida distinguido; las clases medias solían emularlas y los calcaban sin más. El muchacho habría sido rechazado en caso de haberse dirigido a la señorita llamándola por su nombre en sus primeros intercambios epistolares. Con el correr de las semanas, e incluso de los meses, sin embargo, el trato se volvió más directo. Luego llegarán los apodos: entre otros, Leonoretta, Elynor y Lorchen –este último es el que más se reitera–. Y también ella irá tomando confianza: de Lida se pasa a la fórmula "mi buen Lida", y luego directamente le dice Raimundo. Pero más tarde, ya en confianza, utilizará solo el apócope que con él utilizaba toda su familia: Rai. La relación con la antigua compañera de estudios devino en noviazgo. Pero ¿podía realmente ser un buen partido un graduado de

8. Carta de Raimundo Lida a Leonor García, 2 de mayo de 1934. Con membrete del Instituto de Filología. Archivo de la familia, Buenos Aires.

Filosofía y Letras para una hija de padres inmigrantes que habían hecho lo imposible por ascender socialmente? ¿No sería un joven trasnochado, quizás algo bohemio?

No hubo nada que temer. Para entonces Raimundo ya se había independizado económicamente de Emilio, el verdadero jefe de la familia. Trabajaba en la Dirección de Alumbrado de la Municipalidad de Buenos Aires –fue su primer cargo burocrático en el Estado–, un puesto que le daba una cierta libertad de movimientos y estabilidad, aunque le imponía farragosas tareas de traducción de textos técnicos, muchos de ellos en alemán.[9] La preocupación del gobierno municipal por expandir la obra pública, ya en pleno gobierno de Justo, lo llevó a prestar atención a las transformaciones que Hitler estaba llevando a cabo en Alemania, en materia de obra pública, energía y transporte. Ni el gobierno de Justo ni el propio Raimundo lo juzgaron políticamente incorrecto; la demonización de Hitler todavía tardaría en producirse. El empleo estaba bastante bien, dentro de todo. No obstante, lo obligaba a una rutina burocrática que deploraba, porque le imponía trabas a sus aspiraciones intelectuales. Solo por las mañanas tenía tiempo libre para acercarse al Instituto de Filología, pero en ese horario nunca lo encontraba a Pedro Henríquez Ureña, que estaba por allí en horario de tarde; siempre generoso y estimulante, el dominicano le solía dejar apartados algunos libros especialmente recomendados para que Raimundo leyera.

Y por más lejanos que parezcan ambos universos, el de la oficina pública municipal y el de la investigación universitaria, tenían un punto en común: Amado Alonso. Fue el director del Instituto de Filología quien, gracias a los contactos que cultivaba en todos los flancos de la sociedad porteña, le consiguió ese cargo, permitiéndole entrar "en el engranaje" de los puestos burocráticos. Mariano de Vedia y Mitre era el intendente en esos años, y era también profesor de historia; Julio Rinaldini, el responsable del área en la que trabajaba Raimundo, era crítico de arte y coleccionista, además de amigo de Alonso y asiduo colaborador en *Sur*. A través de tales contactos, Alonso era capaz de conseguir las cosas más insólitas. En una ocasión, Alfonso Reyes le solicitó que le tomara unas fotos de las inscripciones que

9. "Me han dado para traducir más de cien páginas enormes (¡qué horror!) de alemán, sobre tarifas eléctricas", carta de Raimundo Lida a Leonor García, 8 de enero de 1935. Archivo de la familia, Buenos Aires.

aparecían en unos viejos mosaicos de la antigua quinta Lezica –actual Parque Rivadavia– y le recomendaba que para ello recurriera a Rinaldini quien seguramente "puede arreglar las [cosas] con sus influencias", escribió.[10] Tener los contactos apropiados era un factor clave para conseguir un puesto como el que Alonso obtuvo para Raimundo. Así lo explicará este último:

> Todavía no le he dicho a usted por qué estoy aquí "apagando faroles", como dice Alonso. Un amigo de Alonso, Julio Rinaldini, secretario de la Oficina de Urbanización (regulación de calles, tráfico, plazas, etc.), tenía interés en que yo entrara allí para organizar en regla la bibliografía técnica de esas cuestiones y tradujera trabajos ingleses y alemanes que pudieran utilizarse aquí. A costa de mil esfuerzos consiguió por intermedio de M. de Vedia que yo entrara en la Municipalidad. Y entré en el engranaje. Solo que, como no había vacantes en la oficina de Urbanización, se me instaló "provisionalmente" en cualquier parte: en Alumbrado.[11]

El trabajo en la administración pública le confería a Raimundo un aura de respetabilidad burguesa, bien de clase media, que cualquier candidata a suegra vería seguramente con buenos ojos. No había dudas, se había convertido un buen partido para los estándares de cualquier familia de clase media: tenía un buen puesto en la administración y fama de ser muy trabajador, no fumaba ni tomaba alcohol, tampoco frecuentaba el turf. Y en 1936, cuando cambió de puesto en el Estado, su sueldo se duplicó. Pasó a trabajar en el Banco Central, gracias a Raúl Prebisch, y la mediación –una vez más– de Amado Alonso, que tenía trato frecuente con el hermano del economista, el arquitecto Alberto, asiduo colaborador en *Sur*. No tuvo dificultades para ser aceptado por los García.

Ni por Leonor. Compartieron muchas cosas. Lo primero fue el alemán: Raimundo le daba clases por correspondencia, y ella le retribuía con el envío de ejercicios de traducción que él debía devolverle luego corregidos (A veces no lo hacía). También intercambiaron sus propios escritos: artículos,

10. Carta de Alfonso Reyes a Amado Alonso, Río de Janeiro, 22 de mayo de 1930, en M. E. Venier (comp.), *Crónica parcial...*, p. 12.

11. Carta de Raimundo Lida a Leonor García, Buenos Aires, 26 de septiembre de 1934. Archivo de la familia, Buenos Aires.

cuentos, algunos versos románticos. Se prestaban libros y comentaban entre sí las impresiones que les dejaban las lecturas; compartieron también las reseñas que escribían (o planeaban escribir) en común. Raimundo, que formaba parte del comité de redacción del *Boletín del Colegio de Graduados de la Facultad de Filosofía y Letras* –aquí publicó sus primeros artículos en torno a Spengler, Bergson, Cassirer, Vossler, entre otros– solía invitarla a Leonor a colaborar con artículos para la revista, desde reseñas de libros y traducciones, hasta algún ensayo más elaborado.[12] Para alentarla a publicar, la desafiaba a vencer los prejuicios todavía comunes en aquella época en torno a las mujeres que tenían veleidades intelectuales: "¿O es que verdaderamente cree usted que a una chica no le queda bien eso de escribir filosofía?".[13]

Las lecturas que más comentaban no se refirieron, sin embargo, a textos filosóficos o ensayísticos, sino más bien a las obras literarias del momento. Sus intercambios revelan sus diferencias de gusto. Raimundo se interesa por las novedades, en especial las más provocativas. Leonor forja su propia opinión de las obras y le envía a Raimundo por correspondencia su comentario personal, como este que sigue aquí acerca de una pieza de Eugene O'Neill. Como buena parte de la literatura vanguardista de la posguerra, la obra ponía en entredicho los valores y las convenciones burguesas. *El gran Dios Brown* era una de las obras del momento; había tenido importante difusión en la Argentina a partir de una conferencia de Waldo Frank auspiciada por Amigos del Arte en 1929 y luego había sido puesta en escena por el Teatro Argentino:

> Es una obra de dos filos, Lida. No la rechazo, creo solamente que hay que tener cuidado con ella. Al leerla desprevenidos podemos caer en la tentación de sentirnos mártires. [...] Hurguemos un poquito y veremos que el supuesto mártir es verdugo. Verdugo para la mujer que lo quiere, verdugo para el amigo que con dolor pero

12. Sus colaboraciones en revistas universitarias fueron: "Reseña: G. Gurvitch, *Les tendentes actuelles de la philosophie allemande*", *Verbum. Revista del Centro de Estudiantes de Filosofía y Letras*, N° 83, 1933, pp. 105-107; "Defensa de la poesía", *BCGFYL*, septiembre de 1936, pp. 14-15.

13. Carta de Raimundo Lida a Leonor García, Buenos Aires, 14 de octubre de 1934. Archivo de la familia, Buenos Aires.

> con entereza confiesa su propia derrota, y verdugo para sí mismo. [...] Decididamente, no entiendo al *Gran Dios Brown*, Lida. Me quedo con Machado y con García Lorca. [...] *El romancero gitano* me lo he leído ayer de un tirón [...] Y le llevaré también algunos libros míos. Una pieza de Evreinoff, *La comédie du bonheur*, ¿la conoce Ud.? Un libro de Colette, *La maison de Claudine*. Tengo interés en que lea Ud. a Colette.[14]

Raimundo le insiste en la lectura y relectura de O'Neill, pero Leonor se ofusca: "¿No siente Ud. que esta es una literatura miasmática, maloliente, que si bien es cierto que está a la orden del día no deja por eso de ser el mejor exponente de una civilización decadente?".[15] Y le aclara, además: "no soy mojigata, pero no comprende Ud. Lida que esa clase de literatura tiene que disgustarme". El *Gran Dios Brown* es demasiado provocador para una Leonor que prefiere a Colette, una lectura que para Raimundo es demasiado "ligera", puesto que era una autora de literatura femenina. Le responde emitiendo un juicio sobre las mujeres de su época: "¡Cómo me ha sorprendido e indignado siempre la resignación con la que la mejor parte de las mujeres se someten a ese ideal femenino que consiste en educar a las mujeres para bibelots!".[16] Raimundo no lee a Colette, por más que medie la insistencia de ella. Pero sí lee, también por su recomendación, *La comédie du bonheur* del ruso Nikolai Evreinov. La revolución soviética y la posguerra habían traído consigo nuevas búsquedas en el teatro, de tipo experimental. La obra de Evreinov estuvo muy de moda desde fines de los años veinte en diversos escenarios europeos, en especial, París y Madrid. Raimundo la juzgará buena, pero en cierto sentido algo vacua: "no me explicaba entonces, ni tampoco ahora, como un espíritu intenso como el suyo se ejercitaba, hasta se

14. Carta de Leonor García a Raimundo Lida, 20 de septiembre de 1934. Archivo de la familia, Buenos Aires.

15. Carta de Leonor García a Raimundo Lida, 28 de septiembre de 1934. Archivo de la familia, Buenos Aires.

16. Carta de Raimundo Lida a Leonor García, 14 de octubre de 1934. Archivo de la familia, Buenos Aires.

sacrificaba, en tareas, lecturas, etc., simplemente agradables o simpáticas, *nada más*".[17]

Raimundo opina, juzga, recomienda, lee y vuelve a juzgar, a tal punto que Leonor termina burlándose de su "espíritu de padre predicador".[18] Un ejemplo de esto es cuando le dice: "lea a Machado lentamente: creo que el plazo prudencial es de tres días, pero se debe releer fragmentariamente por una semana, y estudiar cariñosamente por un mes".[19] Leonor, que sabe hacerse su propio criterio, no desdeña sin embargo sus consejos, ni deja de buscar su aprobación para sus lecturas.

Raimundo aprueba, eso sí, que Leonor se concentre en leer la Biblia. Ella se enfrasca en esta lectura en las vísperas del XXXII Congreso Eucarístico Internacional. Es su manera de reaccionar ante la fiebre que despertó en Buenos Aires la celebración del congreso religioso, que a ella enseguida le provocó indignación. No es puramente un gesto anticatólico: Leonor sigue siendo católica, si bien no practicante, pero deplora el completo espectáculo en que se ha convertido aquel congreso, con las visitas internacionales, las recepciones en honor de las grandes figuras y el turismo interno a que el evento dio lugar: no era un turismo puramente religioso, sino un completo paseo de compras por las grandes tiendas de la ciudad. Su rechazo fue inmediato:

> Estoy furiosa contra los organizadores del XXXII Congreso Eucarístico Internacional. Yo pensaba asistir el sábado 13 a la misa solemne que se oficiaría en Palermo con la Virgen de Luján en el altar, pero por lo visto la ceremonia religiosa ha degenerado en un puro comercio y la asistencia al acto se ha aprovechado en uno de los tantos pretextos de exhibición para nuestras damas. Es

17. Carta de Raimundo Lida a Leonor García, 26 de septiembre de 1934. Archivo de la familia, Buenos Aires.

18. Carta de Leonor García a Raimundo Lida, 5 de octubre de 1934. Archivo de la familia, Buenos Aires.

19. Carta de Raimundo Lida a Leonor García, 7 de septiembre de 1934. Archivo de la familia, Buenos Aires.

lástima, *sicut*, perder el espectáculo. Porque yo amo los espectáculos grandes y suntuosos. Me dedicaré a lecturas piadosas.[20]

Su percepción de que el Congreso religioso era puro comercio tenía mucho de acertada.[21] Como los Campeonatos de Fútbol o las Olimpíadas, el Congreso Eucarístico tuvo sus *sponsors* publicitarios, entre los que se contaban las industrias más modernas de la época. Las cervezas y maltas Bieckert, Palermo o Quilmes; los cigarrillos Chesterfield; las empresas de electricidad y transporte (distintos ramales del ferrocarril, petroleras como YPF, Texaco o Shell, y el Automóvil Club); las tiendas comerciales más tradicionales (San Miguel, La Piedad); las casas de fotografía que vendían las cámaras para registrar el *souvenir*; los bizcochos Canale, los bombones La Gioconda o los dulces marca Noel (de membrillo, batata o de leche) que servirían de regalo para los que no pudieron viajar; las tarjetas postales conmemorativas, que se vendían en los kioscos de diarios; los sellos postales emitidos por la compañía de Correos; las lapiceras que servían a su vez de *souvenir*, puesto que llevaban impreso el logo del Congreso; los dijes, las cadenitas, los pins y los prendedores. Algunos de estos objetos los vendía la elegante joyería "Escassany" que supo salir al mercado con ofertas económicas para el bolsillo de la gente común. La gente iba de compras y viajaba: las dos cosas suelen ir juntas en el moderno turismo de masas.

El movimiento de gente se intensificó en Buenos Aires en esos días. Ya para los años treinta, Leonor se movía sola por las calles de la ciudad. Muchas mujeres lo hacían con libertad. A veces salía con una cámara portátil –estas ya comenzaban a difundirse–; o bien se sacaba fotos instantáneas en sus paseos, por la calle Florida o en Palermo.

20. Carta de Leonor García a Raimundo Lida, 5 de octubre de 1934. Archivo de la familia, Buenos Aires.

21. Miranda Lida, "Los Congresos Eucarísticos en la Argentina del siglo XX", *Investigaciones y Ensayos*, Academia Nacional de la Historia, 58 (2009).

Instantánea en la calle Florida, 1934.

De vacaciones en Mar del Plata, 1935.

Pudo así advertir con nitidez los cambios que se produjeron en los febriles días del Congreso. Lo que encontró fue una ciudad completamente transformada por un movimiento inédito:

> Ayer tuve que salir a hacer unas compras y me encontré con una Buenos Aires nueva. ¡Los años que no veo yo a la gente tan entusiasta y animada! De más está decirle que viajé en un ómnibus repleto, que vi soldados, que oí marchas militares, que tropecé con mucha gente, que me encontré con una enormidad de "curitas", que me sorprendió el ventarrón en plena *city* y me volví a escape a casa con un fuerte dolor de cabeza y bastante cansada.[22]

Los días del Congreso Eucarístico no fueron de pura plegaria y oración en Buenos Aires; en lugar de recaer en un silencio conventual, la ciudad entró en un bullicio por completo fuera de lo común. Tan sólo habían transcurrido doce años desde la publicación de *Veinte poemas para leer en tranvía* de Oliverio Girondo, pero ya casi no se podía leer en el transporte público, de tan atestado de gente que estaba en los años treinta.

También a Raimundo lo afectó el revuelo que supuso el evento, puesto que en los días del Congreso el Instituto de Filología quedó cerrado, por disposición de las autoridades de la Facultad de Filosofía y Letras, que fijaron asueto –esta misma medida se tomó en todas las demás dependencias estatales–. Irónicamente dice al respecto:

> El Dotor [sic] por antonomasia es Ravignani, emperador de todo el edificio histórico-filológico-literario-filosófico de Reconquista 575. Y esta semana del Congreso *curístico* [*sic*] que Alonso y yo pensábamos aprovechar *comme il faut* para adelantar nuestro trabajo, el Dotor [sic] hizo clausurar el edificio y pegar en el portón un cartel de "cerrado hasta el lunes".[23]

22. Carta de Leonor García a Raimundo Lida, 10 de octubre de 1934. Archivo de la familia, Buenos Aires.

23. Carta de Raimundo Lida a Leonor García, 14 de octubre de 1934. Archivo de la familia, Buenos Aires.

A pesar del tono irónico, muy común por cierto en Raimundo –solía llamar "Colegio de Cuadrados" al que nucleaba a los graduados de la Facultad–, también él se interesó por el Congreso, aunque luego terminara expresando una similar indignación por el aspecto general que este había adquirido en Buenos Aires. Le repugnaba tanto como a Leonor todo ese aspecto de gran show de masas que tenía, puro espectáculo y nada más. Y, en especial, la vulgaridad de la retórica utilizada por los más importantes prelados cuando se dirigían a las vastas muchedumbres. Raimundo lo escuchó por la radio. A diferencia de Leonor, él sí tenía aparato de radio en su casa y la escuchaba con regularidad.[24] En general, le interesaban las audiciones de música clásica, aunque de vez en cuando podía llegar incluso a escuchar algún tango. Pero en octubre de 1934, y como muchos otros argentinos, dedicó unos minutos a seguir algunos aspectos del Congreso Eucarístico Internacional:

> Seguramente no habrá escuchado usted el discurso que dio en el [Teatro] Colón el cardenal primado de España, y arzobispo de Toledo. ¡Con cuánto interés me dispuse a escucharlo! Yo me decía que un arzobispo de Toledo, un sucesor de aquellos arzobispos de Toledo del siglo XIII que hicieron de España el centro de la filosofía y ciencia arábiga y aristotélica, no podía sino hablar con dignidad, con altura, como religioso y filósofo al mismo tiempo. ¿Por qué no esperar de un egregio católico español páginas como las de egregios católicos franceses e ingleses: Chesterton, Maritain, Hillaire Belloc? Y lo que vino a decirnos aquel hombre fue un discurso patriotero y grosero, puros lugares comunes de retórica, orador callejero de aldea, sin una sola idea interesante, ni siquiera personal. Qué desencanto. Y qué aplausos, sobre todo para sus párrafos más insultantes. ¡Esto es lo que se aplaude y lo

24. "A propósito de programas de radio. Todas las mañanas hay por lo menos dos horas de buena música clásica: de 10 a 11 Radio Excelsior (LS5) y de 11 a 12 Radio Stentor (LS8). Ya es un mínimun apreciable. Y siempre hay transmisiones interesantes en la Broacasting Municipal, en Radio Splendid, etc. Sin contar con que tampoco es malo oír de vez en cuando un buen tango, un buen fox", carta de R. Lida a Leonor García, 1 de septiembre de 1934. Archivo de la familia, Buenos Aires.

que prospera! ¿No es como para desesperarse? ¿Y para encerrarse a estudiar alemán?[25]

Pretender que en medio de un evento de las dimensiones masivas que tuvo el XXXII Congreso Eucarístico Internacional de Buenos Aires un arzobispo del siglo XX hablara con la erudición de los grandes prelados de la escolástica medieval era una ilusión. Los prelados se *aggiornaban* a una época en la que las masas le imponían su tono a la política, a la religión, a la cultura y a la sociedad toda. Todo ello era propio de los años de entreguerras, que supusieron una profunda crisis para el liberalismo, tanto en la Argentina como en el mundo occidental. Buena parte de Europa, los Estados Unidos, e incluso la Unión Soviética, verificaban este fenómeno que no parecía depender de ningún tipo de orientación ideológica en particular. Se hablaba para las masas, aún a riesgo de incurrir en una cierta vulgaridad. El arzobispo de Toledo sabía muy bien que su discurso en el Colón no estaba dirigido simplemente a la platea más o menos selecta que se reunió en el teatro, sino que se transmitiría por radio y en última instancia su destinatario era la vasta audiencia que alcanzaría a oírlo en todo el país. De hecho, en ocasión del Congreso Eucarístico se hizo un esfuerzo por aceitar la red radiofónica de tal modo que pudiera llevar las voces de los prelados de visita en la Argentina a todas partes, incluso hasta el Vaticano, España y América Latina. No cabía esperar un discurso de alto vuelo intelectual, sino mera retórica de masas, plagada de lugares comunes. Más popular, sin duda, de más fácil capacidad de llegada, más a tono con los tiempos que corrían pero incapaz de satisfacer las aspiraciones intelectuales de quien hubiera querido ver en él un filósofo de la talla de Maritain quien, por cierto, estaba lejos de ser un orador de multitudes. Un discurso integrista, hecho de lugares comunes y bien a tono con el catolicismo argentino de la época, tenía más sentido que cualquier refinada discusión teológica.

Leonor y Raimundo coincidieron, pues, aunque por razones ligeramente diferentes, en impugnar el éxito del XXXII Congreso Eucarístico Internacional celebrado en Buenos Aires en 1934. Lo impugnaban por su significación social y por sus dimensiones masivas; no entraron en juego

25. Carta de Raimundo Lida a Leonor García, 14 de octubre de 1934. Archivo de la familia, Buenos Aires.

aquí consideraciones político-ideológicas. Leonor hubiera deseado un evento más austero, menos comercial y con menor despliegue del consumo; Raimundo hubiera preferido tener la oportunidad de apreciar algo de estatura intelectual, en especial entre las grandes figuras del orbe católico que visitaron el país. Se decepcionaron cuando advirtieron que los prelados se comportaban como estrellas de cine, poco más: daban discursos vacuos, participaban de las veladas y recepciones que se les organizaron en su honor y salieron retratados en las portadas de los diarios acompañados por las damas que los agasajaban. Por uno u otro motivo, coincidieron en criticar la frivolidad de la cultura y la sociedad de masas, devenida Congreso Eucarístico. La idea de Raimundo de refugiarse en el estudio de alemán era un gesto ascético no muy distinto del de esa Leonor que prefería concentrarse en la Biblia, en lugar de seguir a las masas que cantaban "Viva Cristo Rey" en el Monumento de los Españoles en Palermo. Raimundo no censuró esa lectura –no quepa duda de que lo habría hecho en caso de considerarla poco edificante–. El noviazgo seguía adelante, y con más fuerza que nunca.

No obstante, la relación con Leonor no fue bien recibida en la familia de Raimundo. Contaba el hecho primordial de que Leonor no era judía. La sola idea de que uno de los hijos varones llegara a casarse con una mujer de procedencia católica era motivo suficiente para que padres y hermanos se escandalizaran. Poco importaba para el caso que Leonor fuera universitaria. O que el padre de la novia hubiera alcanzado una posición económica segura, con casas de su propiedad. Lo primero en lo que los padres de Raimundo se fijarían era en sus raíces, y no había nada allí que ellos pudieran ver con buenos ojos: no solo era la hija de una mucama, sino además, desde ya, católica. Además, los García no eran una familia *del centro*; vivían en una casa muy de barrio, todavía sin teléfono ni radio, ni fácil acceso al transporte público o al centro de la ciudad. Esto también contaba, aunque en mucha menor medida.

Con todos estos ingredientes, la relación entre ellos no fue nada fácil. Se comunicaban mucho por correspondencia y se escribían cartas casi todos los días, entre 1934 y 1935. Se encontraban en sitios que ambos solían frecuentar ya sea en la facultad o en algún concierto. Y también en las conferencias, como las que dictó el filósofo español García Morente a mediados de 1934, donde Leonor no sólo conversaba con Raimundo, sino además con sus compañeros y profesores más preciados –en especial, Francisco Romero, que la alentaría a proseguir su doctorado–. Y aprovechaban también la complicidad de Donato Evaristo, el hermano mayor de Leonor para agilizar el contacto entre ellos. Todo marchaba bien hasta que en una oportunidad en que Raimundo estuvo enfermo, Leonor constató la muy mala acogida que tenía entre los Lida; ella lo llamó por teléfono y percibió que su llamada no había sido bien recibida. Luego le escribió: "estoy aquí preocupadísima, sin atreverme a llamarlo por teléfono a su casa para informarme de su salud. Comprendo que no me asiste ningún derecho a importunar a los suyos".[26] Y luego terminaría por tomar la decisión de no volver a llamarlo más por teléfono a la casa familiar:

> Acabo de intentar hablar por teléfono con Ud. y su papá –me imagino que será su papá– lo ha negado a Ud. Esta es la segunda vez que su papá me niega a una persona de su familia. Si en su casa molestan mis llamados telefónicos, si disgustan, si les parece mal y no quieren que yo lo llame a Ud., ¿por qué no me lo ha dicho, Lida?[27]

En noviembre de 1935 Leonor y Raimundo se casaron finalmente, pero ni siquiera esto contribuyó a apaciguar las cosas. Tanto es así que María Rosa y su hermano dejaron de hablarse como consecuencia de esta boda no del todo bien recibida, y esta situación perduraría durante largos años. Raimundo era el más seductor de los dos hermanos varones, de personalidad más expansiva –Emilio era mucho más frío y distante en el trato social– y se había fijado en una chica aparentemente insulsa, austera, de apellido ignoto y, además de todo, *goy*. Tanto más imperdonable. Profundamente decepcionada, María Rosa no asistió ni al casamiento de Raimundo ni al nacimiento de sus hijos, a quienes no conocería sino muchos años después, ya adolescentes. Por su parte, Emilio, el hermano mayor, todavía soltero, intentó colocar paños fríos al conflicto y les envió de regalo de bodas una radio de lujo empotrada en un elegante modular de madera y un juego de cubiertos de plata. Pero nada podía subsanar la ruptura. Y cuando Leonor aceptó, por la insistencia de su madre, hacer bautizar en la Iglesia Católica a

26. Carta de Leonor García a Raimundo Lida, 4 de septiembre de 1934. Archivo de la familia, Buenos Aires.

27. Carta de Leonor García a Raimundo Lida, 13 de octubre de 1934. Archivo de la familia, Buenos Aires.

su primer hijo, la distancia era ya insuperable. Tan solo en el extranjero, luego de 1947, se restablecieron las relaciones entre ambos hermanos, primero en México, y más tarde en Estados Unidos.

Tulio Halperin Donghi refiere la anécdota, seguramente oída de boca de su madre, Renata Donghi, de que en una ocasión a María Rosa le entregaron un libro para que se lo diera a su hermano Raimundo, pero ella en lugar de conservarlo en su poder, procedió a dárselo a la propia Renata para que esta se lo alcanzara en alguna oportunidad.[28] No era ningún secreto que ambos hermanos casi no se trataban en los años que siguieron a la boda de Raimundo; tan solo se hablaban en público. Ni siquiera la pertenencia al mismo instituto de investigación en el seno de la Universidad de Buenos Aires, o a los mismos cenáculos intelectuales por los que circularon en plena década de 1930, contribuyó a limar las asperezas provocadas por la boda con Leonor. Para los años treinta, las trayectorias de ambos hermanos se estaban bifurcando irremediablemente. No solo sus carreras y sus aficiones intelectuales discurrirían por carriles diferentes; también sus vidas.

28. Conversación con Tulio Halperin Donghi, Buenos Aires, noviembre de 2009.

Capítulo VII
Dorados años treinta

A estos años se los dio en llamar "la década infame", una fórmula de uso generalizado que tiñó no sólo buena parte de los libros de historia, sino además el sentido común que suele tener sobre la historia argentina mucha gente que está lejos de ser especialista. El año 1930 es el origen de la leyenda negra en la historia argentina del siglo XX, puesto que la década se inició con una ruptura institucional que supuso el ingreso del poder militar, amparado a su vez en el poder eclesiástico, en la escena política. El contexto internacional, por su parte, agravaba todavía mucho más el cuadro de situación. La crisis económica de 1929 puso en jaque el ya débil consenso liberal y la llegada de Hitler al poder en 1933 no tardó en amenazar, a su vez, la paz en Europa que, desde los tratados de París de 1919, se había mostrado insegura y tambaleante. En este contexto, la Argentina tan sólo procuraba no quedar arrastrada por el colapso que amenazaba al mundo occidental, un mundo con el que desde hacía décadas se sentía plenamente identificada. Ingresó, pues, en la década así llamada "infame".

Esta imagen es tan poderosa cuanto vulnerable. Poderosa, porque contribuyó a forjar una lectura del pasado que se ha tendido a repetir como un lugar común y, como tal, se dio por sentado muchas veces sin mayor discusión. No obstante, al mismo tiempo resulta harto vulnerable, porque en cuanto uno comienza a rasgar el velo que la oculta, la década del treinta se revela tanto más compleja y densa de lo que parece a primera vista. Y entonces podrá advertirse que en Buenos Aires los años treinta conservaron pese a todo una pátina dorada que los recubría.

En esos años la sociedad argentina verificó importantes transformaciones que redundaron en una intensificación de su vida cultural. El crecimiento de la población urbana, producto en buena medida de las migraciones internas, amplió la masa de consumidores integrados al mercado. En

Buenos Aires, el proceso de construcción de la ciudad avanzó hasta cubrir extensiones cada vez más amplias, incluso sus barrios más apartados, ya casi plenamente incorporados al corazón de la urbe. El avance de la obra pública encontró sus íconos más visibles en la construcción del obelisco, de la Avenida 9 de Julio y el entubamiento del arroyo Maldonado. La red de transportes se afianzó con la expansión del automotor, mientras la difusión masiva de la radio llegaba a un creciente número de hogares donde también se hacía cada vez más fuerte la prensa popular.

Buenos Aires adoptaba un ritmo urbano parecido al de las grandes ciudades del mundo, las más modernas. Y precisamente con ellas se la solía comparar. Tenía sus zonas comerciales con destacadas tiendas de vistosas vidrieras que conformaban verdaderos circuitos de compras; sus bien iluminadas calles céntricas; sus grandes parques; sus cafés populares; sus edificios típicos, tales como el Barolo, el Kavanagh, o los de los grandes bancos; sus anchas avenidas. Y también, sus callejuelas, sus conventillos, sus barrios bajos, sus grandes y horrorosos crímenes, su prensa amarilla, sus deportes populares de poco prestigio. Y sus clubes de todo tipo, desde los más elitistas hasta los populares. El fútbol también le daba su color a la ciudad, puesto que movilizaba intensamente a la gente. Ni siquiera los barrios más distinguidos de la ciudad podían quedar al margen, según relató el propio Raimundo muchos años después:

> Recuerdo la impresión que me hizo, visitando yo a Victoria Ocampo en su casa, hechura de Le Corbusier, exquisitamente sobria y silenciosa, a un paso de la aristocrática Avenida Alvear [hoy, Av. Libertador], oír el estruendo de las multitudes que asistían a no sé qué partido en la cancha de fútbol de *River Plate* (pronúnciese... como tú sabes: a la criolla), situada muy cerca, en la misma aristocrática Avenida Alvear.[1]

Había de todo en Buenos Aires. La ciudad tenía, también, un estilo musical propio que le confería identidad; logró trascender las fronteras cuando Carlos Gardel filmó en Estados Unidos y cantó en diversas ciudades

1. Carta de Raimundo Lida a Yakov Malkiel, Cambridge, 20 de octubre de 1964, *MA*, 25/21.

del mundo. El tango en sí mismo no tiene casi la menor relación con la historia de María Rosa y Raimundo; lo que cuenta es el gran hervidero en que se había convertido Buenos Aires en lo que hace a su desarrollo sociocultural.

Y así como el tango tiene muy antiguas raíces que podríamos hacer remontar al siglo XIX, la historia de Buenos Aires en tanto que dinámico centro de cultura tiene también larga data. No obstante, fue en los años treinta cuando vivió transformaciones que le confirieron una dinámica única, y más en una época de notable cerrazón cultural para Europa. Y también para España, después de 1936, sumida en una larga guerra civil que, al igual que lo que había sucedido con la Primera Guerra Mundial, y no tardaría en reiterarse en 1939, resultó de carácter *total*: involucró de lleno a la población civil e hizo de cualquier pequeño e indefenso pueblo de España un Guernica en potencia.

En este contexto, Buenos Aires llegó a ocupar una importante plaza vacante en el mundo, convirtiéndose en un centro productor de cultura de nivel internacional. Libros y películas comenzaron a hacerse con calidad de exportación, con vistas a satisfacer un mercado externo que se extendía cada vez más a toda Hispanoamérica. No fue casualidad: si Buenos Aires alcanzó ese alto puesto, fue porque ya estaba preparándose desde hacía largo tiempo atrás para forjarse su propio lugar. Fue en la década del treinta cuando ganó su plena visibilidad internacional, pero no era una recién llegada.

Las visitas de los conferencistas extranjeros eran un lugar común desde hacía varios años atrás, como aquel Federico García Lorca que llegó en 1933 y despertó la fascinación de Raimundo.[2] Hombres de letras, artistas, deportistas y aviadores de todas las nacionalidades nunca dejaban de visitar Buenos Aires en sus largos periplos por el mundo. Y como cualquier otra ciudad que se precie, Buenos Aires contaba con un nutrido grupo de artistas plásticos que habían ido a París a consagrarse. Tenía, además, un Teatro Colón que desde su reinauguración en 1908 había visto circular por sus escenarios figuras de primer nivel internacional –cantantes, bailarines, solistas, orquestas–. Los espectáculos proliferaban. La oferta se multiplicó a tal punto que en 1936 la revista *Nosotros* publicaba que "Buenos Aires supera a Nueva York como centro dinámico de difusión. Nuestra temporada invernal

2. Al respecto, Raimundo Lida, "Así que pasen treinta años. Lorca: 1936-1966", *Mundo Nuevo*, París, 4 (octubre 1966), pp. 81-83.

no encuentra pareja. Ópera, drama, comedia, concertistas, divos y divas... todo pasa por aquí".[3] Por más que seguramente el cronista exagerara, la sola comparación daba una idea de la envergadura de las transformaciones que se estaban produciendo. En Buenos Aires había público para todo esto.

Y más también. Hecho insólito: una reunión de escritores se convirtió en un evento de dimensiones semejantes, poco más, a las del XXXII Congreso Eucarístico Internacional. La comparación, que en realidad pertenece a la autoría de Roberto Giusti, no es ociosa. El arrasador éxito del Congreso del P.E.N. Club podría también compararse con el furor que ya estaban despertando los astros del fútbol. Desató una fiebre por ver a las estrellas en primer plano, exacerbada gracias a los *pins* que los participantes llevaban en las solapas de sus trajes:

> Por unos días los que llevábamos al ojal el botón del P.E.N. Club lo hemos pavoneado por esas calles como un francés la roseta de la Legión de Honor, y hemos sido envidiados hasta por los adolescentes que izan el botón insigne de Boca Juniors o de River Plate. He tenido que explicar ciento ochenta y siete veces el significado de las tres cabalísticas letras [v.g.: poetas, ensayistas y narradores].[4]

La visita de más de setenta escritores de envergadura internacional convirtió a Buenos Aires en un hervidero de gente –mujeres en su gran mayoría, según registró el ojo avizor de Giusti– que iba y venía con tal de no perderse ni una sesión, a pesar de los apretujes y el calor reinante. Las batallas ideológicas que se desataron en las sesiones del congreso de los escritores, ya en plena guerra española, producto del choque entre izquierdas antifascistas y derechas, encarnadas en las figuras de Jules Romains y Carlos Ibarguren respectivamente, avivaron el fervor de la multitud, testigo de un verdadero duelo de titanes –todo un espectáculo–. Así, pues, las multitudes

3. "Eduardo Marquina", *Nosotros*, Nº 2 (mayo de 1936), p. 238.

4. Roberto Giusti, "El congreso de los P.E.N. Clubs. Comentario a puertas cerradas", *Nosotros*, N° 6, septiembre de 1936, p. 50.

desatadas en las calles le dieron su tono a un congreso que estuvo lejos de ser un evento a puertas cerradas, solo para intelectuales.[5]

Los nombres de muchos de los escritores que participaron, incluso los de los autores extranjeros, no eran del todo desconocidos para el público porteño que se agolpó a escucharlos en el Concejo Deliberante. Al menos de oídas, se podía tener algún mínimo conocimiento acerca de ellos. En una ciudad como Buenos Aires, con sus altas tasas de alfabetización, y con un importante mercado literario, los autores contemporáneos llegaron a despertar tal curiosidad porque el público de un modo u otro estaba familiarizado con ellos de antemano. Los nombres de los autores les resonaban; muchos habían oído hablar de ellos en las conferencias de las sociedades de fomento y de los clubes barriales, o en las bibliotecas populares; de un modo u otro, habían pasado a integrar el acervo de la cultura general. No había necesidad de haber leído sus libros, pero se podía saber mínimamente algo acerca de los autores y textos de los que se estaba hablando.

Las conferencias difundían la cultura a través de la palabra hablada; será por ello que la declamación y la retórica fueron elementos clave en la conformación de esta cultura general. Contribuyeron a poner en contacto a la gente común con la obra literaria, en prosa y en verso, aunque solo fuera en una lectura compartida en una sesión de declamación en un club de barrio. Y no solo eso: la declamación también enseñaba a hablar en público, a hablar *bien*. Es decir, a hablar con los estándares de lo socialmente aceptable, aunque estos criterios resultaran en cierto sentido algo impostados, de acuerdo –al menos– con el ojo especializado del lingüista profesional. Véase en este sentido una sagaz observación de Alfonso Reyes, en respuesta a una consulta técnica de Amado Alonso que, en principio no parecía tener nada que ver con lo que pasaba en Buenos Aires. Lo había consultado sobre el uso del seseo en la época colonial:

> Creo que durante toda la época colonial no puede descubrirse en México, en textos impresos, esa travesura del seseo, por lo mismo que debe de haberse considerado ilegítima. Pasaría algo de lo que todavía pasa en las escuelas y centros de declamación del Río de

5. Sobre el congreso del P.E.N. Club en Buenos Aires, escribió sus impresiones María Rosa Oliver, *Mi fe es el hombre*, Buenos Aires, Biblioteca Nacional, 2008.

> la Plata, donde les enseñan a las criollitas a pronunciar "cabalio", pensando que esto suena más castizo (y creo que no) que el familiar "cabajo" (con j francesa).[6]

De un modo u otro, se había instalado en Buenos Aires todo un sentido común acerca de lo que significaba ser una persona culta, comenzando por hablar más o menos bien y conocer una serie de nombres de textos y autores y, en el mejor de los casos, acceder a su lectura. Con la aparición en escena de las editoriales Tor y Claridad, de Juan Torrendell y Antonio Zamora, fundadas en 1916 y 1922 respectivamente, el libro barato y popular se había vuelto una realidad harto difundida, que no hará sino afianzarse con el correr de los años.[7]

Y también habrá de volverse cada vez más sofisticada, en especial hacia fines de los años treinta. Fue en los años de la guerra civil española que ingresaron al mercado del libro barato nuevas y todavía más dinámicas editoriales. En este sentido se destaca por su amplia repercusión la colección Austral de Espasa-Calpe. Ideada en Madrid por el editor Gonzalo Losada, se comenzó a editar en Buenos Aires en 1937. El desafío al que se enfrentó esta nueva colección de libros baratos era ligeramente diferente a las anteriores: no se trataba sólo de garantizar que el lector común tuviera al alcance de su mano libros de bajo costo, sino además de la más alta calidad. Porque, según constataba la revista *Nosotros*, uno de las debilidades más importantes de los libros baratos de Buenos Aires solía ser su escaso nivel de profesionalismo. La colección Austral venía a ofrecer un tipo de producto completamente novedoso en este sentido, a tal punto que cabía compararla con *Penguin Books*, la más prestigiosa editora británica de libros de bolsillo:

> El problema de la librería argentina consiste en resolver la conciliación del precio módico con la presentación decorosa. Pues si se ha resuelto por algunas editoriales el primer aspecto, inundando el mercado de libros baratísimos, desgraciadamente muchos de

6. Carta de Alfonso Reyes a Amado Alonso, Río de Janeiro, 17 de marzo de 1933, en Marta Elena Venier, *Crónica parcial...*, p. 77.

7. Luis Alberto Romero, "Una empresa cultural: los libros baratos", en Leandro H. Gutiérrez y Luis A. Romero, *Sectores populares, cultura y política. Buenos Aires en la entreguerra*, Buenos Aires, 1995.

> estos constituyen verdaderos atentados contra la cultura, como que no es fomentarla editar en mal papel, con tipos sucios y rotos, textos mutilados y llenos de erratas, o traducidos en lengua jenízara. [...] Los primeros volúmenes de la biblioteca que bajo el título de colección Austral [...] son una muy segura promesa de que tendremos los mejores libros de nuestra lengua, originales o traducidos, bien presentados, y a un precio conveniente. Esta colección imita en su linda presentación exterior la inglesa de *Penguin*.[8]

Y a continuación se sucedieron las diversas colecciones de libros que lanzó la editorial Losada, con el mismo propósito de intentar conciliar la calidad editorial con las tiradas voluminosas y económicas. Fundada en 1937 por Gonzalo Losada, ya establecido en Buenos Aires tras su exilio de España, impulsó una política editorial dominada por la publicación de colecciones diferenciadas que el lector podía identificar muy fácilmente: una colección de literatura contemporánea; otra denominada "las cien obras maestras de la literatura y del pensamiento universal" dirigida por Pedro Henríquez Ureña; otra más que reunía las obras completas de Federico García Lorca, a cargo de Guillermo de Torre quien también dirigía la serie "La pajarita de papel", más sofisticada; las colecciones de libros destinados a la enseñanza en sus diferentes niveles; la colección "Los inmortales", donde se publicó una edición modernizada de *Amadís de Gaula*, a cargo de Ángel Rosenblat (1940), una versión del clásico de la literatura castellana que Raimundo elogió en una reseña que hizo para *Sur*.[9] Losada pudo además incursionar en la publicación de pequeños libros de arte destinados a un público de masas, como el *Antonio Berni*, de Roger Plá, que incluía grabados e ilustraciones (1945). Los libros de arte dejaban de ser un lujo para tan solo unos pocos.

Cada colección tenía su respectivo director, garante de un producto que pretendía ser de la más alta calidad.[10] Amado Alonso dirigió una de ellas, concebida desde el vamos para un público no especialista:

8. "Colección Austral", *Nosotros*, N° 20, noviembre de 1937, p. 353.

9. Raimundo Lida, "Amadís de Gaula", *Sur*, 77 (1941), pp. 75-77.

10. "Una nueva editorial argentina", *Nosotros*, N° 29, agosto de 1938, pp. 99-100.

> La Losada va cobrando mucha importancia. Ahora he organizado una colección de tomitos de unas 150 páginas (o poco más) que se titularán "Vida y obra de...". [...] Son libros destinados a profesores secundarios, alumnos universitarios, periodistas y escritores, etc., los que no se satisfacen con las páginas de Hurtado Palencia [v.g., un clásico manual de literatura española], tampoco pueden entregarse a la lectura de volúmenes y de artículos. Una visión sintética, pues. Al final, un par de páginas con la bibliografía esencial, haciendo en cada título alguna indicación útil (qué va a encontrar en esa obra el lector). Queremos hacer tomitos baratos, para vender muchos, y por eso proponemos a los autores pagarles solamente el 10%. De ofrecer 15% tendríamos que subir el precio unos centavos más, lo cual perjudicaría la venta.[11]

Entre 1938 y 1939, a Losada le sucedió la fundación de dos nuevas editoriales también a cargo de exiliados españoles: Sudamericana y Emecé, la primera a cargo de Antonio López Llausás y la segunda de Bonifacio del Carril. Por su parte, la editorial Sur de Victoria Ocampo ya había empezado a funcionar con la publicación de traducciones y ensayos en torno a una selección de autores contemporáneos –Virginia Woolf, Aldous Huxley, Jacques Maritain, entre otros–. Y en 1943 Daniel Cosío Villegas, el fundador del Fondo de Cultura Económica de México, visitaba la Argentina por sugerencia de Alfonso Reyes, con vistas a abrir una sucursal en Buenos Aires que no tardaría en establecerse bajo la responsabilidad de Arnaldo Orfila Reynal, especialmente recomendado por "Don Pedro" (Henríquez Ureña).[12] Estas grandes casas editoriales eran tan sólo la punta del iceberg. Por debajo de ellas existía todo un sinnúmero de editoriales de mucho menor calibre, desde pequeños emprendimientos privados hasta algunas de carácter público, asociadas a las universidades –se destacaron en este sentido las universidades nacionales del Litoral y de Tucumán– o a diferentes organismos

11. Carta de Amado Alonso a Alfonso Reyes, Buenos Aires (con membrete de Editorial Losada), 7 de diciembre de 1939, en Marta Elena Venier (comp.), *Crónica parcial...*, pp. 103-104.

12. Un breve perfil que da cuenta de su papel en la cultura argentina de esos años, en Luis Alberto Romero, "Arnaldo Orfila Reynal", Teatro Nacional General San Martín, 30 de abril de 1984.

estatales como la Biblioteca Nacional. Todas ellas, desde las más consagradas hasta las más pequeñas, participaron de la primera "Feria del Libro" argentina, organizada por la Cámara del Libro, a comienzos de 1943, que resultó un éxito más allá de lo previsto, con más de dos millones de asistentes, según se estimó en su momento.

A tal punto llegó el *boom* editorial de Buenos Aires en aquellos años dorados de fines de la década de 1930 que incluso la industria editorial católica –siempre a la zaga en relación con las editoriales de carácter comercial– pudo en cierta medida acompañar este proceso y alcanzar la cresta de su propia ola. Si hasta mediados de los años treinta los autores católicos más populares como Manuel Gálvez y Gustavo Martínez Zuviría ("Hugo Wast") publicaban sus obras, algunas de ellas verdaderos *best-sellers*, en las casas editoras más conocidas, de carácter comercial, hacia fines de esa década se puede advertir que muchos de ellos viraron hacia la Editorial Difusión. Esta casa fue fundada en 1937, en pleno *boom* editorial porteño, por Luis Luchía Puig y se convirtió en la empresa editorial católica más exitosa de su tiempo, capaz de lanzar la publicación de las obras completas de los prestigiosos monseñores Miguel de Andrea y Gustavo Franceschi, en varios tomos muy prolijos y cuidados.

El esplendor de la industria editorial de Buenos Aires no fue, pues, un hecho excepcional que afectó a algunas pocas casas editoriales, que se convirtieron en las más populares; alcanzó, más bien, a todas las esferas de la sociedad. Tanto es así que pueden encontrarse ejemplares subsidiados por alguna pujante industria que se inclinaba por utilizar el libro popular como estrategia de propaganda: por ejemplo, en 1935 la compañía de tabacos "Particular" publicó un libro de conferencias radiotelefónicas que llevaba su marca.[13] La industria del libro excedía el marco de las librerías y se vinculaba estrechamente con el consumo de un producto tan masivo y popular como el cigarrillo.

Y también en este mismo sentido, debe mencionarse su articulación con la radio, a través de la publicación de las "conferencias radiotelefónicas" de los oradores más conocidos de la época, sin importar cuál fuera su tinte ideológico-político, puesto que el fenómeno los abarca a todos por igual,

13. Salvador de Madariaga, Miguel de Unamuno *et al.*, *Diez Maestros*, Buenos Aires, Edición Tabacos Particular, 1935.

desde Alfredo Palacios hasta Virgilio Filippo. Y la articulación con la radio no se limitaba a los programas específicamente destinados a la difusión cultural. Podía producirse en función de algún evento convocante que llevaba al micrófono a los oradores, y luego sus discursos se reproducían bajo la forma de un libro. Así ocurrió con la celebración del cuarto centenario de Buenos Aires en 1936, cuando se hizo una importante audición radial que contó con la participación de un gran número de personalidades de las letras y la cultura: Manuel Mujica Láinez, Jorge Luis Borges, Arturo Cancela, Roberto Giusti, Ricardo Levene, entre muchos otros cuyas palabras luego fueron transformadas en texto escrito, al publicarse en una serie de libros conmemorativos editados por la Municipalidad al año siguiente.

Pero donde mejor se advierte su fuerte articulación con los medios de comunicación de masas es en las páginas de los suplementos culturales de los grandes diarios. La presencia de escritores ya consagrados como responsables de algunas de estas publicaciones –Eduardo Mallea a cargo del prestigioso suplemento de *La Nación*; Jorge Luis Borges en el *Suplemento Multicolor* de *Crítica*– no hizo sino afianzar esta relación. Y para un público más reducido, más lector, se cuenta el sinfín de pequeñas revistas literarias que proliferaron a partir de los años treinta: *Megáfono*, de Sigfrido Radaelli, Erwin Rubens y Víctor Max Wullich; *Bitácora* de Damián Carlos Bayán y Luis Rinaldini Gonnet; *Vértice* dirigida por Julia Priluzky Farny de Zinny; *Capítulo*, de Erwin Rubens, Enrique Mallea y Sigfrido Radaelli; *Agonía*, de Miguel Ángel Olivera; *Ínsula*, de Renata Donghi de Halperin, entre tantas otras. Y había otras más que estaban dirigidas a públicos tanto más especializados: en el campo de las artes plásticas, se cuentan las revistas *Signo*, de la asociación homónima, y *Compás*, a cargo de Leonardo Estarico y Emilio Pettoruti; en lo que a la música respecta, aparecen *Pauta*, a cargo de Leopoldo Hurtado y *Ars*, que tuvo larga trayectoria bajo la batuta de Isidoro Schlagman.

Y no sólo los libros y las revistas atravesaron un frenesí. También el teatro, el cine, la música y las artes plásticas verificaron un intenso movimiento, que contó no solo con el ya tradicional incentivo proporcionado por el Estado a través de premios, salas de exhibición y concursos, sino que además ahora se le sumaron la publicidad radial y unos circuitos de difusión cada vez más amplios. Así, las temporadas teatrales mejoraron año tras año. El Teatro del Pueblo, fundado en 1930 bajo el impulso de Leónidas Barletta, y el Teatro Nacional de la Comedia que funcionó a partir de 1933 bajo la dirección de Antonio Cunil Cabanellas, fueron testigos de temporadas teatrales en los que el número de espectadores alcanzaba su máximo, a tal punto que se llegó a duplicar el número de obras que se daban en cada función. Al igual que el cine, el teatro también adquirió una creciente respetabilidad burguesa. Pero el éxito comercial entre las clases medias no estuvo, por cierto, exento de críticas: la revista *Nosotros* acusó a los responsables de las principales salas teatrales –a excepción del Teatro del Pueblo– de preocuparse únicamente por los éxitos de taquilla, en desmedro de la calidad artística.[14] Acompañado por la aparición de revistas como *Radiolandia*, el cine, por su parte, ingresó en los años treinta en su época de oro, alcanzando un rápido éxito popular que elevó la producción hasta un total de hasta setenta películas por año, con una notable capacidad de difusión en todo el mundo hispano.

Impulsada por diferentes entidades destinadas a su promoción tales como la Sociedad Nacional de Música, la Asociación Wagneriana, la Asociación del Profesorado Orquestal, la Asociación Amigos del Arte o incluso la revista *Sur* –que promocionó la visita de Stravinsky en 1936– la música tuvo desde la década del Centenario un fuerte protagonismo en la escena local. Ya sea por medio de la organización de conciertos con invitados especiales provenientes del extranjero –compositores, directores de orquesta o solistas– o por medio de diversos premios que promocionaban a los más jóvenes, la actividad musical se incrementó a tal punto que en Buenos Aires llegaron a organizarse más de quinientos conciertos por año en la década del treinta. No faltó, sin embargo, la incisiva crítica de *Nosotros*. Preocupada por la excesiva europeización del gusto musical que traían consigo los visitantes extranjeros, y por el poco espacio que tenían en los escenarios locales los compositores argentinos, apeló a que el Estado se ocupara de promover la "música nacional", a través del Ministerio de Instrucción Pública y otras entidades.[15] Era una crítica algo exagerada, puesto que desde la década del veinte el folklore había estado difundiéndose, gracias a la tucumana Ana S.

14. Octavio Palazzolo, "Teatro Nacional de Comedia", *Nosotros*, N° 33, diciembre de 1938, pp. 587-588.

15. Las críticas van dirigidas al Teatro Colón y la Sociedad Nacional de Música: Gastón Talamón, "Crítica musical", *Nosotros*, N° 5, agosto de 1936, pp. 588-597 y *Nosotros*, N° 30, setiembre de 1938, pp. 219-220.

Cabrera, que había actuado en el Instituto Popular de Conferencias del diario *La Prensa* y en infinidad de escenarios, incluso porteños.[16] También los hermanos Ábalos encontraron su espacio en la escena musical porteña, por lo demás plural y diversa, sin dejar afuera, siquiera, a la música contemporánea, popular o folklórica.[17] La creciente popularidad de la radio, en aquellos años de migraciones internas hacia la capital, permitió que la música así llamada "criolla" se hiciera de un legítimo lugar y encontrara su público.

Las artes plásticas, por su parte, también mostraron un notable crecimiento. De aparición todavía aislada en los años veinte, las galerías de arte se multiplicaron, así como también las exposiciones, tanto individuales como colectivas, de artistas argentinos y extranjeros: entre las más nuevas se cuentan las galerías Moody, Zona y Viau, Müller y Nordiska, que se añaden a las ya más conocidas como la Witcomb, Amigos del Arte, el Museo de Bellas Artes o el Palais de Glace. La iniciativa privada se sumaba a la que se canalizaba a través de las instituciones oficiales encargadas de impulsar muestras y premios de carácter periódico. Un movimiento no menos importante se advierte también en Rosario que tenía salones regulares de exposición; fue allí que se forjó la carrera de Antonio Berni. Incluso una ciudad de menor rango como Azul, en la provincia de Buenos Aires, se interesó por las muy en boga artes plásticas e invitaron a Pettoruti a hacer una muestra allí. El pintor vertió en sus memorias sus agudas impresiones acerca de este fenómeno:

> La Asociación Cultural del Azul me invitó a realizar una exposición y a dar una charla. Para mí, lo esencial de esta acción no residía en la notoriedad que pudiera darme ante el público de provincias, sino en que aquellos ambientes despertaban de su letargo. Una vez creada la inquietud, algo se ponía en movimiento, y *era como si el público comprara más libros, fuera más asiduamente a los museos, discutiera más de arte*.[18]

16. Octavio Palazzolo, "Ana S. Cabrera y el folklore", *Nosotros*, N° 32, noviembre de 1938, pp. 441-446.

17. Esta misma pluralidad se advierte en la programación musical de *Amigos del Arte, 1928-1942*, Buenos Aires, Malba-Fundación Constantini, 2008, pp. 240-245.

18. Emilio Pettoruti, *Un pintor ante el espejo…*, p. 239.

Comprar libros, ir a museos o conciertos, ir al cine, escuchar la radio eran todas facetas de un mismo fenómeno: revelaban la existencia de un público que se hacía no solo cada vez más asiduo, sino numéricamente cada vez más grande, como lo era también el público consumidor de cualquier producto de uso masivo. Los procesos de modernización daban sus frutos y el público se mostraba cada vez más civilizado, más correcto, más burgués. Habían quedado atrás aquellos lejanos días en los que las obras de arte eran objeto de malos tratos por parte del público. Mientras tanto, las ciudades seguían creciendo en la Argentina de los años treinta, y todo pueblo que se jactara de haber alcanzado el rango de una verdadera ciudad *debía* tener un museo local, una biblioteca, un cine, una sala de conciertos y de conferencias, con artistas, músicos, orquestas y oradores venidos de Buenos Aires, y con las películas apenas recién estrenadas allí. Los medios de comunicación de masas, en especial la radio, contribuían a que la cultura adquiriera una dimensión cada vez más nacional, es decir, cada vez menos provinciana o localista. El movimiento cultural de la capital tenía repercusión mucho más allá de la Av. General Paz.

Y no tardó, de hecho, en trascender las fronteras de la Argentina. El papel del Estado en este aspecto es mucho más decisivo que en otros; jugó un papel activo en la promoción de la cultura argentina, en pos de lograr algún tipo de proyección internacional. En los años treinta, su capacidad financiera y de gestión se vio ampliada; desde la crisis de 1930, todo apuntaba hacia un fortalecimiento del papel del Estado en la sociedad. Tanto es así que a partir de 1935, la Argentina pudo darse el lujo de financiar becas de estudio en el extranjero a través de la flamante Comisión Nacional de Cultura fundada por Matías Sánchez Sorondo. Estas becas contemplaban todas las disciplinas, desde las ciencias naturales y biológicas hasta las humanidades. Vicente Fatone –uno de los primeros becarios, amigo de Raimundo– pudo así viajar a Calcuta para estudiar filosofía hindú.

Y en este mismo sentido se destaca la conformación del Instituto Internacional de Cooperación Intelectual que, bajo la dirección de Carlos Ibarguren, tenía como tarea la promoción del intercambio cultural entre Argentina y –en especial– Europa. Luego de organizar el Congreso del P.E.N. Club, Ibarguren lanzó la publicación en el extranjero de textos literarios de autores argentinos traducidos al francés e italiano, como obras independientes o bajo la forma de antologías de cuentos, así como también organizó diversas exposiciones de libros argentinos en París, Roma y Bruselas.[19] Varios autores extranjeros de relevancia internacional que habían participado en 1936 en el congreso del P.E.N. Club de Buenos Aires colaboraron a su difusión –Jules Romains, Paul Valéry, entre otros–. El *boom* editorial porteño de fines de la década de 1930 procuraba así alcanzar un eco internacional incluso más allá del universo de habla española.

Y también con los Estados Unidos se agilizaron los intercambios. Desde los tiempos de la Primera Guerra Mundial, y a la par que este país ganaba terreno en la política internacional, se convirtió en uno de los mercados proveedores de productos de consumo más importantes para la Argentina. Y si bien no había reciprocidad en la balanza comercial entre ambos países –las exportaciones argentinas que todavía se vendían a raudales en el mercado inglés no lograron ingresar bajo la órbita norteamericana–, se intentó constituir, luego de la visita del presidente Roosevelt a la Argentina a fines de 1936 con motivo de la Conferencia Panamericana, una red de intercambio para la promoción de la cultura y la investigación científica. El panamericanismo, en efecto, se puso de moda.

En lo que a las humanidades respecta, tuvieron un papel clave en este sentido las visitas de Alfonso Reyes a New York. Cada vez que el diplomático mexicano regresaba de Buenos Aires a México forzosamente debía hacer escala en los Estados Unidos –no había una línea de barcos que uniera de manera directa ambos países– y, de preferencia, elegía para su estadía la gran ciudad norteamericana, sede de la *Hispanic Society*, importante centro de arte, cultura e investigación, con una formidable biblioteca en lengua española. Además, en la Universidad de Columbia se encontraba desde 1916 Federico de Onís, lingüista español que se había formado en Madrid junto con Américo Castro, en el Centro de Estudios Históricos dirigido por Menéndez Pidal. Onís fue un contacto clave para el Instituto de Filología. De hecho, cuando Amado Alonso emprendió su viaje con destino a la Argentina en 1927 para hacerse cargo del Instituto, hizo antes una escala en Puerto Rico, donde se encontraba entonces Onís, encargado de asesorar la puesta en marcha de un centro de investigación en la universidad Nacional de

19. Carlos Ibarguren, *La historia que he vivido*, Buenos Aires, Peuser, 1955, pp. 472-474.

aquel país, donde en la década de 1930 encontrarían acogida varios exiliados españoles.[20]

En 1938, en uno de estos tantos viajes, Reyes se hospedó en la casa de Spruille Braden, más tarde embajador norteamericano en la Argentina y protagonista de una polémica campaña contra Perón en las vísperas de las elecciones de febrero de 1946. Como diplomático, Reyes tenía infinidad de contactos alrededor del mundo. Su relación con los Estados Unidos era por demás fluida, a tal punto que varias universidades norteamericanas le hicieron ofertas para trabajar allí. El mexicano, sin embargo, no estaba muy entusiasmado con la idea de aceptar tales propuestas, a pesar de que su carrera diplomática se encontraba ya en sus últimos tramos; de hecho no tardará en alejarse de la diplomacia para embarcarse en la empresa de fundar el Colegio de México en su país natal. Así le escribía a Victoria Ocampo, luego de pasar unos días en Estados Unidos:

> Bien: yo necesito un sueldo para vivir. Tengo ofertas de algunas universidades yanquis. Aceptarlas supone para mí enterrarme de por vida en un ambiente al que no estoy hecho. [...] Supone entregarme a la enseñanza de cosas literarias y lingüísticas elementales, con sacrificio de mis letras y de mi temperamento. Pero es un último recurso: ¿cree usted que me seduce encerrarme en el pueblo de Austin, en Texas? Quiero tentar antes otra posibilidad: el desarrollo de su Editorial [v.g., editorial Sur], ¿le permitiría ayudarme de un modo estable dentro de lo humano y lo que a sus intereses convenga? [...] *La Prensa* de Buenos Aires me paga cien pesos por artículo pero nunca publica más de dos por mes. Esto no es base segura.[21]

20. Sobre la relación entre Onís, Alonso y otros hispanistas, véase José Polo, "Correspondencia científica, 1927-1952. Dámaso Alonso / Amado Alonso", *Cauce*, 30 (2007), pp. 357-383.

21. Carta de Alfonso Reyes a Victoria Ocampo, Río de Janeiro, 15 de agosto de 1938, en Héctor Perea (ed.), *Alfonso Reyes-Victoria Ocampo. Cartas echadas. Correspondencia 1927-1956*, México, Universidad Autónoma Metropolitana, 1983, pp. 31-32.

A pesar de sus sólidos contactos con los Estados Unidos, Alfonso Reyes consideraba que Buenos Aires constituía "el" ambiente intelectual por excelencia, altamente estimulante y sin duda preferible a cualquier otra cosa, incluidas las más pretenciosas universidades norteamericanas.[22] Tanto es así que en 1940 le rogaba a Amado Alonso que no lo dejara "fuera de la cultura":[23] era su manera de pedirle que no se olvidara de enviarle a México todas las publicaciones que editara, ya sea a través del Instituto de Filología, o de las demás casas editoriales de Buenos Aires. Porque, en efecto, Buenos Aires se había convertido en el corazón de la cultura en lengua española, en especial luego de 1936.

Y las universidades norteamericanas no lo pasaron por alto; luego de la firme invocación al panamericanismo que lanzó Roosevelt, se interesaron cada vez más por los temas que ellos llamaban "hispánicos". En 1936, el Departamento de Español de la Universidad de California (Berkeley) lanzó un premio de ensayos sobre José E. Rodó, en cuyo jurado participaron Alfonso Reyes y Pedro Henríquez Ureña, entre otros.[24] Y a comienzos de 1939, cuando todavía no había estallado la Segunda Guerra Mundial, el gobierno de Roosevelt fundó el Departamento de Relaciones Culturales con América Latina, por cuyo intermedio se establecía un programa de becas por un total de más de u$s 27.000.- para la formación en Estados Unidos de universitarios latinoamericanos.[25] Cabe mencionar, además, que las prestigiosas becas Guggenheim, instituidas en 1925, ya habían comenzado a premiar a escritores y ensayistas argentinos –Julio Fingerit la obtuvo en 1932–.

En este contexto, no resulta, pues, un hecho tan extraordinario y sorprendente que la Universidad de Columbia de la ciudad de New York, cuyo Departamento de Estudios Hispánicos dirigía Onís, prestara su aval para la publicación de una revista especializada editada por el Instituto de Filología dirigido por Amado Alonso: la *Revista de Filología Hispánica*. Se había

22. Una imagen parecida acerca de las universidades norteamericanas se lee en Tulio Halperin Donghi, *Mis memorias*, Buenos Aires, Siglo XXI, 2008.

23. Carta de Alfonso Reyes a Amado Alonso, México D. F., 15 de mayo de 1940, en Marta Elena Venier (comp.) *Crónica parcial*..., p. 116.

24. "Un concurso sobre Rodó", *Nosotros*, N° 6, septiembre de 1936, p. 119.

25. "Un Departamento de Relaciones Culturales en Estados Unidos", *Nosotros*, N° 35, febrero de 1939, pp. 235-6.

logrado poner en marcha la publicación por demás regular de una revista especializada que nacía con las mejores credenciales que podía tener en su haber una revista de este tipo; ella reflejaría el prestigio que había alcanzado este instituto de investigación, tanto en la Argentina como en el exterior. En Estados Unidos, no faltaron los avales y los recursos para el Instituto. Amado Alonso logró para la filología argentina un amplio reconocimiento dentro y fuera de las fronteras del país. Tanto es así que su disciplina fue reconocida como una legítima contendiente en los premios nacionales de ensayo concedidos por la Comisión Nacional de Cultura del gobierno argentino –pasó a ser una de las disciplinas que participaba de la competencia, junto con la filosofía y la historia–. Claro que en ocasiones debió disputar su terreno incluso con uñas y dientes. Un ejemplo de su enérgica intervención en la vida cultural argentina se encuentra en un artículo titulado "No nos lo merecemos, no" publicado en *Nosotros* en 1937: allí efectuó una defensa casi corporativa de los filólogos hispanistas, a los que –sostenía– no se los podía acusar de desatender sus tareas profesionales.[26]

De un modo u otro, la filología no solo se hizo de un lugar legítimo en la universidad y la cultura argentinas, sino que además alcanzó indudable repercusión internacional. Y fue precisamente bajo la batuta de Amado Alonso, y en el marco de una ciudad que en los años treinta había alcanzado un dinamismo cultural verdaderamente impresionante, que los hermanos María Rosa y Raimundo Lida terminaron por convertirse en auténticos filólogos, además de hispanistas.

26. Amado Alonso, "No nos lo merecemos, no", *Nosotros*, N° 13, abril de 1937, pp. 414-417.

Capítulo VIII
El mundo según María Rosa

María Rosa vivió con sus padres de niña y adolescente, y ya más grande, con su hermano mayor. Y cuando este se casó siguió viviendo en familia; ocupó una habitación en la casa de Riobamba 118, donde Emilio viviría con su esposa Rebeca y sus dos hijas. No estaba bien visto socialmente que una mujer soltera, si bien capaz de alcanzar una cierta independencia económica, viviera sola. Y María Rosa no tenía la menor intención de transgredir estos códigos. Su familia era parte de su vida y, en especial, las pequeñas sobrinas.

Lo más importante, sin embargo, estaba fuera. El universo de María Rosa se desplegó a partir de la Universidad de Buenos Aires. Allí, su primer punto de referencia fue el Instituto de Literaturas Clásicas, que comenzó a funcionar en 1927 –fue otro de los institutos de investigación que se establecieron en la Facultad de Filosofía y Letras luego de la Reforma Universitaria–. Fue hacia 1932, después de graduarse con honores por haber obtenido el mejor promedio de su promoción, que María Rosa se integró a este instituto y continuó colaborando con él hasta 1935, cuando se alejó para pasar a formar parte del Instituto de Filología. De esta etapa preliminar que giró en torno a las letras clásicas proviene una larga serie de reseñas publicadas para *Emerita*, la revista madrileña de filología clásica fundada en 1933 por Menéndez Pidal y una colaboración más en el *Boletín de la Biblioteca de Menéndez y Pelayo* de Santander.[1]

La intensidad de su labor en esos tempranos años treinta contrastaba ampliamente con la relativa inercia en la que permaneció un instituto de

1. Las reseñas de María Rosa Lida fueron: *Emerita*, II (1934), pp. 167-172; III (1935), pp. 158-164 y 336-345; IV (1936), pp. 128-136, 172-180, 307-312; *Boletín de la Biblioteca Menéndez y Pelayo*, Año XV, 1933, pp. 265-267.

investigación como el de letras clásicas, que no pudo cumplir con los planes de publicación que la propia Universidad había previsto para él. Debía, según lo dispuesto en 1931 por el Consejo Directivo de la Universidad, trabajar en la edición de diversas publicaciones propias: una revista (que se llamaría *Anales*) y tres colecciones de libros (una Biblioteca de Latinidad Argentina, otra de Filología Clásica y una Colección de Textos Griegos y Latinos).[2] Lo cierto es que las metas no se cumplieron: la revista tardó varios años en ver la luz; su primer número apareció en 1939 y su frecuencia fue de lo más irregular, puesto que cada nuevo ejemplar salía con años de demora, en notable contraste con la puntualidad regular de la revista del Instituto de Alonso. Para 1947, de los libros previstos tan solo se había publicado un volumen (el *Miles Gloriosus* de Plauto, 1934) cuya edición estuvo a cargo del propio director del Instituto, Enrique François. Así, pues, el contraste entre la laboriosa joven capaz de publicar reseñas en el exterior y el ritmo de trabajo tanto más parsimonioso de sus colegas determinaría su definitivo alejamiento del Instituto de Literaturas Clásicas. Según Tulio Halperin, su retirada no fue nada apacible:

> En cuanto al "lío de Clásicas", lo que puedo contarle son chismes muy indirectos, ya que ocurrió antes de que mis padres conocieran a María Rosa. Tiene que ver con que María Rosa comenzó a colaborar con *Emerita*, la revista de filología clásica española, y alcanzó bastante renombre [...]. Según las versiones que me llegaron esa publicación llevó al punto de ebullición los celos que la prematura notoriedad de María Rosa despertaba en François, el director del Instituto, que sencillamente le cerró el acceso a él.[3]

Sea como fuere, lo cierto es que el Instituto de Filología era un lugar mucho mejor en el que estar, dado el dinamismo que Alonso supo imprimirle a lo largo de sus casi dos décadas de gestión. El Instituto llegó a convertirse en el verdadero refugio de María Rosa –casi su completo universo–, tanto

2. Fernando Antonio Martínez, "Reseña: Anales del Instituto de Literaturas Clásicas", *Thesaurus. Boletín del Instituto Caro y Cuervo*, Bogotá, T. 3, 1947, pp. 355-357.

3. Correo electrónico de Tulio Halperín Donghi a la autora, julio de 2009.

es así que el rincón que ella solía ocupar en la biblioteca quedó identificado con su imagen y su recuerdo para los que la echaron de menos cuando partió.[4] Era aquella una Universidad de dimensiones todavía pequeñas, casi domésticas, que funcionaba como un verdadero sucedáneo de su hogar. María Rosa desempeñó en el instituto todo tipo de funciones, incluso aquellas que excedían las propias de una investigadora: organizó, por ejemplo, los ficheros de la biblioteca y escribió las fichas de su propio puño y letra, de esmerada caligrafía, elegante y refinada. Fue sin embargo una tarea remunerada. Amado Alonso le pidió al decano que le pagara $ 1.200.- en doce cuotas mensuales; la Facultad consideró que el monto solicitado era excesivo, y tan sólo pagó unas pocas cuotas.[5]

A pesar de la fuerte vocación por las letras clásicas de María Rosa, que perduraría a lo largo de su vida, Alonso logró atraerla con fuerza hacia la filología en lengua española. No fue la única vez que Alonso vio cambiar bajo su influencia la orientación que un joven le daba a sus estudios. Algo en él los atraía, ya fuere el gran magnetismo que con su oratoria desplegaba en sus clases, o bien sus dotes como lector y recitador en voz alta, puesto que solía embelesar al auditorio con su lectura, a veces comentada, de fragmentos literarios, y en especial, poesía. Le infundía vida y pasión a los textos. Incluso una vez, bastantes años después, grabó su voz en disco, con varios poemas de Federico García Lorca y de fragmentos del *Quijote*, recitados y comentados por Alonso –estas grabaciones luego fueron hechas editar en CD por sus hijos–. El mismo fenómeno, la misma capacidad de atracción se verificarán también en Estados Unidos: allí dio cursos en los que llegó a atraer a estudiantes que nunca habían pensado estudiar la carrera de Letras. Y en Buenos Aires, su Instituto era un espacio al cual los jóvenes se acercaban con curiosidad y él, a su vez, alentaba a sus “filologuesnos” –así los llamaba afectuosamente–[6] en sus curiosidades

4. Francisca Chica Salas, “Permanencia de María Rosa Lida de Malkiel”, *Filología*, VIII: 2, 1962, pp. 1-5.

5. Nota de Amado Alonso a Coriolano Alberini (decano), Buenos Aires, 30 de diciembre de 1936, Archivo del Instituto de Filología, Facultad de Filosofía y Letras, Universidad de Buenos Aires, B-6-2.

6. En carta de septiembre de 1931 dirigida a Reyes, Alonso dice: “saldrá enseguida el primer tomo de Estudios estilísticos, con la ayuda de un nuevo filologuesno, Raimundo Lida, que me parece muy bueno”, en Marta Elena Venier, *Crónica parcial*..., p. 40.

intelectuales, aun cuando no coincidieran del todo con las suyas. Era un modo eficaz de atraer a la gente.

El Instituto de Filología llevó en la década del treinta una marcha impetuosa. A poco de andar ya contaba con dos colecciones propias de libros especializados, que daban cuenta de su dinamismo y de la capacidad de trabajo de su director: la Biblioteca de Dialectología Hispanoamericana, por un lado, y la Colección de Estudios Estilísticos, por otro. En la primera, se cuentan entre sus títulos iniciales editados: *Problemas de dialectología hispanoamericana* (1930) de Aurelio M. Espinosa, con notas de Amado Alonso y Ángel Rosenblat; *Hispanismos en el guaraní* (1930) de Marcos Morínigo y *La lengua de Martín Fierro* (1930) de Eleuterio Tiscornia. Para 1940, esta colección ya había publicado más de diez títulos: siete libros en total, más varios cuadernos de investigación. En la segunda, lo primero que se publicó fue la *Introducción a la estilística romance*, de Karl Vossler, en 1932. Caracterizar estas colecciones permitirá entender en qué consistía el Instituto al que María Rosa acababa de integrarse.

La preocupación de Alonso por darle un lugar a la dialectología hispanoamericana ya había sido anunciada desde el primer día de su llegada a Buenos Aires. Era un modo de intentar apaciguar la polémica suscitada en los años veinte en torno a la legitimidad del Instituto. Pero no obstante lo cuidadoso que era Alonso al abordar su labor, los punzantes *Folletos Lenguaraces* del "montonero" Vicente Rossi continuaron apuntando sus dardos contra él. Puesto que a simple vista no advirtió ninguna diferencia entre la época de Alonso y las anteriores, Rossi continuó escribiendo en su contra, en la jerga que le era habitual:

> En el programa de la antiargentinidá idiomática, es un número interesante el Instituto de Filolojía de la universidá de Buenos Aires, fundado por el "ilustre restaurador... nacionalista" Don Ricardo Rojas, cuyo altar ha terminado con un retablo churrigueresco patinado de mugre ancestral, i en cuya ara el clérigo "de misa y olla" Don Amado Alonso mantiene el fuego sagrado de la castellanidá [...]. La publicidad "seria" porteña vio en Don Amado la vuelta del "estandarte real" y lo pasea por "la fiel i leal villa de los Buenos

> Aires" cada vez que Don Amado trascendenta, haciéndonos oír la castisa "voz del Sinaí" desde el alminar del Instituto [sic].[7]

La crítica de Rossi en tono casi de burla no halló el mismo eco que había tenido en los años veinte. De hecho Alonso no se tomó el trabajo de responderle. No obstante, cuando Borges se alzó también con su crítica contra la Biblioteca de Dialectología, Alonso no pudo ya permanecer callado. Escribió Borges en *Sur* –nada menos que en *Sur*– indirectamente contra Alonso y su iniciativa dialectológica:

> No adolecemos de dialectos, pero sí de institutos dialectológicos. Estas corporaciones viven de reprobar las sucesivas jerigonzas que inventan. Han improvisado el *gauchesco*, a base de Hernández; el *cocoliche*, a base de un payaso que trabajó con los Podestá; el *vesre*, a base de los alumnos de cuarto grado. Poseen fonógrafos: mañana transcribirán la voz de Catita. En esos detritus se apoyan.

Esta vez Alonso sí se dio se dio por aludido y se ocupó de frenar de lleno la estocada de Borges. Inmediatamente, su respuesta, minuciosa y contundente, se publicó también en *Sur*. El Instituto de Filología, replicó, no inventó ninguna jerigonza: ni el gauchesco, ni el cocoliche, ni siquiera el *vesre*. Y no poseía fonógrafos de ningún tipo para estudiar el habla del célebre personaje de Niní Marshall. Aclaró además que el Instituto no reprobaba ninguna lengua o manera de hablar de tipo popular; simplemente las estudiaba "por cumplir con nuestra vocación y hacer lo más decentemente posible la tarea que nos toca en la comunidad a que pertenecemos".[8] Alonso demostró, así, una vez más su capacidad de defender su terreno frente a la crítica acerba de Borges. Y la legitimidad, así como la autoridad, del Instituto de Filología de Alonso no fueron más cuestionadas.

7. Vicente Rossi, *Filolojía y filolorjía. Confabulación antiargentinista*, Folletos Lenguaraces Nº 23, Córdoba, Imprenta Argentina, 1939, pp. 77-78.

8. Jorge Luis Borges, "Las alarmas del doctor Castro" [1941], *El lenguaje de Buenos Aires*, Buenos Aires, Emecé, 1998, p. 34, también publicado en Sur, N° 86, noviembre de 1941; Amado Alonso, "A quienes leyeron a Jorge Luis Borges en *Sur* Nº 86", *Sur*, N° 89, febrero de 1942, pp. 79-81.

No abiertamente, al menos. Circularían sin embargo durante muchos años fuertes rumores contra Alonso. Se decía que de un modo u otro "explotaba" a la gente que trabajaba con él, incluso al propio Pedro Henríquez Ureña o a los hermanos Lida, puesto que el Instituto no disponía de ingentes recursos proporcionados por la Universidad para costear sueldos de ayudantes de investigación, y tampoco tenía becarios o investigadores *full time*. Las críticas eran en más de un sentido injustas, dado que Alonso supo moverse para conseguir fondos, dentro y fuera de la propia universidad. Entre los años 1937 y 1939, obtuvo un importante subsidio del Congreso Nacional por $ 10.000.- para llevar a cabo un proyecto de investigación en torno al castellano en América y Argentina. Se trataba de una suma nada insignificante para la época, que permitió costear honorarios generosos para Henríquez Ureña y María Rosa Lida, entre otras personas, a quienes se les abonó $ 2.200.- y $ 1.650.- respectivamente, por la tarea de editar las distintas publicaciones del Instituto.[9] La venta de los libros publicados le permitió, a su vez, contar con algunos recursos propios. El aumento de los recursos disponibles para el Instituto de Filología despertó celos y envidias que redundarían en la crítica de que el manejo de los fondos no era del todo equitativo entre los colaboradores de Alonso. Tuvieren o no asidero, lo cierto es que estas críticas no dejarán de tener sus consecuencias, como veremos.

Pero volvamos a las primeras publicaciones del Instituto. La segunda serie que se publicó fue la colección de estudios estilísticos, hecha a imagen y semejanza de Raimundo. Esta colección respondía a una demanda bien diferente a la anterior: ofrecer una serie de estudios literarios y filológicos de autores que no habían alcanzado hasta ahora ningún tipo de difusión en lengua española. La colección no tardó en obtener su reconocimiento: los títulos allí publicados alcanzaron luego reediciones por casas editoriales más grandes como Losada o Hachette. Alonso dio a difundir en la Argentina una serie de autores centroeuropeos con los que había tenido contacto durante una estadía que hizo en Alemania a comienzos de los años veinte y se encargó de hacerlos difundir: Karl Vossler, Helmut Hatzfeld, Leo Spitzer, entre los más importantes. Consideraba que prestigiaba a su Instituto la difusión

9. Nota de Amado Alonso a Coriolano Alberini (decano), Buenos Aires, 30 de noviembre de 1938, Archivo del Instituto de Filología, Facultad de Filosofía y Letras, UBA, C-2-6.

de bibliografía especializada hasta entonces desconocida en el país. Y puesto que Raimundo no sólo dominaba el alemán, sino que se interesaba por la teoría literaria y lingüística más reciente, era la persona indicada para confiársela.

Más todavía: Alonso lo invitó a Vossler a viajar a la Argentina para dar conferencias en la Universidad de Buenos Aires. Vossler era el autor de una novedosa teoría de crítica literaria que se dio en llamar "estilística", que abogaba por estudiar las marcas de estilo que el autor dejaba en sus obras. Invitarlo era una apuesta fuerte para Alonso, puesto que redundaría en una mayor visibilidad social para su propio Instituto. En una sociedad como la porteña donde las conferencias solían siempre tener un muy abundante público, y más si eran dadas por extranjeros especialmente invitados, la visita de un erudito alemán, prácticamente desconocido en el país, ayudaría a conferirle todavía más prestigio al incipiente Instituto. Desde los años veinte, la Facultad de Filosofía y Letras se había lanzado a organizar conferencias de distintos profesores venidos del extranjero.[10] Ello, claro está, siempre que Vossler fuera capaz de ponerse al mismo nivel del público porteño y se mostrara dispuesto a responder a sus preguntas sin gestos altivos ni petulancia. La prueba fue sorteada con éxito, finalmente, puesto que se habló de Vossler en las principales revistas culturales, incluida *Sur*. Y en un gesto que fue muy bien recibido por la opinión local, el lingüista alemán tuvo la delicadeza de difundir en Europa, a su regreso, unos versos del *Martín Fierro* traducidos al alemán con la colaboración de Raimundo.[11]

Pero luego de la publicación de los dos primeros volúmenes, casi sucesivos, la colección perdió buena parte de su impulso inicial, y ya no publicaría sino pequeños cuadernos con trabajos menores. La preocupación por la estilística, de hecho, se fue desdibujando con el transcurso del tiempo. Tanto es así que el propio Alfonso Reyes le escribía en 1940 a Amado Alonso expresándole sus fuertes dudas en torno a Vossler. Reyes creía que en el fondo no había nada nuevo en eso que se daba por llamar estilística, puesto que no difería de los métodos críticos ya conocidos entre los hombres de letras:

10. Pablo Buchbinder, *Historia de la Facultad de Filosofía y Letras*, p. 111.

11. "Publicaciones", *Nosotros*, Nº 1, segunda serie, abril de 1936, pp. 113-114.

> Conozco estudios de estilística, pero me pregunto si no podría encontrar en alguna parte una definición concreta de este método crítico. Lo de Vossler por usted publicado y las explicaciones de los prólogos de usted me dan ideas en el aire. ¿No hay una definición, acompañada de enumeración de los principales problemas considerados? Lo que más me interesa es deslindar bien el concepto frente a los tradicionales métodos de crítica histórica y de crítica psicológica.[12]

De todas maneras, ya para entonces la estilística había dejado de estar en el centro de las preocupaciones de Alonso. Para 1940, eran sólo tres los títulos publicados por esta colección y no estaba claro si se iba a seguir adelante con ella. El hecho de que perdiera fuerza con el correr de los años no es sin embargo un signo de un estancamiento por parte el Instituto, sino más bien, de todo lo contrario: habla de una extraordinaria actividad en una nueva serie de tareas que se fue presentando con el correr de los años y que habría sido difíciles de imaginar en un principio. A lo largo de la década del treinta, el Instituto logró diversificar tanto el campo de su actividad que la colección ya no gravitará con la fuerza que había tenido al momento de su lanzamiento, en 1931-2. A medida que el Instituto crecía, el abanico se desplegaba cada vez más, y otras actividades habían venido a concitar sus esfuerzos.

Este crecimiento no fue el producto de una política universitaria que hubiera sido decidida deliberadamente por las autoridades de la Facultad. La Universidad de Buenos Aires en los años treinta no solía conferirles a sus institutos de investigación un presupuesto generoso: el Instituto de Clásicas no lo tuvo; tampoco el de Amado Alonso. No existía, por otra parte, ningún tipo de agencia estatal dedicada específicamente a la promoción científica y la investigación, por medio de subsidios o becas a la investigación. Los recursos eran a primera vista magros, sin empleados permanentes, en especial en los primeros tiempos; no obstante, no faltaron para el Instituto de Filología las oportunidades de conseguir trabajo para todos sus miembros. Incluso los asistentes técnicos que se encargaban de tareas burocráticas

12. Carta de Reyes a Alonso, México, 16 de agosto de 1940, en Marta Elena Venier, *Crónica parcial*..., p. 129.

gozaron de su respectiva remuneración. Y lo más importante: obtuvo cada vez más importantes cuotas de prestigio.

Claro que había que irlo a buscar por fuera de la propia institución universitaria. Esto es lo que marcaba la diferencia entre François y Alonso: el español participaba de infinidad de círculos sociales ajenos a la Universidad. De hecho, buena parte de la gestión cultural e intelectual de estos años tuvo sus centros más dinámicos por fuera de la Universidad. Lo más interesante estaba fuera de las aulas: así, por ejemplo, las clases que Pedro Henríquez Ureña daba en su propia casa para un pequeño círculo de fieles discípulos.[13] O las largas tertulias que una vez por semana compartían Henríquez Ureña, Francisco Romero y Alfonso Reyes, para discutir acerca de la cultura hispanoamericana.[14] El dominicano además dictaba cátedra en aquellos legendarios viajes en tren entre Buenos Aires y La Plata, que nunca se borrarían de la memoria del círculo de jóvenes que lo frecuentaban, como José Luis Romero o el propio Raimundo –todos ellos fueron profesores de la Universidad Nacional de La Plata–. La cátedra se salía de la solemnidad del claustro y en ello estribaba su éxito.

Y se continuaba en tertulias, veladas, banquetes y cenas. A veces, para agasajar a un visitante extranjero; otras, para despedir a los que viajaban al exterior. O para celebrar el lanzamiento de un libro o una revista. O, simplemente, por el placer de encontrarse a cenar. Luego de la partida de la Argentina de Alfonso Reyes, que había convertido a la Embajada de México en un muy activo centro de tertulias entre 1927 y 1930, la casa de Victoria Ocampo en San Isidro pasó a ocupar el corazón de la sociabilidad de los hombres de letras y de los intelectuales, en especial los días domingo. En los días de semana, la casa de Amado Alonso o la de Nieves Gonnet de Rinaldini no lo eran menos. Los encuentros entre Henríquez Ureña, Borges, Orfila Reynal, José Luis Romero, Ocampo, Alonso solían continuar incluso durante los meses de verano, ya sea en Villa Ocampo, en Mar del Plata, o en Punta del Este, donde los Alonso alquilaron una casita de verano en 1945.

13. Sonia Henríquez Ureña de Hlito, *Pedro Henríquez Ureña: Apuntes para una biografía*, México, Siglo XXI, 1994, p.114.

14. Carta de Francisco Romero a Alfonso Reyes, Martínez, mayo de 1955, en *Libro jubilar de Alfonso Reyes*, México, Universidad Nacional Autónoma de México, 1956, pp. 363-368.

Recuerda la hija de Henríquez Ureña que en esos años su casa era muy frecuentada. Vivían en la Plata, otra ciudad que también llegó a convertirse en un verdadero hervidero cultural:

> Mis padres recibían con mucha frecuencia y como en ese momento Buenos Aires era visitada por multitud de intelectuales de todas partes, muchos fueron invitados a nuestra casa. [...] En el verano de 1943 fuimos a Miramar los consabidos tres meses de vacaciones, aunque mi padre vino escasamente quince días. Otros quince los pasó en la casa de Victoria Ocampo en Mar del Plata, como otras veces. En ese momento me parecía natural.[15]

Pero con sus veintitantos años, María Rosa no participaba de este círculo de relaciones, al menos no con el grado de intimidad que suponía el hecho de compartir veladas y vacaciones. No podía tomar como cosa natural participar en este tipo de sociabilidad. Su relación con Alonso o con Henríquez Ureña, los más cercanos, se ciñó a las conversaciones mantenidas en la sede del Instituto de Filología, y no fuera de él. Este era su solo mundo; prácticamente no alternaba con ellos en tertulias de ningún tipo. El Instituto no permanecía aislado, de todas maneras. De hecho, por una temporada funcionó en una casa cedida por Victoria Ocampo, casi en la esquina de Florida y Viamonte (Florida 691). Y exactamente a la vuelta de ahí, en Viamonte 548, se encontraban las oficinas de *Sur*, al menos hasta mediados de 1942, cuando se mudaron a San Martín 689 –buena parte del tiempo, sin embargo, la cocina de la revista se encontraba en la casa de Victoria en San Isidro–. No obstante ello, y a pesar de la cercanía física, los contactos de María Rosa con Victoria Ocampo y su círculo fueron pocos; ella la trataba con admiración y respetuosa distancia. Muchos años después le escribiría a Victoria:

> Son pocas las veces que he estado junto a Ud. ante todo porque así lo ha querido el Azar que mueve el sol y las estrellas [...] y, por último, porque Ud. (con Jorge Luis Borges) me reducen con su sola presencia a la afasia instantánea y total. Ante Uds., que me

15. Sonia Henríquez Ureña de Hlito, *Pedro Henríquez Ureña*..., p.145-148.

> inspiran la admiración más afectuosa y el sentimiento de mi propia pequeñez, vuelvo a reaccionar como en la adolescencia.[16]

La relación más cercana e intensa la tuvo con Alonso, por quien María Rosa se dejó fascinar, a tal punto que llegaría a despertar algún dejo de aprensión en Yakov Malkiel, quien fuera su marido a partir de 1947. El supo desde un comienzo de la exaltación con la que ella era capaz de referirse a quien toda su vida consideraría "su Maestro", un verdadero doctor, *quia docet*, según decía.[17] Ella misma habló de su veneración por él en una carta anterior a su boda:

> Yo, que cuento como mi mejor lance de fortuna haber dado con el Doctor Alonso, sé lo que es venerar a un maestro, y hablarle con el alma de rodillas, por bondadoso y campechano que sea. Para el caso del Dr. Alonso, cristiano viejo y buen católico, siempre recuerdo aquella bellísima explicación del Talmud –no la tengo a mano, V. rectificará mi mala memoria– de que Dios no aniquila el mundo con todos los paganos que le niegan, sólo por treinta sabios que hay entre ellos: el primero, mi Doctor Amado, que Dios bendiga.[18]

Su "maestro" la acogió en el Instituto sin presionarla para que modificara sus temas de investigación por los que sentía su mayor afición: la literatura grecolatina. Una humanista de formación clásica también podía ser útil allí y era preferible no forzarla en un comienzo. Así sus publicaciones más importantes de esos años, cuando ya había ingresado al Instituto de Alonso, se mantienen en los temas clásicos: una colaboración en *Sur*, dos más en el *Boletín de la Academia Argentina de Letras* y un artículo para *Cursos y Conferencias*, todas ellas de alrededor de 1937.[19] Solo hacia 1939 se advierte

16. Carta de María Rosa Lida a Victoria Ocampo, Berkeley, 27 de abril 1962, en *Testimonios sobre Victoria Ocampo*, Buenos Aires, Lafleur, 1962, p. 197.

17. María Rosa Lida, "Introducción", *Bibliografía de Amado Alonso. Homenaje de sus discípulos*, Buenos Aires, 1946.

18. Carta de María Rosa Lida a Yakov Malkiel, Cambridge, 27 de noviembre de 1947, *MA*, Folder 26, Carton 19.

19. María Rosa Lida, "Helena en los poemas homéricos", *Cursos y Conferencias*, Vol. IX, mayo de 1937, pp. 113-140; "El mito de Helena", *Sur*, 39, diciembre de 1937,

un viraje hacia temas más propiamente españoles. A comienzos de ese año comenzaba a publicarse la *Revista de Filología Hispánica*, del Instituto. Fue para Alonso una apuesta importante. A partir de aquí se verifica un giro, que se dio paulatinamente: María Rosa ingresó a la literatura española medieval y del Renacimiento a través de los temas y motivos literarios grecolatinos. Así lo revelan sus primeros trabajos de esos años de transición, donde prevalece la idea de filiar influencias entre una y otra literatura.[20] Solo se trataba de seguir la línea que unía al clasicismo con el Renacimiento, en especial el español.

Hizo un intento más osado todavía con este tipo de análisis genealógico acerca de los motivos literarios heredados de la Antigüedad. En su libro *El cuento popular hispano-americano y la literatura* (Buenos Aires, 1941) extendió aquella línea hacia temas más contemporáneos, como ser la literatura popular y el folklore rural argentino. La preocupación por la literatura autóctona argentina estaba muy en boga bajo el influjo del revisionismo histórico. El Instituto de Filología, por su parte, nunca descuidó la preocupación por la lengua y el habla regionales. En este contexto, ella vio la posibilidad de trazar ese tipo de filiaciones a través de los motivos populares. Al fin y al cabo, la tradición oral era tan importante para la literatura clásica como para el folklore argentino, y a partir de ahí se podían intentar establecer algunos paralelismos entre Virgilio, Cervantes, una copla popular rioplatense muy conocida ("De las aves que vuelan / me gusta el chancho") y algunas fábulas que circulaban en verso acerca de Facundo Quiroga en la cultura popular. Pero Alonso no alentó mayormente esta línea de investigación, y de hecho su libro se publicó a través del Instituto de Cultura Latinoamericana de la Facultad, es decir, por fuera del Instituto de Filología.

Según el retrato que de ella hiciera Raimundo unos años después de su fallecimiento, había en su afición por el clasicismo algo que era mucho

pp. 65-75; "La mujer ante el lenguaje. Algunas opiniones de la Antigüedad y del Renacimiento", *Boletín de la Academia Argentina de Letras* (*BAAL*), 18, abril-junio 1937, pp. 237-248; "Las imágenes de la cámara maravillosa (*Historia Troyana*)", *BAAL*, 25-26, enero-junio 1939, pp. 173-185.

20. María Rosa Lida, "El ruiseñor de las *Geórgicas* y su influencia en la lírica española de la Edad de Oro", *Volkstum und Kultur der Romanen*, Hamburgo, XI, 1938, pp. 290-305; "Transmisión y recreación de temas grecolatinos en la poesía lírica española", *Revista de Filología Hispánica* (*RFH*), I, 1939, pp. 20-63.

más que una inclinación meramente intelectual puesto que, al fin y al cabo María Rosa era, también, un producto histórico del tiempo en que le había tocado vivir. Su predilección por los modelos griegos se explicará pues porque ellos eran capaces de ofrecer una seguridad y un equilibrio que María Rosa no pudo hallar en ninguna otra manifestación cultural del muy convulso siglo XX:

> María Rosa, helenista. No es azar que con tanta frecuencia acudiese a su pluma, y a su conversación, el contraste entre el sentir clásico y el moderno. Había una tensa, alarmada protesta contra las seducciones –tan siglo XX– del irracionalismo fácil, de la pereza mental (y las inmoralidades y crueldades que suelen acompañarla), del arte confuso e informe. Había una constante y a veces combativa adhesión a valores intelectuales tan a menudo despreciados. [...] Pero eran las formas haraganas de la literatura moderna las que hacían a María Rosa invocar en primer término el modelo griego –congruencia, reflexiva construcción unitaria–; contra tanta declamación y desahogo neorrománticos, palabreros y caóticos, subrayaba la sobriedad de aquella literatura de esencias.[21]

En el corazón de sus aficiones como helenista, se revelará no solo su búsqueda de modelos que reflejen el orden y las jerarquías clásicas, en neto contraste con las tendencias sociales y artísticas del siglo XX; sino además, se podrá advertir desde sus primeros escritos de los años treinta una de sus inquietudes más visibles: el papel de la mujer en la literatura clásica y, por añadidura, en el Renacimiento y en la tradición humanista en general. A trasluz de sus trabajos en torno a clásicos personajes femeninos se puede leer una preocupación de fondo en torno a la libertad de la que goza la mujer para dedicarse a quehaceres intelectuales.[22] Los personajes femeninos, de hecho, la atraen intensamente: Helena, Dido, Safo. Tenía especial

21. Raimundo Lida, "Prefacio para la segunda edición", María Rosa Lida, *Introducción al teatro de Sófocles*, Buenos Aires, Paidós, 1971, p. 8.

22. En este sentido: María Rosa Lida, "La mujer ante el lenguaje", *Boletín de la Academia Argentina de Letras*, T. 5, N° 18, 1937, pp. 237-248; "Dido y su defensa en la literatura española", *Revista de Filología Hispánica*, IV, 1942, pp. 209-252 y 313-382; "El mito de Helena", *Sur*, N° 39, diciembre 1937, pp. 65-75.

predilección por la segunda; la ópera *Dido y Eneas* de Henry Purcell estuvo más de una vez en cartel en Buenos Aires y María Rosa conservó entre sus papeles el programa de alguna de estas representaciones.[23]

De esta serie de escritos en que la mujer ocupa un papel central, el que mayor difusión alcanzó fue un breve artículo sobre el motivo literario de la abeja en la literatura clásica y del Renacimiento: metáfora de Cupido, aludía a la abeja que picaba de flor en flor, a veces incluso equivocándose.[24] Por su contenido romántico y su carácter bucólico, Amado Alonso lo consideró apropiado para su presentación en su programa de radio "Hombres de hoy" en *El Mundo*, que se emitía los domingos a las 11 de la mañana. Por él circularon figuras reputadas del mundo intelectual de entonces: Francisco Romero, Pedro Henríquez Ureña, Carlos Vaz Ferreira, Eleuterio Tiscornia, Jorge Luis Borges y Ricardo Molinari, entre otros (los dos últimos tuvieron a su cargo la recitación de poemas). En esa audición, Alonso la presentó a María Rosa como "la primera humanista que ha producido la América española".[25] Era la primera vez que invitaba una mujer a su programa. Puede argüirse que fue verdaderamente todo un logro de Alonso hacer que María Rosa, a pesar de lo erudito de sus estudios y lo clásico de sus temas, pudiera salir a la luz por fuera de los circuitos especializados de publicación, los únicos a los que ella se asomó en un principio, tanto en la Argentina como en el exterior.[26]

Esta versatilidad es un reflejo del modo en que se trabajaba en el Instituto de Filología en los años de Alonso. De hecho, Alonso no solo impulsó la publicación de series de obras especializadas, que reflejaban la labor

23. Yakov Malkiel, "Cómo trabajaba María Rosa de Malkiel", *Homenaje al profesor Rodríguez Moñino*, Madrid, Castalia, 1966.

24. Se trata del artículo de María Rosa Lida, "Abejas del Mediterráneo", *Letras. Boletín del Círculo de Profesores de Castellano y Literatura Arnoldo C. Crivelli*, Buenos Aires, año 1, Nº 2, enero-marzo de 1944, pp. 3-14.

25. "Text of Amado Alonso' Introduction", *Romance Philology*, Vol. XVII, N° 2, november 1963, p. 524. Sobre este programa, véase "Nosotros y el cinematógrafo, el teatro y la radio", *Letras. Boletín del Círculo de Profesores de Castellano y Literatura Arnoldo C. Crivelli*, Buenos Aires, año 1, Nº 2, enero- marzo de 1944, p. 60.

26. En el exterior, colaboró asiduamente con la revista *Repertorio Americano*, de San José de Costa Rica y también con la *Revista Cubana*, con artículos reseñas y traducciones.

de sus miembros; su influencia se extendió a un público no especializado, incluso masivo, a través emprendimientos culturales que sacarían provecho del crecimiento editorial de Buenos Aires, en especial, en la segunda mitad de la década de 1930. A través de su contacto con las principales casas editoriales de esos años, permitió que su Instituto se convirtiera en un semillero de escritores capaces de prologar obras clásicas, realizar traducciones y ediciones críticas de textos literarios, tanto antiguos como modernos.

Claro que el Instituto también se encargaba muchas veces del trabajo editorial más pedestre, desde las traducciones más sencillas hasta la corrección de pruebas. Amado Alonso repartía a sus "filologuesnos" infinidad de tareas editoriales, a veces no las más estimulantes para investigadores que deploraban el trabajo técnico, por más que la paga fuera buena. Y no solo les daba estas changas a los estudiantes que apenas se estaban iniciando en su formación –esto no sería lo grave–. Sino que al propio Henríquez Ureña le tocó más de una vez la tarea, que estaba lejos de resultar gratificante, de trabajar en correcciones de estilo de un sinnúmero de pruebas de imprenta. Esto opacó por momentos al Instituto, en especial, a los ojos de quienes lo conocían muy bien en su día a día y podían mirarlo con algo de ojo crítico. Pero de ninguna manera podría sumársela a María Rosa al concierto de las voces críticas. Ella no percibió ningún dejo sombrío sino que, por el contrario creía que el Instituto conservaba intacto su prestigio, incluso a nivel internacional. El lanzamiento de la revista a partir de 1939 de hecho la confirmó en su optimismo.

El Instituto, pues, no solo fue un centro dinámico de investigación, de producción erudita y especializada, sino que –lo más notable– logró construir estrechos vínculos con la industria editorial de masas, a la que asesoraba con frecuencia, y más cuando esta lanzó al mercado sus nuevas colecciones de alta calidad. El libro barato de Buenos Aires contaría ahora con una producción editorial de primer nivel, con títulos, traducciones y prólogos eruditos avalados por uno de los institutos de investigación más prolíficos y reputados de la Universidad.

En este contexto cobran su cabal sentido las contribuciones a la industria editorial de aquella María Rosa Lida helenista, sin duda la de mayor visibilidad pública. Era todo un desafío intentar convertir en *best seller* a las obras de Horacio, Virgilio, Plutarco, Sófocles y Juan Ruiz; solo una editorial de la talla de Losada estuvo dispuesta a arriesgarse a ello. Tanto los prólogos a *La Eneida* (Losada, 1938), a las *Odas y epodos* de

Horacio (Losada, 1939) y a sus *Sátiras y epístolas* (Losada, 1940), como su *Introducción al teatro de Sófocles* (Losada, 1944) y su selección del *Libro de buen amor* (Losada, 1941), todos ellos a cargo de María Rosa, como la edición de las *Vidas paralelas* de Plutarco (Losada, 1939) a cargo de Pedro Henríquez Ureña, pero con algunos fragmentos traducidos por María Rosa, fueron muestras cabales del fuerte entrelazamiento que el Instituto llegó a tener con la industria editorial. Para Losada, y por encargo de Alonso, claro está, María Rosa se ocupó, también, de revisar las pruebas de imprenta del libro *Poesía junta*, de Pedro Salinas. A diferencia de Henríquez Ureña, ella realizó sin reservas la tarea de revisar pruebas; incluso puede sospecharse que la disfrutó.[27] Entre sus contribuciones con la gran industria editorial, tan sólo resta mencionar su traducción y estudio preliminar de Heródoto, *Los nueve libros de la historia* (Clásicos Jackson, 1949) y la colaboración con breves fragmentos traducidos de textos clásicos en griego o latín para distintas publicaciones a cargo de otras personas cercanas al Instituto –en este sentido, colaboró con Henríquez Ureña más de una vez–. Quedó en el tintero sin embargo la traducción de *La ciudad antigua* de Fustel de Coulanges en la que María Rosa trabajó por encargo de Losada hacia 1940, pero que finalmente no se publicó; habría sido una de sus traducciones más preciadas.[28]

Pero la más popular de todas sus intervenciones en la industria editorial fue sin duda su traducción de la novela *Cumbres borrascosas* de Emily Brontë, publicada por Editorial Sudamericana (1938), que ha sido reeditada infinidad de veces, incluso hasta el día de hoy. Su prestigio como traductora había llegado tan lejos que adquiría peso propio, por fuera del Instituto de Filología. No obstante, el éxito de esta edición –rápido *best seller* del que se editaría una tercera edición ya en 1940– fue capitalizado más por la autora de su prólogo, la propia Victoria Ocampo, que por la labor de la traductora. Victoria publicitó el libro largamente en *Sur*, poniendo de relieve, ante todo, su propia participación en el libro.

El principal mérito de las ediciones populares en las que trabajó María Rosa consistió en alcanzar una meta poco frecuente, en especial,

27. María Rosa Lida de Malkiel, "Mis tres encuentros con Pedro Salinas", *Buenos Aires Literaria*, N° 13, octubre de 1958, pp. 97-103.

28. Carta de Yakov Malkiel a Emilio Lida, 18 de junio de 1974, *MA*, 9/21.

en la publicación de textos de la antigüedad clásica: fueron juzgadas igualmente válidas tanto para un lector especializado que podría leerlas con confianza en una edición barata, como para el novato que se aproximaba por primera vez a ellas. Estas ediciones, que en nada se parecen a las que lanzó la editorial Gredos en los años cincuenta, llegaron a España, naturalmente, y fueron largamente elogiadas por el propio Menéndez Pidal. Claro que para el especialista, María Rosa publicaría, además, una larga serie de artículos en la revista del Instituto, que comentaban en detalle aspectos presentados apenas someramente en sus prólogos para las ediciones populares. Así, pues, el trabajo de María Rosa quedaba sólidamente articulado, abarcando al mismo tiempo al lector novato y al académico.

Este simultáneo esfuerzo por llegar tanto a un público erudito como a otro masivo y no tan cultivado era fruto del tipo de orientación que Amado Alonso le imprimió a su Instituto y a sus discípulos, y del sesgo específico que le daba a su trabajo en la Argentina. Su presencia hoy diríamos mediática, que él no despreciaba por ir destinada al "vulgo", sino que por el contrario la veía como una oportunidad sin límites para elevar el nivel cultural de las masas, respondía a una compleja comprensión de las transformaciones sociales que había vivido la Argentina en el período de entreguerras, y la centralidad que la lengua y, por consiguiente, los lingüistas tenían (o debían tener) en una sociedad que él comenzó por entonces a definir como *de aluvión*. Esta misma idea, pero desde una perspectiva sociohistórica, fue utilizada más tarde por José Luis Romero para explicar las transformaciones sociales del período.[29] Ya en 1935 Alonso escribía:

> El tema del purismo [en la lengua] es aquí de permanente actualidad. Como la lengua de Buenos Aires está empobrecida e insegura, *entre otras cosas a causa del monstruoso crecimiento de la ciudad por aluvión*, a los preceptores les falta a menudo el punto social de referencia para los casos dudosos. La tradición oral de lengua culta

29. José Luis Romero, *Las ideas políticas en la* Argentina, varias ediciones. Sobre su significación para la historiografía argentina, Carlos Altamirano, "José Luis Romero y la idea de la Argentina aluvial", *Prismas. Revista de historia intelectual*, 5 (2001); Omar Acha, *La trama profunda. Historia y vida en José Luis Romero*, Buenos Aires, 2005.

está desmenuzada y casi pulverizada entre los dos millones de porteños nuevos.[30]

La inmigración de masas traía consigo el riesgo de que la lengua culta quedara erosionada por el habla popular. La rápida transformación social amenazaba con subvertir –entre otras cosas– los cánones y las jerarquías del buen decir. El aluvión inmigratorio, junto con la notable expansión que estaba teniendo la cultura de masas, tornaban necesaria –creía Alonso– la intervención de los lingüistas a fin de imprimirle a la diversidad de las hablas populares una misma orientación culta. Esta preocupación ya se estaba generalizando entre los profesores de lengua y los lingüistas que tenían algo de eco en la opinión pública. Así, por ejemplo, el caso del profesor José Cantarell Dart que, a raíz de la publicación de su libro *Defendamos nuestro hermoso idioma* (Librería Jesús Menéndez, 1937), habló en diferentes audiciones de Radio Mitre y Radio Mayo sobre problemas lingüísticos.[31] La cuestión también encontró eco en la prensa, ya sea a través de la columna editorial de la revista *Criterio* a cargo de monseñor Gustavo Franceschi, a la sazón, miembro fundador de la Academia Argentina de Letras, como en diversos artículos de Amado Alonso publicados *La Nación*, luego compilados en su libro *La Argentina y la nivelación del idioma*, de 1943. Alonso apelaba a que la Academia Argentina de Letras cumpliera una tarea tutelar que juzgaba imprescindible, y más considerando la relevancia que la industria editorial argentina había alcanzado en Hispanoamérica.

No desdeñó, tampoco, la colaboración con el Estado. Consultado por el Ministerio de Instrucción Pública, participó junto con Henríquez Ureña y Gregorio Halperín de una comisión que tendría por tarea la confección de los nuevos programas para la enseñanza de la lengua. El resultado de estos contactos fue que el gobierno de Justo resolvió convertir en texto obligatorio para la enseñanza secundaria la gramática de Alonso y Henríquez Ureña.[32]

30. Amado Alonso, "El problema argentino de la lengua", en *El problema de la lengua en América*, Madrid, Espasa-Calpe, 1935, p. 41.

31. El libro lo reseñó Roberto Giusti en *Nosotros*, N° 23, febrero de 1938, p. 234.

32. Amado Alonso, "Para la historia de la enseñanza del idioma en la Argentina", *La Argentina y la nivelación del idioma*, Buenos Aires, 1943. Al respecto, véase: Gustavo Bombini, "Reforma curricular y polémica: Amado Alonso y los programas de nivel

Había otras opciones que el gobierno argentino hubiera podido elegir en los años treinta. El taller tipográfico católico de los salesianos había publicado en 1931 la primera edición del libro *El habla de mi tierra* del sacerdote Rodolfo Ragucci, un libro con ilustraciones que vio multiplicarse exponencialmente sus ediciones a partir de 1943, cuando se implementó la enseñanza religiosa obligatoria en toda la Argentina y la Iglesia ganó crecientes espacios en la política educativa nacional. Ragucci contaba además, ya para fines de los años treinta, con una columna permanente denominada "El buen decir" en *El Pueblo*, el diario católico de Buenos Aires. Como ha señalado el historiador Loris Zanatta, el "mito de la nación católica" estaba por entonces en boga, y desde una concepción netamente esencialista y sin ambages se afirmaba que la nación entera era homogéneamente católica.[33] La moral, los valores, las costumbres y los estilos de vida de la sociedad argentina debían ser regenerados –se creía– de acuerdo con patrones católicos, por demás integristas y militantes. La lengua no quedaría tampoco al margen de esta intervención. Ya desde la década de 1930, monseñor Gustavo Franceschi solía abogar por la corrección lingüística, estrechamente relacionada desde su perspectiva con la moral y las buenas costumbres; asimismo, vinculaba de manera lineal la degradación en el uso del lenguaje con la desviación de los valores morales tradicionales. Baste como ejemplo de ello una rápida muestra del modo en que Franceschi reflexionaba por esos años en torno al lenguaje del tango, al que consideraba espurio y degradado:

> Su letra, mezcolanza repugnante de caló truhanesco, de jerga influenciada por los *argots* extranjeros y de inmundicia. No hay un paisano legítimo, desde los confines de la Pampa hasta las fronteras de Jujuy, que entienda esa manera de expresarse que tanto por su vocabulario como por su sintaxis está en plena contradicción con la verdadera habla criolla.[34]

secundario en la Argentina", *Cauce. Revista de Filología y su didáctica*, N° 18-19, 1995-1996, pp. 215-224.

33. Loris Zanatta, *Del estado liberal a la nación católica*, Universidad Nacional de Quilmes, 1996.

34. Gustavo Franceschi, "Patria y tradición", *Criterio*, 28 de junio de 1934.

Pero la propuesta lingüística del catolicismo de la época no llegó a competir en la década del treinta con el prestigio intelectual de Amado Alonso y Henríquez Ureña. De hecho, el gobierno de Justo se inclinó, más bien, por la gramática de los lingüistas profesionales: en la decisión prevaleció el profesionalismo de sus autores y no la relación relativamente amigable que el gobierno tenía con la Iglesia Católica.[35] Así, el Instituto de Filología vio trepar a las nubes su prestigio.

No solo la educación o los libros de texto; todas las industrias culturales argentinas, en especial las de exportación, podían ser objeto de intervención por parte del Instituto de Filología. El universo para la actuación del lingüista profesional no se circunscribía al claustro universitario, sino que se extendía a la totalidad de la cultura de masas, entendida esta en su más extensa y cabal expresión. Todas las industrias culturales argentinas, y en especial las de exportación, podían ser objeto de intervención por parte de los lingüistas del Instituto de Filología: entre ellas, la industria editorial y el cine, ambas de crecimiento exponencial a fines de los años treinta. Esta es la principal enseñanza que le dejaría a Amado Alonso la vida en Buenos Aires. La intervención del lingüista debía ser considerada de primera importancia, puesto que se encargaba de velar por el uso que se hacía del lenguaje en cada una de estas industrias. No podía improvisarse el uso de la lengua, y menos que menos en las de exportación. Era necesario, pues, lograr que las películas y los libros argentinos se despojaran de localismos y resultaran fácilmente comprensibles en todo el continente de habla hispana: de eso se trataba la necesidad de llevar a cabo una "nivelación" en el idioma, la principal propuesta lingüística que Alonso elaboró para la Argentina. De este modo, la ampliación del mercado podría alcanzar con seguridad un vasto público latinoamericano. En 1940 en una serie de artículos publicados en *La Nación* –y adviértase otra vez la fuerte presencia que Alonso tenía en la opinión pública– escribía:

> Podemos aceptar como un hecho de nuestra historia inmediatamente venidera que la Argentina va a tener la responsabilidad de

35. Mabel V. Manacorda de Rosetti, "Amado Alonso y el programa de castellano en la Argentina en 1936: una revolución copernicana", *Cauce. Revista de filología y su didáctica*, N° 18-19 (1995-6), pp. 417-433.

> llegar con su literatura, y con los libros ajenos escritos para ella, con sus películas y con el lenguaje del aire, a todos los rincones de América y cuando Dios quiera, también a las librerías españolas.[36]

Al lingüista le tocaba la responsabilidad de asesorar a las crecientes industrias culturales argentinas, para su expansión internacional. Debía para ello ser capaz de insertarse plenamente en la sociedad de la que forma parte. El académico debe tener conciencia histórica y social del mundo en el que actúa, y reflejar los múltiples usos de la lengua tal cual esta es hablada por la gente, más allá de si se ajustan o no al canon establecido:

> Al lingüista, como historiador de la lengua, le importa explicarse tanto las acciones faustas como las infaustas; su límite natural no está en lo que *debe ser* (según las ideas de un legislador del idioma) sino en lo que realmente *ha sido* y *es*.[37]

Estas ideas acerca de la conciencia social e histórica del lingüista y su compromiso con la sociedad de su tiempo a través de su intervención pública no habrían podido desarrollarse del modo en que lo hicieron sino en esa Buenos Aires tan pujante en lo que a la cultura de masas respecta, gracias al notable incremento de la producción editorial, del cine y de la radio. La preocupación por la intervención pública del lingüista en pos de una "nivelación" y unificación en el idioma, necesidad tanto más urgente en tiempos de masificación, fue un producto de la impresionante ampliación del mercado cultural. Le ofrecía al lingüista un campo de acción, y a la vez una fuente de trabajo, que parecía a primera vista sin límites. En un momento en que la Argentina, según las propias palabras de Alonso, "va a intervenir desde ahora en los destinos generales de la lengua de veinte naciones",[38] no tenía

36. "Las academias y la unificación del idioma" (artículo publicado en *La Nación* el 18 de agosto de 1940), en *La Argentina y la nivelación del idioma*, Buenos Aires, Institución Cultural Española, 1943, p. 57. Véase además el capítulo titulado "El periodismo, la radio y el cinematógrafo", p. 47 y ss.

37. Amado Alonso, "Intereses filológicos e intereses académicos en el estudio de la lengua", *La Argentina y la nivelación del idioma*, p. 73.

38. Amado Alonso, "La Argentina en la dirección inmediata del idioma", en *La Argentina y la nivelación del idioma*, p. 19.

ya ningún sentido atenerse a una concepción meramente nacionalista de la lengua:

> En los libros argentinos ponemos nuestra mayor confianza para cooperar dignamente en la incesante formación de la lengua general. Ellos son nuestro instrumento de mayor alcance, porque se desparraman por toda la América y se desparramarán en su día por España; y ellos son también los mejores medios de influencia [...]. Pero, junto a los libros, están ya funcionando otros instrumentos de influencia en la lengua general, cada uno a su manera [...]. Si vamos a ellos con libros, revistas y diarios de lenguaje descuidado; si vamos con obras de apresuramiento en las que las imperfecciones de la forma puedan interpretarse como debidas a desmaña o a irresponsable petulancia y no a la impaciente fuerza de la creación literaria, la suspicacia se agravará. Si les ofrecemos en cambio libros de verdadero arte literario, libros de pensamiento maduro, de forma pensada, construcciones de arte tanto en el material idiomático como en el contenido, entonces se ablandará la suspicacia, y se hará mayor y más benéfica la influencia nuestra en la marcha del español general.[39]

La María Rosa de estos años, al menos la que el público llegó a conocer a través de sus libros, debe ser comprendida dentro de este marco. A instancias de su "maestro" publicaba textos eruditos en el seno del Instituto, realizaba rigurosos prólogos y traducciones de obras clásicas, destinadas a la industria editorial masiva, y tímidamente se acercó por primera vez –y sospechamos que única, al menos en Buenos Aires, dado que no contamos con ninguna evidencia ulterior de que hubiera repetido la experiencia– a un micrófono de radio. Únicamente la influencia de Amado Alonso sobre una discípula que quería ser ejemplar logró conducirla a realizar tareas a las que ya nunca más volvería en el transcurso de su vida norteamericana. En Estados Unidos lograría desarrollar una vida académica que incluyó cierto número de cursos dictados en diferentes universidades de todo el país,

39. Amado Alonso, "El periodismo, la radio y el cinematógrafo", en *La Argentina y la nivelación del idioma*, pp. 47-50.

conferencias, participaciones en congresos, publicaciones especializadas y libros eruditos. Solo el influjo de su "maestro" había logrado hacerla incursionar en esa dirección, pero ella ya no continuaría *de motu proprio* por esa vía. Ya no tuvo más intervenciones para un público de masas. De hecho, sus publicaciones por la editorial Eudeba en sus dorados años sesenta, y la reedición de sus obras en colecciones populares que llegaron incluso a venderse en los kioscos, fueron realizadas *post mortem* gracias a la buena relación que Emilio Lida tuvo con Boris Spivacow.[40] El "paraíso perdido" que María Rosa dejó en Buenos Aires al partir en 1947 –fue ésta la expresión con la que en su correspondencia se refiere a sus vivencias de Buenos Aires–[41] fue en buena medida el producto del ritmo febril que Amado Alonso supo imprimirle al Instituto en los años treinta, con una vorágine de actividades intra y extra académicas sin par. Claro que indirectamente recogían el fruto de la efervescencia que vivió toda la cultura porteña en esos años.

Pero podemos todavía hurgar más allá de esta fachada pública de la María Rosa helenista, sin duda la más conocida y la que le confirió todo su prestigio de erudita humanista. Por detrás, hubo otra que ella prefirió conservar para sí, sin darle ningún tipo de visibilidad social. De hecho, su inclinación por temas de la tradición y la cultura judías tan sólo salió a la luz de manera póstuma. Databa, sin embargo, de mucho tiempo atrás. Corrían los años de la Segunda Guerra Mundial y el Holocausto despertaba la sensibilidad de la familia Lida –de los hermanos Emilio y María Rosa en particular–. Emilio, en efecto, hizo generosas contribuciones en dinero para la fundación del Estado de Israel. María Rosa, por su parte, se dedicó entre los años 1939 y 1943 a estudiar los textos clásicos de la antigüedad judía escritos por Flavio Josefo en el siglo I. La antigüedad, y más todavía, la judía, la atraían. Hizo a solas estos estudios y escribió sus ensayos en varios cuadernos manuscritos, que permitieron muchos años después su edición póstuma.[42] En

40. Un perfil de Spivacow y su gestión en Eudeba en Beatriz Sarlo, "Más libros para más", Revista *Viva* de *Clarín*, 2 de abril de 2006.

41. La expresión la usa Yakov Malkiel en carta a María Rosa Lida, 9 de diciembre de 1947, *MA*, 21/19.

42. Los textos de María Rosa Lida de Malkiel sobre temas judíos son: *Jerusalén. El tema literario de su cerco y destrucción por los romanos*, Universidad de Buenos Aires, Instituto de Filología, 1973; *Herodes: su persona, reinado y dinastía*, Madrid, Castalia, 1977; "Las sectas judías y los 'procuradores' romanos. En torno a Josefo y su influjo

Buenos Aires, tan solo se publicaron algunos escritos en la revista *Davar*, que entonces dirigía Bernardo Verbitsky en la Sociedad Hebraica Argentina, e incluso algunos de ellos han sido también póstumos.[43]

Las razones de por qué María Rosa, que había dedicado grandes esfuerzos a analizar las obras de Flavio Josefo, terminó por hacer su tesis de doctorado en torno a Juan de Mena, poeta del prerrenacimiento español y tema sin duda más afín a los del Instituto de Filología, nunca las expresó claramente. No obstante, es evidente que el contexto no la ayudaba. Los años de la Segunda Guerra no eran precisamente los más apropiados para dedicarse a estudiar temas de la historia y la tradición judías. La opinión pública porteña se polarizó fuertemente a raíz de la guerra, y no faltaron en ella las voces que expresaban su simpatía por el Eje, en especial, durante los primeros años, cuando el nazismo parecía capaz de arrasar Europa, sin ningún tipo de freno. Profesora desde 1938 en la Escuela Normal N°3 y en el Instituto Nacional del Profesorado Secundario a partir de 1941, percibía que en el ambiente se dejaba sentir un cierto antisemitismo:

> Me entregué a la investigación [de doctorado] cuando terminaba la guerra española: porque no sé cómo fue, pero así fue que las niñas judías del Liceo en que yo trabajaba eran las culpables de todo. Me enfrasqué persiguiendo ruiseñores en los bosques de Rivadeneyra para no ver todo el odio que había a mi lado, y así he seguido. Mis hijos predilectos, Dido y Sófocles, han nacido en momentos angustiosos para mí.[44]

La sensación de angustia se agravó cuando en 1944 debió asistir, de rigor, a un acto público en la Avenida 9 de Julio, al que la convocaron como profesora del Instituto del Profesorado, que se encontraba

---

sobre la literatura española", *Hispanic Review*, Vol. 39, N° 2, abril 1971, pp. 183-213; "Las infancias de Moisés y otros tres estudios: en torno al influjo de Josefo en la literatura española", *Romance Philology*, Vol. 32, N° 4, mayo de 1970, pp. 412-448.

43. Sus publicaciones en *Davar* son: "Del judaísmo español: Yosef ben Meir Ibn Zabara", N° 36, octubre de 1951, pp. 5-17; "Cartas judías", N° 50, abril de 1954, pp. 91-120; "Dos opúsculos inéditos", N° 99, noviembre 1963, pp. 70-77.

44. Carta de María Rosa Lida a Yakov Malkiel, Buenos Aires, 13 de noviembre de 1947, *MA*, Folder 26, Carton 19.

intervenido por entonces bajo la autoridad del recalcitrante Jordán Bruno Genta –el gobierno militar instaurado en 1943 colocó la mayor parte de las instituciones educativas bajo la batuta de los sectores nacionalistas, e incluso católicos, muchos de ellos simpatizantes del Eje–. Se habría tratado de una misa con motivo la celebración del décimo aniversario del XXXII Congreso Eucarístico Internacional de diez años atrás. La escena que le tocó vivir fue angustiante, según refiere una anécdota que recuerda Tulio Halperin Donghi, cuya madre Renata Donghi de Halperin era por esas fechas muy amiga de María Rosa. Uno de los monseñores habría dicho en ese gran acto masivo "esta Plaza estará manchada de sangre", haciendo referencia a la cruzada anticomunista en la que la Iglesia se había embarcado desde la década del treinta. Automáticamente, María Rosa se echó a llorar.

Al año siguiente, en la escuela normal en la que trabajaba, fue designada como oradora para el acto escolar del 17 de agosto en honor a San Martín y debió dar un discurso encomiástico, como se acostumbraba en este tipo de ocasiones. Pero la atmósfera continuaba espesa y ella no tuvo ningún motivo por el cual enorgullecerse de aquel discurso de circunstancias. Muchos años después de su fallecimiento, cuando sus hermanos y su marido revisaron todos sus manuscritos para su eventual publicación, consideraron conveniente no dar a luz este texto gestado a la luz de una situación política por demás tensa –fue Raimundo quien opuso los mayores reparos–.

En cambio, donde nunca percibió ni el menor atisbo de antisemitismo fue en el Instituto de Filología. Todo lo contrario: cuando Alonso debió abandonar la Argentina en 1947, se "le enrostró como máxima acusación el haber formado un instituto de extranjeros (léase de 'judíos')", afirma María Rosa en carta a Malkiel (eran judíos, en efecto, Ángel Rosenblat y Frida Weber de Kurlat, amén de los hermanos Lida). En este sentido, ella nada tenía para reprocharle:

> En fin: si día llegará en que diez gentiles se asgan de la falda de un judío para salvarse (Zacarías, VIII, 23), nosotros, los alumnos judíos del Dr. Amado –y en particular las doncellitas que le amamos, para hablar como fray Luis– reuniremos nuestras faldas para llevarle con toda comodidad, como en hamaca paraguaya y depositarle delicadamente en el regazo del Justo de Israel.

Lejos de cualquier tipo de prejuicio, Amado Alonso incluso alentó a María Rosa a publicar en la *Revista de Filología Hispánica* un artículo sobre el cual ella misma vacilaba, puesto que tocaba la cuestión judía. Temía que eso fuera mal visto. Con este trabajo daba sus primeros pasos en el estudio de las raíces judías de la literatura española, un tema delicado para los tiempos que corrían. En 1941, el nazismo estaba en su mejor momento de la guerra europea y en España, Franco ya se encontraba plenamente instalado en el poder. Continúa la misma carta:

> Cuando le presenté mi nota biográfica sobre Juan de Mena, me apresuré a advertirle que se podría publicar en cualquier revista fuera de la Argentina donde la palabra "judío" era malsonante y un estudio de ese tipo podría comprometerle. Me miró sin comprender ni responder palabra, y lo guardó para nuestra *Revista*. Y no por filosemitismo sentimental à la Cansinos Assens [autor de *España y los judíos españoles* (1920), además de amigo de César Tiempo (Israel Zeitlin)], no por favor personal, sino porque es el hombre que más respeto tiene a la verdad.[45]

Para María Rosa, la verdad científica era un valor que estaba por encima de todo, incluso por encima de las reputaciones más consagradas entre los hispanistas. Anteponía la búsqueda de esa verdad, absoluta, casi con mayúsculas, a las afirmaciones de cualquiera de sus colegas, incluidas las del propio Ramón Menéndez Pidal, autoridad indiscutible en el mundo hispánico:

> La ciencia es efímera por naturaleza y no empequeñece a un sabio el que no todo su sistema de pensamiento se transmita intacto. Hay varios aspectos de las ideas de Menéndez Pidal que me parecen discutibles [...] Lo que me espanta es que la mayor parte de los hispanistas tomarán esto como ataque personal contra el

45. Carta de María Rosa Lida a Yakov Malkiel, Buenos Aires, 27 de noviembre de 1947, *MA*, Folder 26, Carton 19. Se refiere al artículo que luego se publicó como "Para la biografía de Juan de Mena", *RFH*, III (1941), pp. 263-270.

> Maestro, cosa que, como es natural, me dolería como una imputación monstruosa.[46]

No obstante toda la fuerza de carácter de la que era capaz cuando defendía sus convicciones, ella actuaba con mucha más cautela, incluso pudor, allí donde estaba involucrada la temática judía. Por ello, y a pesar del enorme esfuerzo que dedicó a la redacción de sus extensos manuscritos personales sobre Josefo, tomó la decisión de hacer su tesis doctoral, en cambio, sobre el poeta español Juan de Mena. Tanto este como Juan Ruiz, con su *Libro de Buen Amor*, la atraían especialmente, de entre los autores españoles. Podía haber miles de razones para volcarse a estudiar a estos autores, pero en el caso de María Rosa no puede pasarse por alto su vinculación con la tradición judía. Según María Rosa, Juan de Mena era converso, y así lo sostuvo en sus publicaciones, aunque no siempre los demás críticos la apoyaran en este aspecto de sus conclusiones (también de Fernando de Rojas, autor de *la Celestina*, a quien María Rosa luego le dedicara largos años y quizás su más importante obra, se decía que era converso). Y Juan Ruiz a su vez recogía motivos y tradiciones de origen judío en su célebre poema. De este modo, María Rosa no se apartaba del todo de la temática judía que en el fuero íntimo tanto le interesaba, manteniéndose al mismo tiempo bajo la órbita de la literatura española, el terreno hacia el que su "maestro" la quería llevar.

Con esta preparación, y con enorme curiosidad por todo lo que fuera de origen judeoespañol, en 1944 comenzó a enseñar Literatura Española Medieval en el Instituto del Profesorado, donde Jordán Bruno Genta era interventor. No la pasó bien allí, claro está, puesto que Genta la veía a María Rosa como judaizante. En lugar de enfatizar la fuerza de los valores católicos en la literatura española, ella hablaba de conversos y de sefardíes. Así, pues, lo más correcto sería decir que de la antigüedad grecorromana, pasó a la judía y de allí a la literatura española medieval y renacentista: la tradición judía fue el perfecto puente entre ambos extremos. No todo en la trayectoria de María Rosa fue, pues, obra de su más caro "maestro", Don Amado.

Todo parecía confluir en Juan de Mena, un poeta español que le permitiría reconstruir los motivos clásicos y al mismo detectar los guiños hacia

46. Carta de María Rosa Lida a Yakov Malkiel, Buenos Aires, 23 de febrero de 1947, *MA*, Folder 26, Carton 19.

las raíces semíticas. Lo prefirió a Rojas o a Juan Ruiz, a pesar de que sobre este último ya había trabajado con antelación a la elaboración de su tesis doctoral, que desarrolló, sobre todo, en los años cuarenta. Incluso había publicado una selección de *El Libro de Buen Amor* en una edición popular. Pero estos últimos autores eran en cierto sentido riesgosos para una tesis porque tocaban el tema del amor, y María Rosa no se habría sentido cómoda con la idea de tener que hablar en público ante un jurado: "sucede que las personas me amedrentan, mientras el papel en blanco me asegura impunidad", confesaba en carta a Malkiel.[47] *La Celestina*, de hecho, figura entre los libros que ella consideraba *non sanctae*, junto con el *Ars amandi* de Ovidio y otras tantas "lecturas pecadoras" más: así es como ella las llama. Claro que, de todas maneras, no se privaba de leer estos libros, ni de estudiarlos y, más tarde, publicar sobre ellos. Pero estos pruritos permanecieron activos largo tiempo, incluso hasta poco antes de su boda con Yakov Malkiel, a quien le escribiría, recitando un viejo romance español:

> "Tengo los ojos marchitos / de meldar la ley de Dios". Ay, y también de meldar lecturas *non sanctae*, como la *Celestina*, Ovidio, el *Pervigilium Veneris*, *Las mil y una noches*, *Tristán e Iseo*: por lo cual arderé *in perpetuam gehennam ignis* [en el infierno perpetuo de fuego]. [48]

María Rosa tuvo la suerte de que nunca nadie le censurara sus lecturas de juventud, ni los padres ni los hermanos mayores. Ni siquiera Raimundo se entrometía para recomendarle o censurarle autores, puesto que sabía que en esa tarea ella podía valerse perfectamente bien por sí misma. Así, pues, creció con la libertad de poder leer cuanto quisiera, a diferencia de muchas señoritas de su época que cargaron con infinidad de prejuicios al respecto. Las "niñas" de la *belle époque* habían debido lidiar con este tipo de convenciones: o bien les controlaban los libros que llegaban a sus manos, o bien les ponían trabas a sus aficiones literarias, puesto que la lectura sólo se admitía en los cánones de la época como una función meramente decorativa en la

47. Carta de María Rosa Lida a Yakov Malkiel, Buenos Aires, 2 de noviembre de 1947, *MA*, Folder 26, Carton 19.

48. Carta de María Rosa Lida a Yakov Malkiel, Buenos Aires, 13 de noviembre de 1947, *MA*. Los versos citados corresponden al romance "Qui se marie par amours".

mujer.[49] Pero los padres de María Rosa no ejercieron ningún tipo de control en este sentido, quizás en buena medida gracias a la intercesión del mayor de sus hermanos, quizás por el propio desinterés de los padres. No obstante, y a pesar de toda la libertad que siempre gozó en relación con los libros, ella sentía que había cometido una transgresión cada vez que leía una de esas lecturas *non sanctae*: su férreo sentido de la moral le imponía la idea de que, con todo, esas lecturas eran pecadoras. Incluso, en fecha tan avanzada como 1947, cuando esa carta fue escrita. Similares pruritos operarían también desde los inicios de su relación con Malkiel, luego de su llegada a Estados Unidos con la beca Rockefeller.

Su beca fue producto de la creciente influencia que los hispanistas estaban teniendo en las universidades norteamericanas: Amado Alonso (Harvard University) y Américo Castro (Princeton University), fundamentalmente. Porque durante la década del treinta las universidades norteamericanas cobijaron a intelectuales que huían de la Europa amenazada por el nazismo, así como también de la España asolada por la guerra civil, y esta tendencia se continuará a su vez con la posguerra: entre ellos, Tomás Navarro Tomás (Columbia University); Rafael Lapesa (profesor visitante en varias universidades norteamericanas); Joseph Gillet (Pennsylvania University); Leo Spitzer (John Hopkins University); Joan Corominas (Chicago University); Federico de Onís (Columbia University) y el propio Yakov Malkiel (University of California, Berkeley).

Alonso ya llevaba más de un año en Estados Unidos cuando María Rosa arribó. El filólogo de origen español debió partir de la Argentina porque la Universidad de Buenos Aires, en pleno gobierno de Perón, le impuso condiciones que ya no estaba en condiciones de cumplir, puesto que al mismo tiempo había adquirido importantes compromisos internacionales, en especial en los Estados Unidos. Un Perón que había llegado al gobierno, entre otras cosas, gracias a una campaña de propaganda donde se medía con Spruille Braden, el amigo diplomático de Alfonso Reyes, no podía sino traerle problemas al Instituto de Filología, que tan fuertes vínculos tenía con las principales universidades y academias norteamericanas. La segunda

49. Lucía Gálvez, *El diario de mi abuela*, Buenos Aires, Punto de Lectura, 2008; Leandro Losada, *La alta sociedad de la belle époque*, Buenos Aires, Siglo XXI, 2008, pp. 133-134.

guerra había afianzado estos vínculos por demás: el Instituto de Filología cobijaba alumnos extranjeros, provenientes de Estados Unidos; daba cursos de "español para extranjeros" y los alentaba a estudiar letras hispánicas. Estos intercambios se iniciaron hacia 1940, y no hicieron sino fortalecerse con el correr del tiempo.

Así, para 1946, Alonso ya había alcanzado gran reconocimiento en Estados Unidos: era miembro de honor de la *Modern Language Association of America*; *Foreign Honorary Member* de la *Academy of Arts and Sciences* de Boston, miembro de la *Philosophical Society of America* y Doctor *honoris causa* por la Universidad de Chicago (1941). Además, y al igual que también había ocurrido con Pedro Henríquez Ureña entre 1940 y 1941 cuando le ofrecieron la cátedra Norton, un honor que se concedía por primera vez a un hispanoamericano, Amado Alonso fue invitado a Harvard como profesor visitante en septiembre de 1946. La Segunda Guerra Mundial ya había concluido y los contactos con el Instituto de Filología, así como también las invitaciones internacionales, cobraron más intensidad todavía luego de 1945. Ello ocurría a tan sólo unos pocos meses de que el dominicano falleciera en Buenos Aires. Alonso fue su sucesor, naturalmente.

Se fue de la Argentina con la idea de regresar a fines del año lectivo del hemisferio norte, en junio de 1947. Pero la licencia que pidió para ese viaje –puesto que había adoptado la nacionalidad argentina y estuvo siempre en sus planes regresar a Buenos Aires– desencadenó una polvareda que él jamás habría podido imaginar. En anteriores viajes, había documentado debidamente su pedido de licencia y la había obtenido sin mayores problemas. Pero en 1946, en pleno gobierno peronista, una invitación a Harvard, es decir, una universidad *yanqui*, no era precisamente algo que pudiera ser bien visto. Alonso pidió licencia para su cátedra de Filología Romance de la Universidad, licencia que le fue concedida tal como fue solicitada. No obstante, el interventor de la Facultad de Filosofía y Letras, Enrique François –el protagonista de aquel incidente con María Rosa en el Instituto de Literaturas Clásicas– le envió una nota en septiembre de 1946 informándole que si bien se le había otorgado la licencia para la cátedra, ella no se hacía extensiva al Instituto de Filología. Amado Alonso creía que con pedir una única licencia bastaba, puesto que el reglamento de 1923, que estableció las normas de funcionamiento del Instituto, estipulaba que la titularidad del Instituto debía coincidir con el desempeño en aquella cátedra. Pero François declaró en suspenso dicha reglamentación y entregó la titularidad del Instituto de

Filología, así como también la responsabilidad sobre la *Revista de Filología Hispánica* a su nuevo director, Ángel Battistessa, su sucesor en la cátedra. Inmediatamente, los alumnos de Alonso y sus colaboradores directos en el Instituto enviaron una nota al interventor donde expresaron que era su "deber de conciencia" solicitarle que revisara la medida. La firmaban los hermanos Lida, Ángel Rosenblat, Frida Weber, Julio Caillet-Bois, Raúl Moglia, Paul Bénichou –en 1940 el intelectual sefardí de origen argelino había visitado Buenos Aires invitado por la Universidad y se había hecho amigo de Borges y de Alonso, y más tarde muy amigo de Raimundo Lida en Estados Unidos–, Berta Elena Vidal de Battini, María Elena Suárez Bengoechea y Daniel Devoto.[50] Al igual que Alonso, los hermanos Lida y Ángel Rosenblat terminaron alejándose de la Argentina.

En este clima de desazón, el viaje de María Rosa a Estados Unidos fue vivido como una suerte de destierro. Así lo refleja su correspondencia con Malkiel de momentos poco antes de partir. Las primeras cartas con él datan de Buenos Aires y no hay nada en ellas que revele ningún tipo de relación personal. Malkiel, un filólogo de origen ruso ya bastante conocido en la comunidad académica de Estados Unidos, había colaborado con algún artículo en la *Revista de Filología Hispánica* y entabló relación asidua con Buenos Aires por sugerencia de Américo Castro, de tal manera que estaba al tanto de la cesantía de Alonso y de la partida de María Rosa. Cuando le escribió para felicitarla por la beca que ella obtuvo en los Estados Unidos, recibió a vuelta de correo sus impresiones personales de aquel momento crítico, sinceras y emotivas:

> Soy la fémina menos andariega que pueda U. imaginar; la más desvalida para andar sola por esos mundos, la más apegada a mi rincón y a mi gente –sí, nací varios siglos demasiado tarde– y es gran picardía que Dios y el diablo hayan resuelto remitirme de un hemisferio a otro. Me voy porque para seguir trabajando no me queda absolutamente otra alternativa, pero no puedo dominar por momentos ráfagas de pánico [...] Una beca que para todo el mundo es una amable excursión ¿será para mí el destierro definitivo?

50. La documentación pertinente está transcripta en Juan María Lecea Yabar, "Amado Alonso en Madrid y Buenos Aires", *Cauce*, 22-23, 1999-2000, pp. 403-420.

> [...] ¿Encontraré [allí] lo que tenía en Buenos Aires antes de que se deshiciese nuestro inolvidable Instituto: un poco de amistad en el trabajo que es la flor de la vida?[51]

La sensación de congoja se la transmitió con total sinceridad. Yakov Malkiel interpretó que Buenos Aires era para ella una especie de "paraíso perdido". Y una vez arribada a Estados Unidos, se siguieron escribiendo desde Harvard a California, es decir, de un extremo al otro del país. Ella le relató sus primeras impresiones, y los fuertes contrastes que advertía entre la impresionante biblioteca Widener de la Universidad de Harvard y la de Buenos Aires que, con la distancia, resultaban tanto más contrastantes:

> ¿Contenta con el cambio? No lo sé. [...] Perdida entre tanto desconocido, entre tanta calle tortuosa –yo, hija de una rectilínea ciudad hispánica–, entre tantos hábitos nuevos, en esa Universidad laberíntica, en esa biblioteca monstruosamente enorme –varias veces pensé con el pánico consiguiente que pasaría la noche allí, mareada en el Dédalo de sus estanterías, pasillos, ascensores, escaleras–. ¡Qué contraste con la pequeñita –y muy ineficiente, claro– biblioteca de Buenos Aires que yo conocía a ciegas! Me siento abrumada por la proporción enorme que todo tiene aquí.[52]

Con el correr de los días y las semanas, la correspondencia fue adoptando un tono cada vez más intimista. La angustia de María Rosa por su "destierro" dio pie a largos diálogos en tono de confidencia. A él le contaba cosas que a su familia en Buenos Aires no osaba escribirle: "como en esta carta, amigo Malkiel, a diferencia de las cartas que escribo a mis padres, no me veo obligada a irradiar una alegría que no siento, confieso que ante todo me hallo perdida", escribía. La amistad se fue afianzando. Malkiel, por otro lado, gozaba de la mejor reputación entre los lingüistas de la costa este. Los elogios que de él escuchaba en Harvard despertaron todavía más

51. Carta de María Rosa Lida a Yakov Malkiel, Buenos Aires, 20 de agosto de 1947, *MA*, 26/ 19.

52. Carta de María Rosa Lida a Yakov Malkiel, Cambridge, 25 de septiembre de 1947, *MA*, 26/19.

la curiosidad de María Rosa por un hombre que la confortaba con sus largas cartas. Pero no se conocían personalmente.

Desde septiembre de 1947, hasta marzo de 1948, cuando finalmente se casaron, tuvo lugar un verdadero frenesí de cartas, matizadas por un viaje de él de un extremo al otro del país. En muy poco tiempo, pues, hicieron los arreglos para la boda. Claro que esta mejoraría sustancialmente la situación de María Rosa en los Estados Unidos: había ingresado al país con una beca por un año al cabo de la cual su futuro sería incierto. Gozaba, sin embargo, de un permiso de residencia sin límites otorgado por las autoridades migratorias de Estados Unidos. Todavía en los años cuarenta, la Argentina era considerado un país *non-quota*: tenía el privilegio de no contar con topes a la emigración, a diferencia de otros países tanto de Europa Oriental (Rusia entre otros) como de Asia (China).

Pero si bien esto allanaba su condición migratoria, no estaba clara, de todas formas, su situación laboral en los Estados Unidos. Las perspectivas de que, una vez concluida su beca, ella pudiera obtener un puesto de profesora universitaria eran prácticamente nulas, dado que por entonces los puestos universitarios estaban reservados a los hombres, y más todavía en una universidad tan tradicionalista como la de Harvard. Esto producía enorme indignación en una María Rosa que veía cerradas todas sus oportunidades para hacer una carrera académica. Este tipo de restricciones, de hecho, la afectó más de una vez a lo largo de su carrera académica en Estados Unidos. Sus críticas al sistema universitario norteamericano no las callaría cada vez que tuvo la oportunidad de pronunciarlas, incluso a viva voz.[53] Y ni qué hablar de los prejuicios contra la mujer universitaria o académica, a la que se tendía a aislar socialmente: "lo que me sorprende es que se hostilice aquí exactamente como en el resto del mundo a las dos amenazas de la sociedad: el hombre que no ha hecho dinero y la mujer con una pizquita de sesos".[54] Se veía ya casi sin ninguna opción en Estados Unidos:

53. En este sentido, véase María Rosa Lida de Malkiel, "Free opportunities for intellectual pursuits", *Journal of the American Association of university women*, octubre de 1958, pp. 5-8 y "La peregrina en su patria", *Universidades*, Buenos Aires, Unión de Universidades de América Latina, 1961, N° 5, pp. 16-26.

54. Carta de María Rosa Lida a Yakov Malkiel, Cambridge, 27 de noviembre de 1947, *MA*, 26/19.

> El desconcierto me alcanza ahora; no sé qué camino tomar ¿volver? Nada tengo que *hacer* en Buenos Aires. ¿Quedarme, desterrarme definitivamente de los míos? Sólo pagaría tan alto precio a cambio de trabajar bien aquí. Excluido Harvard, por el Este sólo queda dar clase en colegios de niñas. ¡Horror! ¿Ir a otra universidad, nuevo y absoluto destierro? Prefiero no pensar, como cobarde que soy, y decir con los sefardíes: "El Dió proveerá".[55]

Esta carta data de comienzos de noviembre de 1947, cuando aún no se habían visto personalmente y ella todavía lo ignoraba casi todo acerca de la vida de Yakov Malkiel. Apenas sabía que él provenía de Kiev y que su familia era de origen judío. Intentó saber algo más acerca del origen étnico de él a través de la interpretación etimológica de su apellido, pero no supo hacerlo bien: "mi conocimiento de hebreo no me permite precisar".[56] Sospechó que él fuera sefardí. Cuando él le comunicó que en verdad era azkenazi fue para ella tranquilizador. Y para él también debió haberlo sido, puesto que ya antes la madre de Malkiel había rechazado una novia sefardí con la que él se había involucrado un tiempo atrás, en una relación que quedó trunca.

Entre los más tradicionales judíos azkenazi, esto era importante puesto que era todavía frecuente el prejuicio contra los sefardíes. Su prevención condensaba un fuerte desprecio social: en pocas palabras, el desprecio de los judíos de Europa Central para con los del Mediterráneo, a los que se solía tratar en tono despectivo de "turquitos", socialmente inferiores. Además, los sefardíes no hablaban *yiddish*, motivo por el cual, y nada menos que en Auschwitz, un judío italiano como Primo Levi pudo pasar por sospechoso para los propios azkenazi.[57] Es significativo que María Rosa le escribiera a Malkiel que "en cuanto a no ser [usted] sefardí, me alegro infinito porque

55. Carta de María Rosa Lida a Yakov Malkiel, Cambridge, 2 de noviembre de 1947, *MA*, 26/19.

56. Carta de María Rosa Lida a Yakov Malkiel, Cambridge, 20 de agosto de 1947, *MA*, 26/19.

57. "El yiddish era en realidad la segunda lengua del campo [...] Los judíos polacos, rusos o húngaros estaban asombrados de que los italianos no lo hablásemos: éramos judíos sospechosos", Primo Levi, *Los hundidos y los salvados*, Barcelona, El Aleph, 2005, pp. 130-131.

yo también soy ashkenazi".[58] El muy tradicional prejuicio de los azkenazi contra los sefardíes, común desde fines del siglo XIX entre los judíos de Europa Central, en un momento en el que su condición social mejoró notablemente gracias a las políticas de asimilación, continuó vigente en los Estados Unidos, en pleno siglo XX. Para María Rosa, el hecho de que él fuera azkenazi allanaría, pues, enormemente las cosas. En este sentido, ella no se parecía a su hermano Raimundo que, en segundas nupcias, se casó con una mujer sefardí.

Y supo a continuación que la familia Malkiel había sido acaudalada en los tiempos en que vivían en la Rusia zarista, pero que habían debido huir de allí cuando los bolcheviques llegaron al poder. Se instalaron en Berlín, ciudad donde Yakov hizo sus estudios; allí tuvo la valiosa oportunidad de estudiar hebreo y árabe y pudo también concluir su doctorado en la Universidad local en fecha tan tardía como 1938, con las leyes de Nürenberg hace rato vigentes. "Yo, probablemente el último estudiante de mi raza, saqué el doctorado *magna cum laude*".[59] Habría sido poco antes de la Noche de los Cristales Rotos. Su condición de judío ruso, y no polaco –sin duda los más desfavorecidos por el régimen nazi– lo habría ayudado a sobrevivir, así como también el dinero del que alguna vez gozó su familia. Sólo una vez concluidos los estudios de Yakov, la familia se trasladó a Nueva York, adonde llegaron ya sin nada de su anterior fortuna. No era fácil en esos tiempos el ingreso a los Estados Unidos puesto que la política migratoria norteamericana no era de fronteras abiertas para con los judíos de Europa central: había cupos muy estrictos en este caso. Así, los pedidos de asilo excedían con creces al número de los que alcanzaban a encontrar refugio. Para cruzar el Atlántico existían muchos escollos, que podían ser superados con algo de solvencia en la medida en que se poseyera una buena dosis de dinero y de *administrative skills*, dotes de las que solían carecer, sin embargo, los judíos más pobres y de origen campesino –la ópera *El Cónsul* de Gian Carlo Menotti retrata este aspecto con nitidez, así como también la novela de Eva Figes, *Viaje a ninguna parte*–. Así, pues, a comienzos de 1940 los Malkiel –Yakov y sus

58. Carta de María Rosa Lida a Yakov Malkiel, Cambridge, 25 de septiembre de 1947, *MA*, 26/19.

59. Carta de Yakov Malkiel a María Rosa Lida, Berkeley, 21 de noviembre de 1947, *MA*, 21/19.

padres– llegaron a Estados Unidos, ya casi sin un peso. Yakov se vio obligado a trabajar varios años como maestro de escuela. Le ofrecieron un puesto universitario como profesor suplente en el oeste, en el estado de Wyoming, una zona bastante inhóspita, que él aceptó a la espera de tiempos mejores.[60] Eran los años de la Segunda Guerra Mundial, y las oportunidades laborales no abundaban; por otro lado, muchos intelectuales europeos refugiados en Estados Unidos competían con Malkiel por los pocos puestos existentes. Solo cuando la guerra concluyó su posición mejoró sustancialmente, ya que le ofrecieron ser profesor del Departamento de Español de la Universidad de Berkeley, puesto al que pudo acceder por su amplio conocimiento de lenguas modernas y antiguas: ruso, hebreo, griego, árabe y también las lenguas indoeuropeas.

"Malkiel sabe todas las lenguas", le decían a María Rosa los colegas y amigos de la costa este. Muchos años después todavía apreciaría el carácter políglota de quien se terminaría por convertir en su marido: "Figúrate si me sentiré yo pez en el agua al poder recitar con él, alternamente, por primera vez en mi vida la lírica de Horacio, la poesía latina medieval, los sonetos de la *Vita Nuova*".[61] No había nada que la atrajera más de Malkiel, y ya estaba deseosa de conocerlo personalmente. Enseguida, él preparó su viaje desde California a Boston para diciembre; fue la propia María Rosa la que reservó el hotel. Pocos días antes de este primer viaje en el que, por fin, se conocerían personalmente, él recibió de ella las siguientes líneas, donde le hacía saber cuáles eran sus códigos y qué era lo que ella esperaba de las relaciones entre ellos:

> Apenas llamo por el nombre sino a los varones de mi familia. No olvide U. que su servidora no es una *American girl* sino un producto del Deuteronomio más las inhibiciones hispánicas. [...] Para mí no existe ni existirá otro código que el Deuteronomio XXII, 13 y sigs. Este será el siglo del hedonismo pero por anticuado que

60. Yakov Malkiel, "Autobiographic Sketch: Early Years in America", in Boyd H. Davis y Raymond K. O'Cain, *First Person Singular Conferences from an Oral Archive for the History of American Linguistics*, Amsterdam, John Benjamins, 1980.

61. Cito en Francisca Chica Salas, "María Rosa Lida de Malkiel, una comunión con la belleza", suplemento literario de *La Nación*, 22 de septiembre de 1963.

> parezca, yo me atengo *sin escaldamiento alguno* (y a mucha honra lo digo) a mi fray Iñigo de Mendoza: "¡Oh, pureza sin historia!".[62]

Era toda una declaración de intenciones la que María Rosa hacía a través de la cita bíblica del Deuteronomio. Malkiel supo a qué atenerse y en ese primer viaje de California a Boston le propuso formalmente matrimonio –exactamente lo que ella esperaba–.

La referencia a este pasaje bíblico no es inocente, puesto que allí se habla de la virginidad de la mujer. Y menos todavía para una joven de origen judío que fue educada según la tradición, a la que ella respetaría como cosa sagrada. Las convenciones de la educación recibida le impusieron a María Rosa un apego más intenso por la religión de lo que se habrá de verificar en su hermano Raimundo; el varón gozaba de una libertad que la familia le concedía a él con liberalidad, pero no así a la mujer, cosa que María Rosa tanto deploraría (tanto es así que María Rosa, a su muerte, fue enterrada en California en un cementerio hebreo; Raimundo, en cambio, en cementerio laico). Ella era consciente de que su condición de joven mujer judía, le imponía otros códigos, otras conductas. Más de una vez ella sintió que le cercenaban su libertad, al menos en cierto grado. En otra de sus cartas a su futuro marido, relata en un tono por lo demás irónico:

> Recuerdo que cuando mi hermano Raimundo cumplió cinco años yo envidié tanto su condición masculina (no sé por qué privilegio) que dije, con toda la gravedad de mis tres años: "cuando cumpla cinco años voy a ser varón".[63]

Pero la instintiva rebeldía de María Rosa contra su condición de señorita judía educada en los valores tradicionales no fue muy lejos, sin embargo. Su identidad judía era muy fuerte, y también lo era su apego por esos mismos valores contra los que se rebelaba. Ellos continuarán operando muy intensamente en la relación con su novio. En las semanas previas a la boda le expresó su preocupación por su dote, en especial, sus joyas que habían

62. Cartas de María Rosa Lida a Yakov Malkiel, Cambridge, 27 de noviembre y 14 de diciembre de 1947, *MA*, 26/9.

63. Carta de María Rosa Lida a Yakov Malkiel, Cambridge, 27 de noviembre de 1947, *MA*, 26/19.

quedado en Buenos Aires: ella insistía en que antes de casarse tenía que regresar a buscarlas. En esos días de trajín y nervios antes de la boda, ella firmaba su correspondencia con la leyenda "María Rosa, prenda con dueño". Por ello se sintió tan incómoda con la idea de una boda tan rápidamente consumada. Hubiera preferido algo más tradicional, más propio de la literatura romántica del Renacimiento español, donde al padre le tocaba la tarea de aprobar el novio de la hija. "Pecadillo" es la palabra que ella utiliza para referir a la relación con Malkiel en esos meses decisivos, después de diciembre. Tanto es así que en Boston no se atrevió a contarles a sus compañeras de dormitorio que estaba planeando nada menos que su boda:

> Las chicas de Radcliffe [College] no sé qué pensarán de mi asidua correspondencia californiana. [...] Porque ante quien no conoce mis antecedentes morales ¡qué quieres! Me cuesta mucho confesar mi pecadillo.[64]

Para tranquilizar los nervios le resultaba imprescindible lograr la aprobación de la familia. María Rosa dudaba de si se la darían. Preparó un relato alegórico escrito en español antiguo y se lo envió al padre y al hermano mayor en Buenos Aires. El texto se llamaba "Crónica de un rey solo" y narraba la historia de una joven que había conocido en los Estados Unidos a un verdadero rey que le pedía su mano y aguardaba la respuesta de parte de los padres de la señorita. Era su modo de implorar la aprobación de los suyos. La respuesta llegó enseguida:

> Me dice Emilio que, al leer la "Crónica", mi padre, mi riguroso padre, a quien yo he tenido terror de niña –y de grande–, se enterneció como nunca y sacó una botella de vino de Palestina para brindar por nuestra salud.[65]

64. Carta de María Rosa Lida a Yakov Malkiel, Cambridge, 15 de enero de 1948, *MA*, 27/19.

65. Carta de María Rosa Lida a Yakov Malkiel, Cambridge, 10 de enero de 1948, *MA*, 27/ 19.

No fue Mauricio Lida, sin embargo, el que envió al novio su bendición: lo hizo Emilio, convertido ya a esa altura en el verdadero patriarca de la familia:

> Le dije a María Rosa cuando recibimos las fotos [...] que quien tiene su frente sabe tanto y ha sufrido tanto, debe ser muy grande y muy bueno. [...] Por eso se acepta su petición y se le considera desde ahora miembro de la familia de "los Lida" [...]. En nombre de la familia, me complazco en saludarlo.[66]

La boda se realizó en marzo en California. Poco antes del viaje de María Rosa desde Boston, Malkiel, ya más en confianza, la instaba a que apurara todos sus preparativos antes de partir y le escribía, significativamente: "*Ou la Jeune savante s´est elle decidée à coiffer sainte Catherine*? (consulta el diccionario sobre el significado de este giro)".[67] Es decir, si iba a demorar mucho más su viaje, o pensaba quedarse soltera a vestir santos –era éste un estigma común en la época, tanto en Estados Unidos como en Argentina, a raíz de la expansión del modelo burgués de familia, y más para una mujer de la edad de María Rosa, que ya había pasado los 35 años–. Por algo Leonor quedó tan azorada cuando recibió la noticia de que María Rosa estaba a punto de casarse; a esa altura ya había dado por descontado que el destino natural de su cuñada era permanecer soltera. Así fue que la habitación que María Rosa dejó en Buenos Aires, en el piso de la calle Riobamba 118 se pudo destinar a sus pequeñas sobrinas: prácticamente ya no regresaría a la Argentina. Abandonó definitivamente la ciudad natal cuando el mundo ingresaba en la Guerra Fría, y la Argentina se sumergía en los años peronistas. Ya nada volvería a ser igual.

Así pudo constatarlo cuando regresó años después a Buenos Aires. Invitada por José María Monner Sans, decano de la Facultad de Filosofía y Letras, María Rosa regresó en 1961 para dictar dos seminarios en la Universidad. Pudo observar los claroscuros de un país que ya no se parecía en nada al que había vivido en su juventud. Sus cartas de viaje resultan

66. Carta de Emilio Lida a Yakov Malkiel, Buenos Aires, 21 de febrero de 1948, *MA*, 1/21.

67. Carta de Yakov Malkiel a María Rosa Lida, Berkeley, 12 de enero de 1948, *MA*, 22/19.

sumamente desmoralizadoras, tanto en lo que respecta a la ciudad que intentaba re-conocer, como a la propia Universidad. La Buenos Aires de los años treinta, tal como permanecía anclada en su recuerdo, nada tenía ya que ver con la vertiginosa y caótica ciudad de los sesenta, una ciudad en la que nada parecía funcionar bien:

> ¡Qué distinta está Buenos Aires! Materialmente muy mal, muy descuidada, el pavimento hecho trizas, muchas casas despintadas y sucias. Lo más triste es la falta de luz eléctrica, motivado por la congestión de población. Y a la vez un lujo en ropas, joyas, objetos bonitos, caros e inútiles, exposiciones, conciertos y, sobre todo, comida, realmente paradójico, y 100% hispánico.
> La vida material es a la vez lujosísima y privada de lo indispensable: la mitad del esfuerzo se va en obtener lo que debía darse de suyo.
> El alumbrado, el pavimento, el transporte, las aguas corrientes están en un estado indescriptible y no hacen muy cómoda la vida.
> Hoy viernes hubo paro general (que, naturalmente no fue general: no trabajan tranvías ni buses, cines y cafés ¡sí!). Los dos días anteriores hubo huelga de personal no docente de la Universidad. Cada día hay huelga de otra cosa.
> Creo que después de estos tres meses en ambiente "latino" no protestaré más por inconvenientes materiales en los EE.UU.[68]

Ni siquiera la Universidad de Buenos Aires escapaba al ojo crítico de María Rosa. Si bien con la caída del peronismo atravesó un período de intensa renovación y efervescencia, que coincidió con el nombramiento de José Luis Romero como interventor en 1955, para María Rosa esa suerte de época dorada no fue tan extraordinaria como suele decirse. Y menos que menos lo fue para el Instituto de Filología, que para entonces no era sino un remedo de lo que había llegado a ser en la década del treinta, bajo la dirección de Alonso. Si bien admitía que se había hecho un enorme esfuerzo para elevar el nivel académico en la Universidad desde la caída de Perón, y

68. Cartas de María Rosa Lida a Yakov Malkiel, Buenos Aires, 11 de agosto, 25 de agosto y 8 de noviembre de 1961, *MA*, 39/19.

de hecho esta ahora disponía de algunos recursos que le permitían invitar a profesores del extranjero –sin ir más lejos, a María Rosa le pagaron la cifra exorbitante de u$s 2.500.- más viáticos por sus cursos–, no pasó por alto lo mucho que había cambiado el ambiente universitario. El crecimiento de la matrícula era una tendencia persistente que se había iniciado en tiempos de Perón. No estuvo acompañado sin embargo por un parejo crecimiento en sus recursos edilicios e instalaciones. Así, el edificio universitario se mostraba superpoblado, con un trajín que María Rosa jamás había conocido veinte años atrás. Y a ello hay que sumarle la creciente politización estudiantil, ya en plena década de 1960:

> En el curso de lírica, a la tarde (hora elegante y apta a las conferencias) tengo unos 20 oyentes y 156 inscritos de todo pelaje y formación absurdamente heterogénea. [...] Ni gabinetes en la Universidad, ni mesas en la Biblioteca. En esa Universidad no se puede trabajar, y de hecho en Humanidades nadie trabaja sino en su casa. La Facultad de Letras sigue en el local en que se fundó en 1896 y en algunas casuchas alquiladas. La población estudiantil es enorme, de modo que ni se puede ir a trabajar al Instituto de Filología, porque está lleno de estudiantes y todos, más que estudiar, están de continuo bla-bla-bla. Trato de ir lo menos posible a la Facultad porque, repito, no es lugar de trabajo sino de charla y chisme y politiqueo universitario.[69]

Ya nada quedaba de aquella Universidad de antaño, de dimensiones tan íntimas y familiares que permitían algo de solemnidad y reposo. Experiencia peronista mediante, el universo de María Rosa se había evaporado por completo.

69. Carta de María Rosa Lida a Yakov Malkiel, Buenos Aires, 20 de agosto y 25 de agosto de1961, *MA*, 39/19.

Capítulo IX
Raimundo, de *Sur* a norte

Amado Alonso, Alejandro Korn, Pedro Henríquez Ureña, Alfonso Reyes, Jorge Luis Borges, Victoria Ocampo formaron parte del entorno en que día a día se movía Raimundo en los años treinta. A Alonso lo veía en el Instituto; a Korn en la Sociedad Kantiana de Buenos Aires; a Alfonso Reyes en sus conferencias o en sus visitas a la Universidad, y muchas veces en la casa de la embajada de México; a Borges en el círculo de Victoria Ocampo en *Sur*; a Henríquez Ureña en cada uno de estos espacios que compartía con muchas otras personas más y, también, en los ya antológicos viajes en el tren a La Plata. Sobre todos ellos, Raimundo tuvo ocasión de escribir alguna semblanza, aunque fuere fugaz. Alonso era el Maestro, con mayúscula "siempre viviente y estimulante";[1] Henríquez Ureña condensa en su voz la cultura hispanoamericana y su vocación universal; Korn era el filósofo que se salía del molde con sus epigramas y sus chistes que crecían como espuma; la autoridad de Borges como escritor era inobjetable, pero siempre con "aquel estilo suyo de juventud, tajante y pendenciero", que lo había llevado a objetar a Alonso, nada menos; Victoria era la gran mujer de las letras argentinas.[2] Todos ellos habían formado parte de su vida en los años treinta. Roberto Giusti y Francisco Romero completan el círculo de sus relaciones más cercanas. Y también se sumarán luego Daniel Cosío Villegas y Arnaldo Orfila Reynal, los dos hombres del Fondo de Cultura Económica, en México

1. Carta de Raimundo Lida a Alfonso Reyes, Ohio, 28 de mayo de 1952, en Sergei Zaïtzeff (comp.), *Alfonso Reyes, Raimundo Lida…*, p. 54.

2. Raimundo Lida, "Amado Alonso", *NRFH*, México, 6 (1952), pp. 205-208. Sobre Henríquez Ureña, "Cultura de Hispanoamérica", en *Letras hispánicas. Estudios, esquemas*, México, Fondo de Cultura Económica, 1958. Otros retratos más de los personajes citados se encuentran en este mismo libro.

y la Argentina. Y uno de sus viejos alumnos, el más cercano, que luego formará parte central de *Sur*: Enrique Pezzoni.

A la enumeración de las personas le debe suceder la de los lugares de pertenencia: el Instituto de Filología, los cafés de sus inmediaciones, el Instituto del Profesorado, el Colegio Libre, la Sociedad Kantiana de Buenos Aires, la Universidad Popular Alejandro Korn en la ciudad de La Plata, la revista *Nosotros*, la revista *Sur*, la casa de Victoria Ocampo en San Isidro –importante centro de referencia en la cultura porteña de los años treinta– y las nuevas casas editoriales que se instalaron en Buenos Aires. Estos espacios, desde ya, estaban a su vez fuertemente interconectados entre sí.

Su primer lugar de referencia por fuera de la Facultad debió haber sido la Sociedad Kantiana, fundada en 1929, donde, entre el humo del cigarrillo de largas veladas con distintos oradores, descubrió en Alejandro Korn rasgos que le despertaron admiración: en primer lugar su excelente pluma, algo que parecía impensable en la filosofía argentina de tan solo unas décadas atrás, creía; luego, su capacidad de formular su pensamiento en aforismos, con resonancias poéticas en su prosa. "Sus chispeantes ironías y pullas van preferentemente dirigidas contra la solemnidad pedante [...] la bellaquería más o menos académica". Si hay algo que caracteriza al Korn que Raimundo admira es su afán por acercar la filosofía al lector común. Y no menos importancia le atribuía al compromiso ético de un hombre afiliado al Partido Socialista. Todo esto se puede leer en sus *Apuntes filosóficos* de 1935, que Raimundo reseñó para *Sur*.[3] No en vano, esta obra, y también sus *Obras Completas*, Korn las publicó en la Editorial Claridad, del socialista Antonio Zamora.

No es sólo una doctrina filosófica, o una postura intelectual lo que le atrae de Korn; es mucho más que su antipositivismo. Lo que se destaca es ante todo un modelo de hombre ético. De hecho, para Raimundo el socialismo se definía a partir de consideraciones puramente éticas, antes que políticas. No le interesaba el socialismo como un partido más que participa del juego electoral. Por eso seguramente no se afilió al Partido Socialista. Más bien, por su misión ética, una misión que desbordaba el campo de lo político y adquiría visos religiosos:

3. Raimundo Lida, "Korn o el filósofo prudente", *Sur*, N° 20, 1936, pp. 71-75.

> Si el llamado "partido" socialista me es simpático es porque, más que una máquina de poder, es *predicación*. Me parece más respetable un profeta que un gobernador. [...] Es un partido de predicación, muy por encima del nivel político medio. Y esos son justamente los únicos partidos que me interesan: los que predican lo mejor, con pureza racional y moral. Soy religioso (de religiosidad, no de religión), y trato de contagiar esa religiosidad.[4]

Esa religiosidad está hecha de la creencia firme en el bien, la verdad y la búsqueda de la belleza estética, tres valores que se le presentan como absolutos e indisociables. Raimundo no es hombre de fe; se aparta de cualquier idea puramente religiosa acerca de lo divino y, más todavía, rechaza la superstición. Cuando en los años cincuenta le llegó el rumor de que el fonetista español Tomás Navarro Tomás tenía afición por el espiritismo, se preguntó: "¿Cómo se compaginan en un mismo espíritu el rigor y la falta de rigor?".[5] El "rigor" científico exige al mismo tiempo coherencia, es decir, ética, como en Alejandro Korn. También Pedro Henríquez Ureña se ajusta con precisión a este modelo, puesto que es el hombre que pregonó la "utopía de América" en 1925: el perfecto profeta.

Perfecto contraste, por cierto, con Amado Alonso. El español no es hombre de prédica sino de acción. Más parecido, en este sentido, a Alfonso Reyes. Es el hombre que golpea las puertas que debe golpear y que se contacta con quien debe contactarse. Influye a través de sus acciones, de sus obras, de sus gestos y de sus amistades; no a través de palabras proféticas. Era la persona más apropiada para acercar a Raimundo a la revista *Sur*. Empezó a publicarse en 1931 y Raimundo colaboró en ella desde el principio. Estuvo a cargo de la traducción de artículos extranjeros (del francés, inglés y alemán), al menos entre 1931 y 1935. Supuso un ritmo febril de trabajo, puesto que llegó a traducir hasta cuatro artículos íntegros por número, incluidos los de la propia Victoria Ocampo, que Raimundo le traducía del francés al español.

4. Cartas de Raimundo Lida a Fernando Lida, Cambridge, 26 de junio de 1956 y 14 de abril de 1958. Archivo de la familia. Buenos Aires.

5. Carta de Raimundo Lida a Fernando Lida, Cambridge, 21 de agosto de 1955. Archivo de la familia. Buenos Aires.

Tradujo artículos de Waldo Frank, el conde Keyserling, Martin Heidegger, Leo Ferrero, Alfred Métraux, Arthur Kutscher, entre otros.[6]

Un verdadero trampolín significó, pues, su temprana aparición como autor en el número cuatro de la revista *Sur* donde publicó, justo cuando acababa de egresar de la Facultad, un breve artículo sobre un estudio de Leo Spitzer en torno a Quevedo, uno de los varios filólogos centroeuropeos que Amado Alonso estaba procurando difundir en la Argentina. Ese trabajo fue juzgado como una suerte de revelación que causó muy buena impresión, incluso entre sus compañeros de estudios, que comenzaron a verlo como un modelo a seguir. En un artículo en el que se esperaba una simple reseña descriptiva y elogiosa, Raimundo se atrevió a expresar con contundencia sus ideas, criticó la obra que le tocó reseñar por sus conclusiones apresuradas y puso en evidencia las inconsistencias de los planteos teóricos generalizadores en torno a la literatura del período barroco.[7] Casi automáticamente, con ese artículo su imagen se agigantó. Enrique Anderson Imbert dijo que "adoptamos a Lida, pues, también como maestro, a pesar de que era nuestro condiscípulo".[8] Un quinquenio después, el propio Anderson Imbert publicaba su primer artículo en *Sur*, una vidriera en la que todo egresado de Filosofía y Letras quería hacerse notar.

Ese mismo año de 1931, envió una colaboración a *El Hogar* que salió publicada en el mes de marzo. Se trataba de un poema titulado "Del callar", publicado bajo el nombre de César Rey, donde hacía gala de su dominio de la versificación[9]. Era un juego literario escrito con reminiscencias del español antiguo, muy al gusto de María Rosa. Firmó con seudónimo porque sabía que no era una publicación "seria"; no quería exponerse a críticas por colaborar simultáneamente en *Sur* y en una revista de perfil popular como *El Hogar*. Raimundo tenía en claro que existía una jerarquía de revistas: las había serias en las que debía indefectiblemente aspirar a publicar, puesto que eran las verdaderamente prestigiosas y le redundaban crédito entre sus pares; otras que eran de estudiantes o de amigos, en

6. Borrador de CV de Raimundo Lida, *circa* 1935. Archivo de la familia, Buenos Aires.

7. Raimundo Lida, "Estilística. Un estudio sobre Quevedo", *Sur*, N° 4, 1931, pp. 163-172.

8. Enrique Anderson Imbert, "Raimundo Lida amante de la palabra", *Vigencia*, 1979.

9. "Del callar", por César Rey, *El Hogar*, 27 de marzo de 1931.

las que podía publicar colaboraciones menores; por último, las publicaciones populares a las que podía enviar alguna contribución con seudónimo. Lo que realmente confería prestigio en Buenos Aires a los hombres de letras eran las publicaciones culturales de primer nivel, como *Sur*, *Nosotros*, *Cursos y Conferencias* o el suplemento literario de *La Nación*. Todo esto llegaría a su debido tiempo.

A la par de *Sur*, tuvo una intensa participación en publicaciones estudiantiles o pequeñas revistas literarias, comandadas por amigos o compañeros de la facultad. Acá tenía más libertad para publicar lo que le gustara; estaba menos expuesto. En 1933, aparece un trabajo suyo para la revista *Verbum*, una publicación de los estudiantes de la Facultad de Filosofía y Letras, y en 1932 y 1933 también se lo encuentra colaborando en la revista literaria *Megáfono*, editada por Erwin Rubens, su amigo de sus tiempos estudiantiles, con quien solía compartir largas caminatas por el centro de Buenos Aires. Y cuando no escribía artículos o reseñas, se hacía presente a través sus traducciones –acá sí podía elegirlas él, a diferencia de *Sur*–, como la de aquel texto de Thomas Mann sobre Goethe que publicó en la ya citada *Megáfono* y otras colaboraciones más en *Verbum* y en una pequeña revista literaria, donde tradujo un texto de Carl Jung sobre la poesía.[10]

Pero la mayor parte de sus contribuciones juveniles se concentraron en el *Boletín del Colegio de Graduados de la Facultad de Filosofía y Letras*, que contó con la presencia asidua de artículos breves –como eran todos los publicados en esta revista– que llevaban por sola firma las iniciales "R. L." Alguna vez también colaboraron aquí María Rosa, Leonor y Rebeca Schmukler. El Colegio era un espacio de sociabilidad de los estudiantes en el que Raimundo solía participar. Organizaba reuniones sociales –hicieron alguna en el Club del Progreso– y llegó a tener un programa de radio propio de media hora semanal en la emisora estatal. También organizaba conferencias, que solían desarrollarse en la Facultad, en Viamonte 430: Raimundo dictó una de ellas en 1936. El boletín concentró la atención de Raimundo,

10. Entre sus traducciones en revistas literarias y culturales se cuentan: Thomas Mann, "Goethe, representante de la época burguesa", *Megáfono,* Buenos Aires, Nº 10, junio de 1932, pp. 145-155; W.G. Schuwerack, "La esencia del valor y su fundamentación", *Verbum*, N° 83, 1933, pp. 33-72; C. G. Jung, "Capítulo sobre el poeta", *Poesía*, Buenos Aires, N° 4, 1933.

en especial, entre 1933 y 1936. En 1934 estuvo plenamente a cargo de su redacción y más adelante permaneció vinculado a él, aunque con ya menor grado de compromiso. Este boletín no sólo procuraba alentar a los jóvenes graduados de la facultad a escribir y publicar, ofreciéndoles un espacio que podían sentir como suyo. Cualquier revista literaria, al fin y al cabo, podía cumplir esta tarea.

También –y tanto más importante– alentó la formación de una conciencia corporativa entre sus miembros. Los graduados jóvenes, verdaderos hijos de la Reforma Universitaria de 1918, canalizaban ahora sus demandas a través de reclamos corporativos. El Colegio de Graduados de la Facultad contaba con un directorio y comisiones que atendían diferentes problemáticas vinculadas con su organización (comisiones de cultura, de fiestas, de difusión, de gestión, etc.). Más de una vez, Raimundo, María Rosa y Leonor participaron de estas comisiones. La conciencia corporativa se tradujo en iniciativas que los graduados, como Colegio, llevarían incluso hasta los poderes públicos. Las autoridades universitarias, primero y el Estado, luego, fueron sus interlocutores. Así, durante toda la década del treinta el Colegio promovió una intensa campaña, dirigiéndose al Estado a través del Ministerio de Justicia e Instrucción Pública, a fin de lograr que los graduados de la Facultad de Filosofía y Letras de la Universidad de Buenos Aires, así como también los de todas las universidades nacionales, por extensión, tuvieran reconocimiento oficial a la hora de los concursos de cargos docentes en la enseñanza media, en igualdad de condiciones con los egresados de los profesorados.

Más aún: el Colegio reclamó la necesidad de celebrar concursos transparentes y periódicos en todos los cargos docentes de la educación media y superior de todo el país, con el propósito último de alcanzar una completa profesionalización de la enseñanza. Se quejaban reiteradamente de que muchos puestos docentes estaban a cargo de abogados o médicos, sin formación especializada en Letras. De hecho, uno de los artículos del Estatuto del Colegio de Graduados expresaba que entre sus fines estaba "obtener la provisión de los cargos docentes de nuestra especialidad con diplomados". De la propia disciplina, se sobreentiende.

Y encontraron eco en el Estado, finalmente: en 1939 el Ministerio emitió un decreto donde se trataba este tema. Francisco Romero le informó por carta a Raimundo la buena nueva cuando este se encontraba en Estados

Unidos con su beca Guggenheim.[11] Pero los reclamos corporativos de los graduados no se detuvieron aquí. Ante un Estado que se volvía cada vez más complejo, dado el creciente número de funciones que pasó a atender desde la década del treinta, era posible incrementar sus demandas. Tomando una vez más como interlocutor al Estado, el Colegio de Graduados reclamó que se revisara la carrera de profesorado de la Universidad y el escalafón ministerial en materia de cargos docentes. Después de 1943, y en este mismo sentido, un círculo de profesores de letras incluso le demandó al Estado que se encargara de tutelar la corrección lingüística del habla que se oía en la radio de Buenos Aires.[12]

Esta conciencia corporativa de los egresados era común en la generación de Raimundo. Eso se refleja en el propio boletín de los graduados: a comienzos de la década del treinta, era una revista modesta de treinta y dos páginas cuando mucho; para 1939, en cambio, sus páginas se habían triplicado y lo mismo cabe decir del número de colaboraciones que recibían por parte de los profesores, egresados y alumnos avanzados. De todas maneras el compromiso más intenso de Raimundo con este *Boletín* se concentró en el primer quinquenio de la década: escribía artículos propios, traducía otros y se contactaba con los eventuales colaboradores. A medida que pasaron los años, se fue apartando más y más. En Buenos Aires, había revistas más importantes donde publicar.

No atinó sin embargo, a diferencia de María Rosa, a tentar suerte en las revistas especializadas, del país o del extranjero. Su temprana colaboración en *Sur*, y la buena repercusión que obtuvo con ella, le permitieron saltearse esta etapa. De hecho, sus principales publicaciones de sus años en Buenos Aires se verifican en revistas no especializadas. Y por más que a partir de 1939 el Instituto de Filología comenzó a tener su propia revista académica, de la que Raimundo se convirtió en su secretario, no publicó allí

11. Carta de Francisco Romero a Raimundo Lida, Martínez, 29 de octubre de 1939, en *Raimundo Lida's Files at Harvard Archives* (en lo sucesivo, *HA*), Folder Francisco Romero, Named Correspondence, 1945-1979. HUGFP 61.12. El tema fue muy comentado en el *Boletín del Colegio de graduados de Filosofía y Letras.*

12. En este sentido, veáse: Ángel J. Battistessa, "Monseñor Franceschi y sus preocupaciones idiomáticas", *Boletín de la Academia Argentina de Letras*, Vol. XXXII, 1967, pp. 339-350; "El Círculo Arnoldo Crivelli en su campaña de depuración del lenguaje", Letras, N° 1, setiembre de 1943, pp. 55-63.

ningún artículo de fondo –tan solo un importante número de reseñas bibliográficas–. La publicación especializada encerraba al autor en una caparazón y lo hacía circular entre un número limitado de lectores. Mientras tanto, las dinámicas de la vida cultural de Buenos Aires en los años treinta presionaban, por el contrario, para que los intelectuales –incluso los jóvenes– salieran a la opinión pública, se hicieran socialmente visibles y circularan en instituciones culturales en contacto con la sociedad. Desde el Círculo de la Juventud Israelita, donde dictó una conferencia en julio de 1936, hasta sus clases dictadas en el Colegio Libre de Estudios Superiores que se publicarían en su respectiva revista, *Cursos y Conferencias*. Según los casos, los conferencistas podían llegar a ver su ensayo impreso en las páginas de *Nosotros*, o en los suplementos culturales de *La Nación* o *La Prensa*. Progresivamente, las puertas se le fueron abriendo en cada uno de estos lugares luego de su inicial colaboración en *Sur*.

Empecemos por *Nosotros*, puesto que la relación con Giusti databa de mucho tiempo atrás. "¡Gran muchacho Lida! Puedo llamarle así porque fue mi alumno en la escuela secundaria, ¡y qué alumno!", escribiría mucho después el antiguo profesor.[13] En 1933 Raimundo publicó allí un extenso y erudito ensayo sobre la filosofía del lenguaje de Bergson, al que luego le sucedió otro sobre Croce y Gentile, enfocados bajo el mismo ángulo, que se publicó en *Cursos y Conferencias*.[14] Y enseguida llegó la posibilidad de dictar cursos en la Sociedad Kantiana y en el Colegio Libre. Y a ello hay que sumarle las reiteradas contribuciones en *Sur*, que implicaban asiduas reuniones en la casa de Victoria en San Isidro, o bien en la sede de la revista en el centro, o en la casa de Palermo Chico. Colaborar en tantos lados al mismo tiempo exigía moverse de aquí para allá.

Y era imprescindible, desde ya, contar con variados materiales que ofrecer. No se podía uno encerrar, como un especialista, en un único orden de problemas. Así, de la filosofía del lenguaje y de la teoría estética –los

13. Carta de Giusti a Reyes, Martínez, 23.10.1947, en Serge I. Zaïtzeff (comp.), *Una amistad porteña. Correspondencia entre Alfonso Reyes y Roberto Giusti*, México, El Colegio Nacional, 2000, p. 59.

14. Entre sus publicaciones de los años treinta, se cuentan: "Bergson, filósofo del lenguaje", *Nosotros*, N° 292, 1933, pp. 1-49; "Croce y Gentile, filósofos del lenguaje", *Cursos y Conferencias*, T. 4, N° 6, 1935; "La técnica del relato en *La gloria de Don Ramiro*", *CyC*, T. 5, N° 3, 1936; "Elogio de Mairena", *Sur*, 36, 1937, pp. 56-63.

temas que verdaderamente le interesaban a Raimundo– pasó al análisis literario de autores contemporáneos tanto argentinos como españoles: Enrique Larreta, Juan Ramón Jiménez, Antonio Machado. La dinámica de las más importantes publicaciones culturales de Buenos Aires demandaba que uno estuviera preparado para escribir sobre un abanico de temas que no podía permanecer cerrado. De ello resultaría sin duda una mayor dispersión en el trabajo, con lo bueno y lo malo que ello implicaba. En este sentido, Raimundo fue mucho más versátil que María Rosa en estos años treinta; mientras ella permanecía reconcentrada sobre sus temas de la Antigüedad clásica, de la que poco y nada se apartaría, ya en 1934 él se movía con mucha más flexibilidad y atendía diferentes cuestiones intelectuales al mismo tiempo:

> Mi vocación me exige concentrarme por completo en el estudio de Quevedo y en la preparación de mi tesis sobre este tema; en el segundo tomo de la "Colección de estudios estilísticos"; en el quinto tomo de la "Biblioteca de dialectología hispanoamericana"; en la filosofía de la literatura (dos conferencias dadas en la Sociedad Kantiana, que servirán de base para el cursito del Colegio Libre); en Croce y Santayana, filósofos del lenguaje; en las ideas pedagógicas de Dilthey, que son *fundamentales* para el buen planteamiento del problema de la educación (que, en serio, me interesa mucho como problema filosófico); en dos o tres artículos sobre la Edad Media que me propongo escribir para *La Nación*, después de abril.[15]

A excepción de los proyectados artículos sobre la Edad Media que jamás escribiría (sobre ellos ya no volvería a hablar), sobre el resto de los temas enumerados publicaría en las más variadas revistas casi al mismo tiempo. Era lo normal para alguien que ya había ingresado al circuito de la publicación cultural. Si lo invitaban a dar alguna conferencia, le pedirían seguramente las notas para publicar en alguna revista.[16] Muchas veces los textos

15. Carta de Raimundo Lida a Leonor García, Buenos Aires, 1934, s/f. Archivo de la familia, Buenos Aires.

16. Un ejemplo en su conferencia sobre "Filosofía de la literatura" dictada en la Sociedad Kantiana, luego publicada como "La obra literaria, *Megáfono*, 11, agosto de 1933, pp. 6-8.

se publicaban sin alterar mayormente el texto original, de tal modo que el texto final conservaba las marcas del discurso oral para el que había sido redactado. Una vez publicado –a las apuradas, para su gusto– Raimundo se tomaba el trabajo de releerlo y corregirlo para ulteriores versiones más refinadas. Todo se hacía muy rápido: cursos, conferencias y publicaciones. Entre ellos podía mediar la noticia publicada en el diario. Las conferencias solían aparecer en la prensa de masas, y más si se consideraba que el conferencista era una verdadera personalidad. Esta dinámica contribuía todavía más a acelerar las cosas. El éxito de la conferencia, de hecho, podía medirse por su publicación en la prensa.

Un ejemplo: en 1936 Raimundo fue invitado por el ingeniero José Babini a dar una conferencia organizada por el Instituto Social de la Universidad Nacional del Litoral, que se desarrolló en la sede de la Facultad de Ciencias Económicas de la ciudad de Rosario. Su charla fue juzgada un éxito, aun cuando Raimundo no estuvo muy seguro de que hubiera sido cabalmente comprendida por el público: "¡Pobres rosarinos! ¡El amasijo que se les habrá formado en la cabeza con Husserl, Heidegger y todas esas yerbas!". Pero era un conferencista especialmente invitado desde Buenos Aires y quizás por ello la charla despertó la curiosidad local más de la cuenta. Asistió incluso Monseñor Nicolás Fasolino, arzobispo de Santa Fe, "con anillo de amatista y todo: capelo (vulgo: gorrito muy mono), un curita secretario y otro profesor de literatura".[17] Además, varios fragmentos de su charla aparecieron transcriptos en el diario local, con las consabidas fotos junto a las autoridades de la universidad regional. Y finalmente lo invitaron también a dar una conferencia extra, fuera de programa. Para concluir, pues, a los pocos meses, el éxito obtenido en Santa Fe se tradujo en la publicación en *Cursos y Conferencias* del texto correspondiente a esas clases.[18] Todo iba a un ritmo muy rápido.

Y mientras tanto, había que trabajar en diversas ediciones de libros. No podía ser menos. No solo Raimundo se encontraba colaborando con Alonso en las series que publicaba el Instituto de Filología. También se

17. Cartas de Raimundo Lida a Leonor García, Rosario, 16 de julio y 17 de julio de 1936. Archivo de la familia, Buenos Aires.

18. Raimundo Lida, "La creación poética", *Cursos y Conferencias*, diciembre de 1936, pp. 985-998.

comprometió con otras ediciones especializadas por fuera del Instituto: la traducción de la obra del filósofo Moritz Geiger que hizo publicar en 1933 por intermedio del Centro de Estudiantes de Humanidades de la Universidad de La Plata, donde Raimundo era profesor de Estética, o bien las traducciones de Schiller que publicó con Juan Probst, a través del Instituto de Estudios Germánicos de la Facultad de Filosofía y Letras.[19] Muchos años después, escribía:

> En *Sur* publiqué con seudónimo tres notas más o menos irónicas. Pero se me gastaron los 'ratos libres' y se acabó la serie. Alguna vez te contaré de los 'ratos libres' en que traduje con Elsa Tabernig el libro de Vossler sobre cultura y lenguaje de Francia. No sé de dónde sacaba fuerzas. Juventud, divino tesoro.[20]

El ritmo de trabajo era frenético, y se agigantaba tanto más cuando se lo contemplaba a la distancia.

Y en medio de aquel frenesí, se volvía necesario conservar una rutina estable de trabajo que le permitiera, a su vez, sostener a su familia. Ya desde sus tiempos de estudiante universitario, y cuando todavía vivía con sus padres y su hermano mayor, había procurado obtener ingresos para solventar sus gastos: su primer sueldo fue de $ 60.- mensuales como preceptor en el mismo colegio donde había realizado sus estudios secundarios. No bastaba para sostener una familia, pero ayudaba a costear los libros cuando todavía era estudiante. A partir del año 1931 tuvo aquel cargo burocrático en la Municipalidad, donde ganaba $ 200.-, más $ 250.- que cobraba como ayudante en la cátedra de Filología Romance de la Facultad, cuyo titular era Alonso. Pudo así prescindir del puesto de preceptor y comenzar a pensar en independizarse. Cuando en 1936 ingresó al Banco Central, su sueldo ascendió a $ 500.-, que se sumaban a lo que ganaba en la Facultad. Ahora sí podía sostener la familia: apenas casados, Raimundo y su mujer alquilaron

19. Moritz Geiger, *Introducción a la estética*, La Plata, 1933; Friedrich Schiller, *De la gracia y la dignidad*, Buenos Aires, 1937. También se puede incluir aquí su traducción de Wilhelm Dilthey, *Panorama de la literatura europea moderna*, Buenos Aires, 1935.

20. Carta de Raimundo Lida a Fernando Lida, Cambridge, 10 de septiembre de 1967. Archivo de la familia, Buenos Aires. Se refiere a Karl Vossler, *Cultura y lengua de Francia*, Buenos Aires, Losada, 1955, con traducción de R. Lida y Elsa Tabernig.

primero una casa en pleno Palermo, en la calle Emilio Ravignani (hoy) entre Charcas y Paraguay, más allá de Juan B. Justo, si bien durante una temporada se mudaron a Castelar, provincia de Buenos Aires, a una casa más grande, pero más alejada y económica. Además, cumplía funciones docentes *ad honorem* en la cátedra de Estética, en la Universidad Nacional de la Plata. Viajar a La Plata no podía ser en absoluto una carga mientras lo acompañara Henríquez Ureña.

Pero tales puestos burocráticos en la administración pública le resultaban un verdadero fastidio. A pesar de que su desempeño en el Banco Central mereció la aprobación de Amado Alonso, que lo había recomendado para el cargo y elogiado el glosario y las normas de estilo que Raimundo confeccionó para uso de la institución (de hecho, lo mencionó en uno de sus libros como un "ejemplo alentador" que servirá para mostrar todo aquello que el lingüista puede aportar a través de su intervención en la sociedad y en la vida pública),[21] Raimundo se lamentaría todo el tiempo del trabajo que le había tocado en suerte. Creía que para lo único que servía era para perder un valioso tiempo que se podría aprovechar mucho mejor en lecturas, investigaciones y escritura de ensayos. Tampoco se habituaba del todo bien a los códigos que reinaban en las oficinas públicas. Muchas veces deploraría los usos consuetudinarios allí vigentes, que imperaban en lugar de cualquier tipo de norma escrita:

> ¡Qué horrible es esta vida de oficina! Yo necesitaba salir los martes una hora antes, a las 5, para llegar a tiempo al Instituto del Profesorado. Lo usual aquí en esos casos es irse tranquilamente sin pedir permiso a nadie. Quise ser más "correcto" y pedí por nota autorización para retirarme a esa hora, ofreciendo venir por la mañana "a fin de que no se resienta mi labor en el archivo". Y después de meses de trámite, me acaba de llegar la contestación: negativa.[22]

21. Amado Alonso, *La Argentina y la nivelación del idioma*, pp. 54-56.

22. Carta de Raimundo Lida a Leonor García, Buenos Aires, 26 de septiembre de 1934. Archivo de la familia, Buenos Aires.

Esto ocurría en su oficina de la Municipalidad. En el Banco, las cosas fueron un poco mejor. De hecho le concedieron sin mayores trabas la licencia sin goce de haberes que solicitó para partir a Estados Unidos en 1939. Pero esto no bastaba para consolarlo, puesto que a su regreso tuvo que seguir realizando esas mismas tareas que le resultaban monótonas y tediosas, entre ellas, la de revisar todos los diarios del día (eran más de sesenta), "los suficientes para dejarme harto de periodismo".[23] Claro que a la distancia, y muchos años después, ya instalado en la Universidad de Harvard, su lectura de aquellos años de trabajo de oficina se volvió tanto más despiadada: "me deslomaba en Buenos Aires trabajando en empleos burocráticos para mí repelentes".[24] Tanto más repelentes con el correr de los años.

Ahora bien, si sentía que el trabajo burocrático lo distraía de lo esencial, es porque Raimundo ya tenía claro en su mente cuál era la prioridad en su vida, cuál era el "ideal" por el cual valía la pena "sacrificarse", cuál era su meta y su razón de ser: a saber, tomar "en serio" las tareas intelectuales y forjar una carrera académica "seria". Debía, por lo tanto, meditar acerca de su proyecto de tesis de doctorado. Y cual Pigmalión, esto mismo se lo recomendaba a Leonor:

> Si en nombre de la lucha contra la gravedad y el estiramiento, contra la inhumanidad y la fosilización se hace usted deliberadamente la ilusión de que no debe tomar muy a pecho las tareas *intelectuales* (hay que atreverse a esta fea pero honesta palabra), entonces... no se conoce usted a sí misma. Lorchencita: usted sabe de cuánto es capaz y, por eso mismo, cuántas son sus obligaciones y su responsabilidad.
>
> Ahora viene la importantísima cuestión del ideal a que sacrificar nuestras vidas y de hasta qué punto es ingenuidad, ambición, soberbia lo que guíe al sacrificio. Debe usted aprender a tener aplomo, a darse con espíritu sobrio y geométrico a las pequeñas grandes tareas de cada día, a escribir una página para el Boletín del

23. Carta de Raimundo Lida a Fernando Lida, Cambridge, 26 de junio de 1956. Archivo de la familia, Buenos Aires.

24. Carta de Raimundo Lida a Fernando Lida, Cambridge, 10 de abril de 1955. Archivo de la familia, Buenos Aires.

> Colegio de Graduados, y después otra páginas. A bosquejar en una o dos semanas un plan posible de tesis, conversando al respecto con [Francisco] Romero. Pero me detengo porque ya la veo viéndome con el índice levantado.[25]

Raimundo proyectaba sobre ella sus propias inquietudes: era su propio plan de tesis el que había que definir con precisión. Si en un primer momento pensó en Quevedo, el tema que le apasionaba desde la adolescencia, debió sin embargo abandonarlo a los fines de la presentación a la beca Guggenheim que realizó en 1938. Puesto que iba a trabajar a archivos y bibliotecas norteamericanas, y con profesores locales, debía elegir un tema acorde que resultara más directamente vinculado con los intereses allí predominantes. Finalmente lo encontró en la obra de George Santayana, un filósofo de origen español que apenas comenzaba a conocerse en la Argentina de los años treinta. Santayana se había doctorado en Harvard, de donde llegó a ser profesor, en los primeros años del siglo XX y sus archivos permanecieron allí. Raimundo no había publicado nada sobre él todavía, pero a lo largo de 1938 dictó en el Colegio Libre de Estudios Superiores unas clases en torno a su teoría estética. Por su origen español, y por sus ensayos filosóficos en cuestiones estéticas, la opción por Santayana permitía conciliar muy bien sus propias inquietudes con la vocación "hispanista" predominante. De hecho, ya en los años de la Guerra Civil Española, los hombres de letras hispanoparlantes dispersos a lo largo de América se identificaban cada vez más como hispanistas, en señal de compromiso, afectivo y político, con los republicanos.

Así fue como Raimundo se postuló a la beca Guggenheim, con el respaldo de Alonso que ya estaba tejiendo sus contactos con los Estados Unidos. Todos lo felicitaron cuando la obtuvo y en el Banco Central le organizaron una "demostración" de despedida, como era de esperar. Y una vez en Estados Unidos, recibió una carta donde Francisco Romero le decía que todos en *Sur* se sentían orgullosos de él, y lo consideraban "una especie

25. Cartas de Raimundo Lida a Leonor García, Buenos Aires, 7 de septiembre de 1934 y 26 de septiembre de 1934. Archivo de la familia, Buenos Aires.

de avanzada en las tierras del Tío Sam"[26]. A tal punto, agregaba, que en la revista estaban evaluando la idea de incorporarlo al grupo editorial como miembro pleno.

Eran ya varios los argentinos que por entonces estaban accediendo a becas en el exterior: fueron en total cuatro los que obtuvieron la Guggenheim ese mismo año. En el mismo barco que lo llevó a Estados Unidos viajaban el matemático Alberto González Domínguez, también becario Guggenheim, el estudiante de abogacía Rodolfo Bledel, becado por la Rockefeller Foundation y otros becarios más de literatura e idiomas, financiados por el Instituto Cultural Argentino Norteamericano (ICANA).[27]

Raimundo, Leonor y su hijo de casi tres años zarparon en Buenos Aires el 1 de septiembre de 1939. Día infausto para embarcarse si lo hay, puesto que ese mismo día Hitler invadía Polonia, dando inicio a la Segunda Guerra Mundial. En un clima de gran incertidumbre, abordaron el transatlántico norteamericano "Brazil" de la Moore- McCormarck Lines, al que se le pintó una franja de color que indicaba que se trataba de una nave de país neutral. No obstante, la angustia de los abuelos que quedaron en tierra no pudo evitarse. La abuela María, madre de Leonor, le ató al niño en la cintura una cinta bordada que decía "Me llamo Fernando Lida y vivo en Humboldt 1892, Buenos Aires, la Argentina" para que en caso de accidente o naufragio lo pudieran devolver a los abuelos maternos.

Dejando a un costado el calor sufrido durante el viaje y la mala comida del barco, puede decirse que el 17 de septiembre llegaron sin mayores percances a New York, desde donde partieron por tren a Cambridge, en las afueras de la ciudad de Boston. La primera experiencia en Estados Unidos en este viaje de 1939-40 fue para Raimundo un verdadero paraíso. No solo por las bibliotecas vastísimas que encontró –las mismas que María Rosa había juzgado laberínticas en su primera impresión–, sino además por la intensa actividad cultural que se desarrollaba en Boston: las conferencias y las visitas de escritores y músicos, como Auden y Stravinsky, por ejemplo. A este último ya lo había visto durante su visita a Buenos Aires y en Boston le decepcionó. Pero el balance de la vida cultural bostoniana era excelente de

26. Carta de Francisco Romero a Raimundo Lida, Martínez, 29 de octubre de 1939. *HA*, Folder Francisco Romero, Named Correspondence, 1945-1979. HUGFP 61.12.

27. "Irán varios becados con destino a la Unión", *La Nación*, 1 de septiembre de 1939.

todas maneras, superior en muchos sentidos a la de Buenos Aires, por más intensa que esta haya sido durante los años de entreguerras:

> Stravinsky dirigió sus propias obras en Boston, con la Filarmónica: es una felicidad estar a 15 minutos de esa orquesta. Y aquí mismo tenemos la de la Universidad, muy disciplinada y con admirables programas de música antigua. Y tanto en Boston como en Cambridge frecuentes conciertos de la Sociedad Bach y de la Sociedad Haendel y de la Sociedad Haydn, y no sé cuántas más. No recuerdo felicidad mayor que la que sentí oyendo *La creación* de Haydn.[28]

No hay nada que Raimundo lamente de aquel primer viaje. Con su familia, tuvo incluso la oportunidad de recorrer buena parte del país en tren, desde Boston hasta la costa oeste, donde concurrió a un Congreso organizado por la Universidad de California en Los Ángeles, al que también asistieron Américo Castro y el poeta Pedro Salinas, que ya se habían refugiado en Estados Unidos, luego de la Guerra Civil Española. Atravesaron todo el territorio norteamericano, y a pesar de la atmósfera de guerra que ya comenzaba a respirarse, puesto que las fronteras se cerraban cada vez más en todas partes, pudieron llegar al Canadá, gracias a la invitación del historiador Henry Ferns, quien les agilizó desde Ottawa los trámites consulares. Visitaron, también, las cataratas del Niágara. El viaje desde Nueva Inglaterra hasta California, pasando por Canadá, y el posterior regreso a New York, desde donde zarpaba el barco que los llevó de regreso a Buenos Aires, fue lo último que hicieron antes de abandonar Estados Unidos, en agosto de 1940, durante el verano del hemisferio norte. Fue un final *prestissimo e molto agitato.*

Para Leonor el último tramo fue sin duda lo mejor del viaje, puesto que toda la estancia en Cambridge, desde septiembre de 1939 hasta julio del año siguiente había sido bastante ardua. No fue el duro frío de Boston lo peor a lo que hubo que acostumbrarse. Lo más difícil era lidiar con un país que resultaba tan distinto de lo que ella conocía. La distancia con respecto

28. Carta de Raimundo Lida a Alfonso Reyes, Cambridge, 24 de julio de 1940, en S. Zaïtzeff, *Alfonso Reyes, Raimundo Lida...*, p. 24.

a Buenos Aires, desde donde siempre estaba esperando noticias a través de los diarios y revistas que les enviaba la familia, en especial, los abultados ejemplares que se publicaban en ocasión de las fechas patrias, aguzaba su capacidad de hacer comparaciones. Las cartas con los padres –unos padres que hasta la fecha nunca habían enviado una carta fuera del país y no sabían que en el remitente debían consignar ciudad y país de origen, puesto que nunca lo habían hecho así– revelan cuán diferente, incluso ajena, era para una porteña de clase media la vida cotidiana en los Estados Unidos. Buenos Aires se le revelaba a la distancia como un villorrio tosco y provinciano, donde la falta de urbanidad en la conducta de la gente no podía ya ser considerada una cosa natural, por contraste con la mayoría de los porteños que no habían tenido la oportunidad de viajar al exterior y por lo tanto carecían de parámetros de comparación. La ciudad conservaba sus encantos de todas maneras:

> Y el subterráneo, ¿se acabó? ¿No lo continúan hasta Belgrano? Aquí los subterráneos son larguísimos, casi verdaderos trenes que unen una gran ciudad con todos sus suburbios.
>
> Sería muy bueno que se implantara en Buenos Aires una mayor fiscalización del Estado en la ciudad. Las gentes están en nuestra tierra muy acostumbradas a hacer lo que les da la gana. Si tienen auto ensordecen con la bocina porque no le dejan paso, o se llevan por delante a uno por pasar al auto que les estorba. Suben al tranvía o al colectivo y como están por acabar el cigarrillo siguen fumando aunque proteste el guarda. Leen un cartelito que dice el que escupe en el suelo es un maleducado, pues se divierten y escupen no más. [...] Del comercio no digamos nada, las cosas son caras para nosotros que hacemos la cuenta en pesos pero para el norteamericano que gana en dólares y gasta en dólares no debe serlo tanto y por lo menos tiene el consuelo de saber que cuando compra algo ha pagado por ello su valor y no lo que al comerciante se le ocurrió pedir.
>
> Aquí la gente come muy mal, para ahorrar dinero usa y abusa de las conservas. Para el caldo hay unos cubos que se disuelven en una determinada medida de agua, las sopas vienen en latas, no hay más que abrirlas y agregarle agua de acuerdo con las instrucciones, las

> legumbres se comen en conserva, el jugo de naranja viene también envasado. En fin que no hay necesidad de cocinar.
> [...] Carne todos los días solo la comen aquí los ricos. Los sábados, que es el día dedicado a las compras, me divierto mucho viéndolos comprar carne. Cualquiera diría que están comprando brillantes. Tan poca importancia le dan a la comida que aquí no se usa el comedor. Los norteamericanos comen en la cocina y reciben en el living. Pero eso sí: no les falta la máquina eléctrica para lavar la ropa y los platos, la cafetera eléctrica, la tostadora eléctrica, el limpiador eléctrico al vacío para las alfombras y los muebles, el automóvil y los chicles para rumiar todo el día y hacerse la ilusión de que comen. Allá ellos, yo prefiero vivir a la argentina, se vive mejor.[29]

El contraste con Estados Unidos hacía lucir la ciudad de Buenos Aires mucho menos moderna de lo que Leonor daba en creer cuando vivía en la Argentina. En este sentido, las comparaciones de Leonor no son muy diferentes a las que hiciera el viajero norteamericano Francis Herron cuando en sus impresiones de viaje de comienzos de la década del cuarenta señaló que la Argentina –excepción hecha de la difusión del automóvil y de la electricidad– se parecía, cuando mucho, a los Estados Unidos de cincuenta años atrás.[30]

Para Leonor, con todo, solo en la Argentina se vivía "como Dios manda": para ella regresar fue un alivio. Para Raimundo, en cambio, todo lo contrario. El regreso lo enfrentó otra vez a su rutina en el trabajo burocrático en el banco, que se le hizo más intolerable que nunca. Y no menos rutinario consideraba el trabajo que Amado Alonso le había asignado de secretario de la *Revista de Filología Hispánica*, editada por el Instituto desde 1939. Nuevamente tenía que hacer las veces de traductor: la revista le imponía la tediosa tarea de traducir los artículos de especialistas extranjeros, mayormente norteamericanos, que colaboraban allí. Lo consideraba un trabajo

29. Cartas de Leonor García a su madre, Cambridge, 20 de octubre de 1939; 14 de febrero de 1940; 16 de abril de 1940. Archivo de la familia, Buenos Aires.

30. Francis Herron, *Letters from the Argentine*, New York, Putnam's Sons, 1943, p. 155.

puramente mecánico, sin ningún tipo de satisfacción intelectual y en este sentido, cerebelar –Raimundo también había sido alumno del muy apreciado profesor Jakob en la Facultad de Filosofía y Letras, de quien había aprendido neurología–. En carta a Alfonso Reyes exponía su propio contraste, muy distinto del de Leonor, entre la experiencia norteamericana y la vida que llevaba en Buenos Aires:

> Todo el año lo he pasado [en Boston] con tranquilidad maravillosa en este paraíso universitario de libros, conciertos, nieve y viejos campanarios que dan la hora exacta [...].
> [En Buenos Aires] Mi vida empieza todas las tardes a las cuatro y media, cuando salgo del Banco Central de la República Argentina después de muchas horas de fuerte trabajo cerebelar. Pero entre el cerebelo y el cerebro debe de haber relación e intercambio (de toxinas) muy estrecho porque, ya en el Instituto de Filología, a las dos horas de traducir artículos yanquis para *RFH*, sirvo sólo para corregir pruebas de imprenta.[31]

Alfonso Reyes, que desconocía la idea del *full time professor*, puesto que sólo se había podido dedicar a las letras gracias a su carrera diplomática, le respondió que lamentaba que "tenga usted, *como todos nosotros*, que vender media alma al diablo para salvar la otra mitad".[32] Al fin y al cabo, el caso de Raimundo no era ninguna excepción. Pero el hecho de que el propio Instituto de Filología quedara comprendido en el listado de tareas que Raimundo juzgaba rutinarias e intelectualmente poco gratificantes es significativo. Raimundo a esta altura ya compartía con Henríquez Ureña la sensación de que en el Instituto se hacían tareas indignas de verdaderos investigadores, como corregir pruebas para publicaciones diversas, propias y ajenas. La experiencia en Estados Unidos, con sus universidades bien provistas de profesores *full time*, contribuyó con fuerza a abrirle los ojos en este sentido. Todo ello tendrá consecuencias que Alfonso Reyes desde México

31. Cartas de Raimundo Lida a Alfonso Reyes, Cambridge, 24 de julio de 1940 y Buenos Aires, 28 de febrero de 1942, en Serge Zaïtzeff (comp.), *Alfonso Reyes, Raimundo Lida y...*, pp. 23-28.

32. Carta de Alfonso Reyes a Raimundo Lida, México D.F., 5 de agosto de 1940, en Serge Zaïtzeff (comp.), *Alfonso Reyes, Raimundo Lida y...*, p. 30.

estaba lejos de poder comprender cabalmente. En este contexto el trabajo de Raimundo cambió; se volvió más selectivo en los compromisos laborales que aceptaba (cursos, traducciones y publicaciones en general) e incluso se dio el lujo de rechazar ofertas que años atrás habría aceptado sin vacilar.

La industria editorial porteña estaba trabajando a pleno en esos años, y más de un editor o director de colección se dirigió a él para ofrecerle algún trabajo. En 1944, el profesor de letras Juan Adolfo Vázquez de la Universidad de Tucumán, autor de varias reseñas para la revista *Nosotros* en torno a diversas publicaciones editadas en la provincia tucumana, le hacía saber que estaba trabajando para la Editorial Jackson y lo invitaba a trabajar en una edición de Quevedo y varias colecciones de poesía castellana para la serie "Clásicos de Occidente", en la que también colaborarían a su tiempo Francisco Romero, Guillermo de Torre, Ángel del Río, entre otros. "Quizás María Rosa le haya dicho que estoy al frente de una empresa editorial. *En estos tiempos lo difícil es no estarlo*".[33] Y en efecto, así lo era. Pero no aceptó esta propuesta; finalmente, la edición popular de Quevedo en Jackson estuvo al cuidado de Germán Arciniegas.

Con la promesa de que se lo retribuiría con una tarifa similar a la que pagaba la casa Losada, le propuso además que tradujera la monumental obra de Herder *Ideas para una filosofía de la historia de la humanidad*, que en 1959 finalmente Losada hizo traducir por José Rovira Armengol. A pesar de su evidente interés por Herder –en Estados Unidos acababa de publicar una ponencia sobre su influjo en Sarmiento– no aceptó tampoco esta propuesta.[34] Apenas avanzó igualmente la que le hiciera Adolfo Bioy Casares de traducir una obra de Robert Louis Stevenson para la editorial Emecé, a pesar de que Bioy intentó convencerlo de seguir adelante con halagos: "el Stevenson de Lida será uno de los libros que justificará la colección".[35] Era un traductor solicitado, al que le proponían trabajos en las mejores condiciones económicas que pudieran caber en el mercado editorial de Buenos

33. Carta de Juan A. Vázquez a Raimundo Lida, Tucumán, 13 de marzo de 1944, *HA*, Folder "Correspondence 1940-1953", HUGFP 61.8.

34. Raimundo Lida, "Sarmiento y Herder", *Actas del II Congreso de Literatura Iberoamericana*, Los Ángeles-México, 1940, pp. 155-171.

35. Carta de Adolfo Bioy Casares a Raimundo Lida, Mar del Plata, 9 de abril de 1944, *HA*, Correspondence 1940-1953, HUGFP 61.8.

Aires. No obstante, su época de traductor infatigable estaba llegando a su fin.

Ni siquiera tuvo éxito la insistente, aunque muy tentadora, invitación de Daniel Cosío Villegas, del Fondo de Cultura Económica, para que escribiera un tomo para la colección *Tierra Firme*. En 1943, de regreso en México tras su viaje a Buenos Aires, le escribía:

> ¿Usted sospechó siquiera en nuestras dos breves charlas en Buenos Aires que se echaba usted a cuesta un editor molesto y tenaz, que llamaría a su puerta con discreción, pero con una regularidad molesta? Pues aquí me tiene usted de nuevo inquiriendo sobre su manuscrito. Casi no necesito excusarme explicando que quiero obtener su manuscrito porque sé que será de los mejores, con lo cual conseguiremos un doble resultado: prestigiar nuestra colección y estimular a los autores holgazanes.[36]

La propuesta consistía en la publicación de una breve historia de las ideas en la Argentina, pero Raimundo no la aceptó. Finalmente, el libro fue escrito por José Luis Romero, salió publicado en la misma colección y se convertiría en un clásico del pensamiento argentino en el siglo XX (*Las ideas políticas en la Argentina*, primera edición de 1946). Años después Raimundo recordaba ese proyecto:

> Ese libro que alguna vez empecé a preparar para *Tierra Firme* quedó en papeletas, nada más. Ya no podría escribir sobre esos temas de historia de las ideas. Sus zonas de contacto con la literatura (ciertos aspectos de Hernández, Sarmiento, Mallea) sí me siguen interesando, y espero que fructifiquen a tiempo.[37]

Cuanto más frenético se hacía el ritmo de trabajo en la industria editorial de Buenos Aires, más Raimundo se apartaría de ella (hasta ese momento, su última intervención había tenido lugar, precisamente, poco antes

36. Carta de Daniel Cosío Villegas a Raimundo Lida, México, 24 de agosto de 1943, *HA*, Folder, Correspondence 1940-1953, HUGFP 61.8.

37. Carta de Raimundo Lida a Fernando Lida, Cambridge, 22 de marzo de 1959. Archivo de la familia. Buenos Aires.

de partir a Estados Unidos, con la edición de unas *Páginas selectas* de José Martí que publicó por la editorial Ángel Estrada en 1939). A tal punto llegó su alejamiento, que estuvo a punto de rechazar una propuesta que le hizo Francisco Romero de traducir y presentar la edición de los *Diálogos en el limbo* de George Santayana, para Losada. No podía alegar que el autor no le interesara. La propuesta llegó cuando Raimundo estaba ya en Estados Unidos y por ello el trabajo quedó demorado hasta su regreso. Comprensivamente Romero le respondió: "es muy puesto en razón que usted no ocupe sus horas de Cambridge en traducciones".[38] El libro salió finalmente en 1941 por la colección "La pajarita de papel" dirigida por Guillermo de Torre, con un prólogo de Raimundo quien, no obstante, solo tradujo algunos de los trabajos del filósofo español allí incluidos: tampoco quiso perder su tiempo con esta traducción (los demás quedaron a cargo de Antonio Marichalar, Enrique Apolinar Rodríguez, Pedro Henríquez Ureña y Jorge Mañach).

La industria editorial estaba atravesando tan buen momento que se daba el lujo de publicar obras de filosofía en ediciones baratas que a pesar de todo se vendían. No podía haber una mejor oportunidad. Muy irónicamente, pero no sin un dejo de verdad, Francisco Romero le escribía sus impresiones sobre esta coyuntura tan inesperada:

> Una especie de furor filosófico se despierta en la América nuestra, desde el Río Grande hasta el Polo Sur. Toda aquella magnífica energía que se derrochaba antes en odas y discursos, empieza a modelarse fenomenológica y existencialmente. Los jóvenes, los tiernos adolescentes que antes expresaban sus ansias de ideal en versos a la amada, se inician ahora con una teoría del conocimiento. Si esto sigue así, y continúan tomándome por destinatario de sus creaciones, este invierno no tendremos que comprar carbón para la calefacción.[39]

Para apartarse del furor que Romero le auguraba, así como de las ofertas de traducciones que le llovían masivamente, Raimundo se refugió

38. Carta de Francisco Romero a Raimundo Lida, Martínez, Martes de Carnaval, 1940, Raimundo Lida Files, *HA*, Folder "Francisco Romero", HUGFP 61.12.

39. *Ibidem*.

en sus propios proyectos. Ante todo, debía concluir la tesis de doctorado, defenderla y por último publicarla. Así lo hizo, en efecto, y su tesis pudo convertirse en libro en 1943.[40] No la publicó a través del Instituto de Filología, como era de esperar, sino por intermedio de la Universidad Nacional de Tucumán. Hubiera podido hacer encajar su trabajo perfectamente en la Colección de Estudios Estilísticos del Instituto, pero desde 1941 se encontraba en Tucumán el lingüista italiano Benvenuto Terracini. Era judío y escapaba de Mussolini, como también lo hiciera Rodolfo Mondolfo, quien encontró refugio en Córdoba primero, y luego en Tucumán. Todo ello redundaría en beneficio de la universidad tucumana que estaba atravesando un buen momento desde los años treinta, tanto es así que se dio el lujo de invitar en 1938 como conferencista a Manuel García Morente y a publicar inmediatamente después un volumen con sus charlas (*Lecciones preliminares de filosofía*, UNT, 1938). Emilio Carilla –más tarde becario Guggenheim– y Juan Adolfo Vázquez fueron las dos amistades tucumanas de Raimundo que hicieron posible allí la publicación.

A raíz de la publicación de la tesis se sucedieron varios artículos de Raimundo que giraban en torno a la interpretación de la obra de Santayana, y sus cruces con diferentes autores norteamericanos; todos ellos se publicaron en el suplemento literario de *La Nación* y en *Sur*.[41] Y poco después, en 1944, tuvo la ocasión de viajar a Montevideo, invitado por la Institución Cultural Española, para dictar en la Universidad de la República una conferencia sobre la figura de Santayana. La noticia salió en la prensa local con las consabidas fotos y la transcripción de una síntesis de su charla. Tuvo también la oportunidad de publicar en una revista uruguaya. Fue, sin embargo, la única conferencia que dio sobre este tema y no tuvo mayor repercusión en Buenos Aires.[42]

40. Raimundo Lida, *Belleza, arte y poesía en la estética de Santayana*, Tucumán, Universidad Nacional de Tucumán, 1943.

41. En *Sur*: "Sobre la estética de Santayana", N° 93, junio de 1942; "Santayana y Browning", N° 99, diciembre de 1942. En el suplemento literario de *La Nación*: "Santayana y Whitman", 2 de agosto de 1942; "Santayana, el antimoderno", 25 de octubre de 1942.

42. Raimundo Lida, "George Santayana", *Enciclopedia de educación*, Montevideo, N° 2, junio de 1945, pp. 3-11.

A esta altura del partido, ya no hacía traducciones de más, ni siquiera para la revista de Victoria Ocampo, aunque continuara colaborando con ella de todas maneras. En las páginas de *Sur* de hecho ensayó la publicación de una columna propia que firmó con el seudónimo de Antonino Rey. Se llamaba "La Torre en Guardia" y se publicó durante tres números sucesivos a mediados de 1943. "La Torre en Guardia" rompía con el canon de las publicaciones "serias", y por ello se hacía necesario publicarla con seudónimo. La primera entrega se llamó "La inminente inutilidad del lector". El título da el tono de lo que puede esperarse de esa columna: Raimundo propuso allí una crítica de la sociedad industrial moderna y de cómo esta ha convertido al arte y los libros en meras industrias que ofrecen productos ya masticados –una suerte de picadora de carne– con resultados empobrecedores para el lector, que ya casi ni necesita leer los libros, puesto que con las ediciones de obras selectas –verdaderos *Reader's Digests*– les alcanza para hacerse una vaga idea de cada obra, de cada autor. Con un argumento similar, deploraría, ya en los años sesenta, que las obras de María Rosa Lida, ya fallecida, se vendieran cual folletín, casi, en los kioscos de diarios de la ciudad de Buenos Aires, en el marco de la novedosa gestión editorial que Boris Spivacow había implementado en Eudeba. Pero el tono de la crítica esbozada en *Sur*, en sintonía con la lectura de la modernidad que se desarrolló en la filosofía alemana de la posguerra, desde Heidegger hasta los autores provenientes de la escuela de Frankfurt como Theodor Adorno, no parece haber sido del todo bien recibida en Buenos Aires. Tanto es así que en la segunda entrega el propio Antonino Rey debió admitir que "a ciertos lectores de *Sur* parece haberles sentado muy mal" el artículo del número anterior.[43] Al mes siguiente apareció una tercera: la última.

Su verdadero refugio a partir de 1943 fue la *Revista de la Universidad de Buenos Aires*, la *RUBA* o, como se decía entre amigos, la "*Rubita*". Comenzó a trabajar en ella como secretario a mediados de 1943, luego de pedir la renuncia al Banco Central. Abandonaba, por fin, la mera rutina burocrática luego de más de una década de desempeñar puestos públicos. Para él

43. Los tres artículos de la columna de *Sur* fueron: "Sobre la inminente inutilidad del lector", N° 104, junio de 1943, pp. 104-106; "Contra los querandíes", *Sur*, N° 105, julio de 1943, pp. 103-107; "Exhortación a las adivinas", N° 106, agosto de 1943, pp. 114-118.

fue todo un gesto de independencia; no obstante, para su mujer esa decisión era un traumático salto al vacío, puesto que no confiaba demasiado en que la Universidad de Buenos Aires pudiera darle de comer a la familia, que ya tenía dos hijos. Al menos, no con la cierta holgura que habían podido disfrutar hasta ese momento: el mayor, nacido en 1936, tomaba para entonces sus primeras clases de piano y de inglés –esto último en la Cultural Inglesa–. Todo esto no hace más que enfatizar la importancia de la decisión que tomó al hacerse cargo de *RUBA*: fue una revista por la que desde el primer momento tuvo que apostar. De todas maneras, no habría podido durar mucho más en el Banco Central: poco después del 4 de junio de 1943, cuando ascendió al poder el gobierno militar que destituyó al presidente conservador Ramón S. Castillo, Raúl Prebisch, que había contratado a Raimundo, se alejó definitivamente del banco que había fundado y dirigido por siete años.

La *RUBA* no fue, sin embargo, un salto al vacío. A mediados de los años cuarenta, Raimundo podía darse el gusto de tomarse unos días de vacaciones al año, fuera de Buenos Aires. Sus ingresos provenientes de la Universidad se completaron con nuevas horas de cátedra rentadas tanto en el Instituto Superior del Profesorado (donde dictó cursos de Estética, Literatura y Composición, Lengua Castellana y Estética), como así también en el Colegio Nacional de Buenos Aires, donde fue designado profesor suplente de castellano en 1946.[44] Con su trabajo en la revista de la universidad y lo que obtenía por sus diferentes cátedras pudo continuar resignando las sucesivas ofertas que todavía recibía para hacer traducciones para la industria editorial porteña.

La *RUBA* fue para Raimundo mucho más que una revista; al menos, no se parecía a ninguna de tipo convencional. Presentaba un compendio de avances de investigación que alcanzaba a cubrir todas las disciplinas, desde las humanísticas hasta las físico-matemáticas y biológicas. Colaboraron en ella José Torre Revello, Claudio Sánchez- Albornoz, Julio Caillet-Bois, José Babini, Silvio Zavala, Jorge Romero Brest, Francisco Ayala, Henríquez Ureña, Rodolfo Mondolfo, José María Monner Sans, Ernesto Sabato, Eduardo Krapf, entre tantos otros más. Y si estos fueron los nombres que efectivamente contribuyeron con alguna publicación, puede imaginarse que fue todavía mucho mayor el listado de la gente a la que el infatigable editor

44. Documentos varios en archivo de la familia, Buenos Aires.

contactó a fin de solicitarles que colaboraran con un artículo.[45] Quien mejor interpretó el significado de la *RUBA*, suerte de Enciclopedia rediviva, en esta nueva época que atravesaba con Raimundo como secretario fue el filósofo Francisco Romero:

> Me dicen que es Ud. director de la Revista. Mis felicitaciones. No imagino qué harán en y con ella. Esa revista, primero nadie la conoce; segundo, es mejor que así sea. Me enorgullezco pensar que soy una de las pocas personas en el continente y sus islas que sabe algo de ella. Era una revista singular. Un número consistía en un ensayo de la cría del conejo; otro, un ensayo de la Dra. Peradotto sobre la logística. Así se marchaba hacia una armoniosa integración del saber que realizara la misma idea de la Universidad [...]. Espero que Usted siga en esta dirección para bien de nuestra cultura, acollarando uno junto al otro los ramos fundamentales del saber.[46]

La amable advertencia de Romero de que, en lo posible, la revista conservara el bajo perfil que siempre había tenido (ella "ha vivido ocultándose como púdica violeta", agrega)[47] tiene su razón de ser. La Universidad estuvo intervenida desde junio de 1943, bajo la batuta de Tomás D. Casares. En estas circunstancias, la *RUBA* no pudo evitar, tal como era de rigor, la publicación de los discursos de las autoridades, desde Gustavo Martínez Zuviría y Alberto Baldrich, que ocuparon el ministerio de Educación, hasta los del propio interventor. En este contexto, se incorporaron a la revista colaboradores que fueron convocados a escribir por las propias autoridades de la Universidad intervenida, y que no eran en absoluto del gusto de Raimundo: entre ellos, Octavio Derisi, presbítero y filósofo neotomista que más tarde se convertirá en el fundador de la Universidad Católica Argentina, y el jurista antiliberal Arturo Enrique Sampay que será años después uno

45. Así se desprende de su correspondencia. Otros nombres fueron: Alberto Palcos, Bernardo Canal Feijóo, Honorio Delgado. Folder "Correspondence 1940-53", *HA*. HUGFP 61.8.

46. Carta de Francisco Romero a Raimundo Lida, Martínez, 24 de marzo de 1943, *HA*.

47. Carta de Francisco Romero a Raimundo Lida, 28 de mayo [s.f.], *HA*, HUGFP 61.12.

de los responsables de la reforma constitucional de 1949 bajo el gobierno de Perón. En un clima de creciente polarización ideológica como el que vivía la Argentina desde fines de los años treinta, y que atravesaba con tanta más fuerza el universo de los intelectuales, se justificaba la prudencia que Francisco Romero le recomendaba a Raimundo en la *RUBA*, puesto que se movía en un terreno resbaladizo: basta con mencionar que en sus páginas coincidían Henríquez Ureña y Hugo Wast. Con todo, la intervención de la Universidad no afectó el funcionamiento normal de la *RUBA* ni el propio trabajo de Raimundo. A un gobierno militar pronto le siguió otro (se sucedieron en la Presidencia de la Nación Arturo Rawson, Pedro Pablo Ramírez y Edelmiro Farrell) y la revista siguió adelante sin mayores contratiempos. En principio, nada hacía augurar que las cosas cambiarían sustancialmente con la llegada del general Perón a la presidencia. Pero en marzo de 1946, justo después de que Perón triunfara en las elecciones que lo llevarían a su primer gobierno, Raimundo presentó la renuncia y abandonó la *RUBA*.

Desde mediados de 1945, la situación se estaba volviendo cada vez más tirante en la Universidad. Raimundo participó con su firma en un manifiesto colectivo que compartió con importante número de profesores de la Facultad de Filosofía y Letras, donde se cuestionaba el modo en que los interventores de la universidad y del Instituto del Profesorado estaban llevando adelante su gestión. Se acusaba a los interventores de interferir con la actividad docente, alterar el desempeño académico, los concursos para la provisión de cátedras y, en general, el normal funcionamiento de ambas instituciones en todos los planos. Los conflictos en las universidades nacionales por las cesantías de profesores, y nombramientos arbitrarios de otros que no tenían más credenciales que su militancia en las filas del nacionalismo católico, se sucedieron incansablemente desde 1943, pero fue en 1945 que por primera y única vez Raimundo firmaba una declaración pública de ribetes políticos. Su actuación fue elogiada por Norberto Rodríguez Bustamante: "hay momentos en que la mera inteligencia no justifica la deserción ni la indiferencia de nadie", le escribió.[48]

La política universitaria iba de mal en peor desde 1943. Pero tras el triunfo de Perón en las elecciones de 1946, el gobierno intentó algún tipo de

48. Carta de Norberto Rodríguez Bustamante a Raimundo Lida, Catamarca, 26 de agosto de 1945. *HA*, Correspondence 1940-1953. HUGFP 61.8.

saneamiento a través de la convocatoria a concursos para las universidades nacionales en los que se esperaba contar con la colaboración de un variado arco de profesores. Se convocó pues a Francisco Romero, Rey Pastor y Raimundo, entre otros. Les tocó participar en marzo de 1946 en una serie de concursos para proveer cátedras en la Universidad Nacional de Cuyo. Esta universidad había sido establecida en 1939 y existían en ella muchas cátedras que era necesario regularizar. Raimundo, y seguramente los demás, participaron con la expectativa de poder ayudar a la transparencia en la provisión de las cátedras, viejo anhelo de la universidad reformista y del Colegio de Graduados de la Facultad de Filosofía y Letras. Y de paso, tendría la oportunidad de encontrarse con Joan Corominas, lingüista catalán que había huido del franquismo y desde 1941 dirigía allí el Instituto de Lingüística –luego terminó trabajando para la Universidad de Chicago–. Sin embargo, no tardó en decepcionarse por el modo en que se llevaron adelante los concursos mendocinos:

> Estoy de actas, pruebas escritas, chismes y demás gajes del oficio. Los concursos, naturalmente, tienen mucha trastienda. Cada profesor designado es un voto a favor o en contra de tal o cual bando. Parece que en Filosofía, por ejemplo, a falta de otros candidatos con obra publicada, han tenido que poner a [el sacerdote y filósofo Juan] Sepich como segundo término de dos ternas, y si la política lo ayuda podría desalojar a los que van en primer término. Pero ¡cuánto mejor se está en la Universidad de Buenos Aires que en la de Cuyo![49]

Las universidades del país crecían al ritmo de la expansión del Estado, pero no siempre contaban con candidatos lo suficientemente preparados como para llenar las ternas de los concursos. Donde más se advertía esa carencia era en las universidades nacionales de más reciente creación. De lo cual resultaba la conclusión de que en la Universidad de Buenos Aires, con todo, se estaba mucho mejor: al menos todavía quedaban algunos profesores

49. Carta de Raimundo Lida a Leonor García, Mendoza, 11 de marzo de 1946. Archivo de la familia, Buenos Aires.

de renombre. Todavía para esas fechas, de hecho, el Instituto de Filología pudo seguir funcionando bajo la dirección de Alonso.

Pero no duraría mucho más, desde ya: su suerte quedó echada ya para el mes de septiembre. Y con ella pronto quedó comprometida también la de Raimundo. Ahora bien, si el destino de Alonso fue Harvard, el de Raimundo fue México. ¿Por qué México y no los Estados Unidos de la posguerra, cuyas universidades, cada vez más prósperas, no hacían sino absorber profesores de todas partes del mundo?

A comienzos de 1946, el todavía incipiente Colegio de México, fundado en 1940 por Alfonso Reyes con la colaboración activa de Daniel Cosío Villegas, había concertado un acuerdo con la Fundación Rockefeller para llevar a México a Pedro Henríquez Ureña con la finalidad de que este se encargara de establecer allí un Instituto de Filología, de acuerdo con el modelo del de Buenos Aires. Se preveía la formación de un centro especializado con capacidad de financiar becarios y proyectos de investigación.[50] No se contemplaba la financiación de ninguna publicación especializada para este nuevo instituto, aunque no había dudas de que la directa participación del director del Fondo de Cultura Económica en esta iniciativa permitiría reeditar de algún modo en México algo de la experiencia argentina de entreguerras. Estaba claro para Cosío Villegas que la clave del éxito en Buenos Aires estuvo dada por la estrechísima relación entre el instituto de investigación y la industria editorial más pujante. Pero los planes de Alfonso Reyes se aguaron rápidamente, puesto que Pedro Henríquez Ureña falleció en mayo de 1946. No obstante ello, El Colegio de México no quería dejar caer el acuerdo con la Rockefeller, que representaba una valiosa fuente de financiamiento. Era necesario, pues, elevar una nueva propuesta a los norteamericanos, que resultara viable. En este marco, la gran oportunidad fue la crisis por la que atravesó el Instituto de Filología de Buenos Aires, que gozaba de verdadero prestigio internacional.

Cuando Amado Alonso debió abandonar la Argentina –ya no tenía nada que hacer en el Instituto de Filología porteño, luego de la intervención de Enrique François– y se estableció en la Universidad de Harvard, su principal preocupación fue encontrar la manera de darle una continuidad, ya no

50. El texto de este acuerdo está transcripto en Clara E. Lida y José A. Matesanz, *El Colegio de México: una hazaña cultura, 1940-1962*, México, El Colegio de México, 1990, pp. 235-236.

al Instituto que había sido intervenido y estaba lejos de su control, sino a uno de sus productos más preciados: la *Revista de Filología Hispánica*, que había sido su propia creación. Sabía que las universidades norteamericanas buscaban ávidamente profesores de letras hispanoamericanas en los años de la posguerra. De hecho a él lo consultaban todo el tiempo por recomendaciones de colegas y nombramientos y así, por ejemplo, pudo conseguirle un puesto a Marcos Morínigo en la Universidad de Southern California. Alonso era consciente de la influencia que tenía en los departamentos de literatura de Estados Unidos: "así, pues, eché mis redes", le escribía a Alfonso Reyes mientras trataba de ubicar a Morínigo.[51] Incluso era capaz de disputar los mejores salarios para sus discípulos.

Ahora bien, Alonso sabía que ningún puesto en las universidades norteamericanas, ya fuere de profesor asistente o asociado, podría garantizar la supervivencia de la revista. Es por ello que la propuesta que en diciembre de 1946 presentaron a la Rockefeller Alonso, Cosío Villegas y Reyes se centraba en la idea de contratar a Raimundo Lida para El Colegio de México, con la misión –en principio, casi exclusiva– de sacar a flote la revista y relanzarla bajo un nuevo nombre: la *Nueva Revista de Filología Hispánica*. Este acuerdo resultó conveniente para todas las partes involucradas. Para El Colegio de México, porque podía recibir de brazos abiertos a un investigador del Instituto de Filología de Buenos Aires que, de otro modo, habría sido absorbido por las universidades norteamericanas por las que Alfonso Reyes no tenía la menor simpatía. En México se dijo que con Raimundo lo que se estaba mudando era en realidad todo el Instituto de Filología porteño, y todo su prestigio. Y para Alonso, por su parte, porque vería así garantizada la continuidad de *su* revista en las mejores condiciones económicas. Así, en febrero de 1947, cuando ya se había recibido la aprobación de la Rockefeller, Cosío Villegas le escribió a Raimundo, invitándolo a México para que hiciera de verdadero *agent de liaison* en el relanzamiento de la revista, con un sueldo de u$s 300.-, un monto que superaba a los ingresos del propio secretario del Colegio.[52]

51. Carta de Amado Alonso a Alfonso Reyes, Cambridge, 6 de marzo de 1947, en M. E. Venier (comp.), *Cartas echadas*..., p. 187.

52. Carta de Daniel Cosío Villegas a Perla Gonnet, México, 17 de febrero de 1947. Archivo de R. Lida, Colegio de México.

En esos días de verano porteño, Raimundo estaba pasando unos días de descanso en la ciudad de Balcarce, desde donde le enviaba a su familia, que había quedado en Buenos Aires, una postal con las siguientes líneas "los saluda este ciudadano argentino orgulloso de que los ferrocarriles sean por fin nuestros".[53] Los ferrocarriles, en efecto, acababan de ser nacionalizados por el gobierno de Perón. Y tres días después, desde Tandil, escribía, en una tónica similar:

> Anoche estuve en el corso, muy concurrido y animado por esa gracia popular que tan de menos se echa en Buenos Aires, por exceso de cultura y oligarquía. Menos mal que ahora Buenos Aires ha vuelto a tomar contacto con la masa sudorosa.[54]

Según puede advertirse, su primera reacción frente al ascenso del peronismo no fue de espanto, aunque no falta en absoluto el sarcasmo en estas esquelas que le envía a su familia; no se planteó tampoco de entrada la idea de huir del país y refugiarse en el extranjero. Pero tan sólo unas semanas después, y ya de regreso en Buenos Aires, vio con muy malos ojos la masiva movilización católica que se desplegó en las calles céntricas de la ciudad, a la par que en el Congreso se sancionaba sin demasiado debate ni oposición la ley de enseñanza religiosa obligatoria –no era más que la legalización del decreto que había sido establecido por el gobierno militar en 1943–. Puesto que desde su regreso de Estados Unidos, en 1940, la familia vivía en pleno centro de la ciudad, en el tercer piso de la Avenida Alem 639, pudieron ver desde la ventana de la casa las movilizaciones católicas, que circulaban por las inmediaciones de la Plaza de Mayo. Y no se llevaron una buena impresión cuando vieron que esas multitudes clamaban, de manera casi desaforada, por la educación católica y por Perón. Tanto es así que Raimundo conservó entre sus papeles uno de los volantes que circularon entre los manifestantes. Ya para entonces el viaje a México de Raimundo era cosa decidida. Iría a

53. Postal de Raimundo Lida a Leonor García e hijos, Balcarce, 13 de febrero de 1947. Archivo de la familia, Buenos Aires.

54. Postal de Raimundo Lida a Leonor García, Tandil, 16 de febrero de 1947. Archivo de la familia, Buenos Aires.

"oxigenarse fuera del país", según publicó *La Vanguardia* poco después.[55] En este clima por demás tenso, Victoria Ocampo le regaló a Raimundo en su despedida del país, una despedida que parecía ser por una larga temporada, si no definitiva, una lujosa valija de cuero.

Llegó a México en junio de 1947. Muchos años después uno de sus discípulos en México diría que "su primera tarea como 'eslabón' no fue la pedagógica, sino la editorial".[56] Sólo con el tiempo el centro de filología mexicano –que en un principio funcionó en un simple garaje– se convirtió en un centro de docencia e investigación, con seminarios, profesores invitados y conferencistas. Incorporó un variado arco de actividades por fuera de las académicas que imponían un trato social menos formal que el habitual en las universidades de la época, como ser, representaciones de teatro y recitación de poesía, a cargo de los estudiantes, matizado además con interpretaciones musicales –todo esto se hacía en día sábado, fuera de cualquier formalidad–. Para que el centro pudiera desarrollar todas estas actividades, fue necesario luchar centavo a centavo por los recursos. En este sentido, la pieza clave era Alonso, que se mantuvo en contacto con México y viajó allí en varias oportunidades, con la expectativa de obtener de la poderosa comunidad española en México el imprescindible apoyo financiero: "sería bueno [...] sacar a algunos españoles (no significadamente franquistas) dinero para empezar".[57] Con este ímpetu, el centro mexicano parecía capaz de convertirse en un digno sucedáneo del Instituto de Filología porteño. El interés de los jóvenes, tanto mexicanos cuanto argentinos, se incrementó. Por ejemplo, Enrique Pezzoni –antiguo alumno de Raimundo en Buenos Aires– le escribió para decirle que le gustaría viajar a México a colaborar en la revista.[58] De hecho, ella siguió siendo un poderoso imán de atracción. Raimundo era su motor; Amado Alonso, su demiurgo.

Mientras la *Nueva Revista...* se consolidaba, se afianzaron por demás los lazos con Estados Unidos. Puesto que Alonso era su director, la

55. "Desmantelamiento de una Facultad", *La Vanguardia*, 1 de julio de 1947, p. 2.

56. "Testimonio de Antonio Alatorre", en Clara E. Lida y José A. Matesanz, *El Colegio de México...*, p. 244.

57. Carta de Amado Alonso a Alfonso Reyes, Massachusetts, 22 de junio de 1947, en M. E. Venier (Comp.), *Crónica parcial...*, p. 199.

58. Carta de Enrique Pezzoni a Raimundo Lida, Buenos Aires, s/f. *HA*, Named Correspondence, Folder Enrique Pezzoni. Box 2 of 3, HUGFP 61.12

revista llevaba el nombre de Harvard entre sus avales: así, logró en 1948 que esta universidad se comprometiera por cuatro años a contribuir con u$s 2.000 anuales –un convenio que concluyó en 1952, con el fallecimiento de Alonso–. Y al mismo tiempo Raimundo, su secretario, comenzó a recibir invitaciones de universidades norteamericanas para dar cursos. Su primer destino fue el Departamento de Lenguas Romances de la Universidad de Ohio, donde trabajó en el verano septentrional de 1951. Y también volvió en 1952. Aprovechó estos viajes al norte para visitar a María Rosa en California y a Amado Alonso, ya enfermo de cáncer, en Massachusetts. Sus impresiones de Estados Unidos en este viaje son menos prometedoras que unos años antes, a pesar de las generosas ofertas que comenzó a recibir para quedarse definitivamente. Consideraba que las universidades norteamericanas eran un buen destino para estancias cortas, y nada más. Al menos, mientras se tratara de universidades de segunda línea:

> Lo curioso es que la universidad [de Ohio] está haciendo lo imposible, en materia de ofrecimientos, para que me quede a perpetuidad, o por lo menos un trimestre más. No puede ser, aunque sí me gustaría volver de vez en cuando, por trimestres sueltos –especie de vacaciones con biblioteca–. Este régimen de compra y venta de filólogos, con alzas y bajas de cotizaciones, y de contratos sin arraigo me resulta de lo más curioso. Por ahora, francamente, no me atrae.[59]

Desestimó pues las ofertas norteamericanas y regresó a México. Su hermano Emilio, sin embargo, le escribía constantemente desde Buenos Aries y le insistía –no era la primera vez– en la idea de regresar a la Argentina. Pero son varios los motivos por los que dejó a un lado su propuesta. Es digno de destacar que en 1951, cuando todavía admitía que le gustaría la idea de vivir en la Argentina el resto de su vida, no fueran las razones políticas las primeras que declarara. Lo peor en la idea de regresar no era en sí el peronismo, sino el hecho de que las universidades argentinas no tuvieran mucho para ofrecer en comparación con las extranjeras, que a esta altura él

59. Carta de Raimundo Lida a Emilio Lida, Ohio, 30 de julio de 1951. Archivo de la familia, Buenos Aires.

ya conocía muy bien: ni cátedras, ni recursos, ni nada. Ni siquiera tranquilidad. La experiencia de los años treinta se muestra a la distancia plagada de sombras: era imposible olvidarse del tedioso trabajo editorial que debió desempeñar como traductor y corrector de pruebas, y el triste destino que le tocó a Pedro Henríquez Ureña por quedarse en una Buenos Aires que no reconocía plenamente su estatura intelectual. Tampoco faltan, desde ya, las razones económicas:

> Lo de volver a la Argentina, ¡qué difícil! Estoy fuera de la universidad y he aprendido de Pedro Henríquez Ureña (lección al revés) a no pasarme la vida, como él, corrigiendo pruebas en una editorial. El Colegio Libre no es cosa seria. Y no tengo otro destino que una universidad seria, como algunas (muy pocas) de los yanquis. O bien el Colegio, en que dispongo de libertad absoluta, sin más carga que vigilar la revista –revista de *filología* al fin y al cabo–. En las condiciones actuales, por lo demás, si voy a la Argentina, con ese gobierno, tramposo como no conozco otro, ¿qué garantía tengo de que me vuelvan a dejar salir? ¿Y cómo voy a pedir al Colegio, a don Alfonso, en el plano de absoluta lealtad recíproca en que nos tratamos, cómo voy a pedirle permiso para dejar el Colegio sin asegurarle que pueda volver pronto? El sueldo que yo tengo aquí es en proporción exorbitante: mayor que el del propio don Alfonso, presidente del Colegio (solo que él tiene que ganarse otros dos sueldos; uno de ellos en el directorio de un banco, y yo no!).
>
> Únicamente esperar que no tarde el día en que pueda regresar a la Argentina sin molestias. ¿Tendré que decirte que es el único sitio al cual yo volvería *para siempre*?[60]

Pero el compromiso más fuerte en México no es, en rigor, con Alfonso Reyes –el presidente del Colegio de México– sino con Amado Alonso. Alonso había tenido la iniciativa de continuar la revista en México y aún desde Harvard se ocupaba de ella en todos sus detalles, a través de su regular

60. Carta de Raimundo Lida a Emilio Lida, Ohio, 30 de mayo de 1951. Archivo de la familia, Buenos Aires.

correspondencia con Raimundo. Allí se discutía cada una de las decisiones a tomar en torno a la edición de la revista, desde cuestiones de contenido (qué artículos se publican y de quiénes, sus traducciones, su extensión y la edición de libros con el sello de la revista) hasta las cuestiones más pedestres de impresión, tipografía, imprentas a contratar, suscripciones y distribución. De todo ello se encargaba Raimundo en su oficina del Colegio. El contacto fue cotidiano, pues, hasta 1952. Lo mismo cabe decir de la propia revista, que no sufrió ninguna modificación hasta esa fecha. No obstante, luego del fallecimiento de Alonso, Raimundo comenzó a plantear sus dudas acerca del futuro de la revista. A tan solo dos días de su muerte, le escribía Alfonso Reyes: "¿Qué hacer con la *Nueva Revista*, don Alfonso? [...] Me parece una especie de profanación el continuarla en su ausencia. ¿Qué hacer?".[61] Raimundo ya no le veía tanto sentido ahora. Pero Reyes sí estaba realmente dispuesto a darle continuidad a un proyecto que había hecho del Colegio de México una institución con reconocimiento internacional. Así, pues, la partida de Raimundo de México a los Estados Unidos no interrumpirá su publicación.

En 1952 Raimundo estaba muy cerca de alcanzar otros destinos por fuera del Colegio de México. De hecho, Alonso, ya muy enfermo, lo había invitado, durante la estancia de Raimundo en Estados Unidos de 1952, a dar una conferencia en Harvard. Eran los primeros días de mayo y su enfermedad iba de mal en peor: Don Amado falleció el 26 de ese mismo mes. Esa conferencia que versó sobre Quevedo fue clave para el porvenir de Raimundo:

> Después de ella, el jefe de Departamento me llamó aparte y me dijo que en vista del estado del Dr. Alonso, quizá hubiera que pensar en reemplazarlo y que estaban considerando la posibilidad de hacerlo con dos profesores visitantes: [Rafael] Lapesa (de Madrid) y yo. Me pidió autorización para proponer mi nombre sin compromiso ni suyo ni mío.[62]

61. Carta de Raimundo Lida a Alfonso Reyes, Ohio, 28 de mayo de 1952, en S. Zaïtzeff (comp.), *Alfonso Reyes, Raimundo Lida...*, p. 54.

62. Carta de Raimundo Lida a Fernando Lida, Ohio, 11 de mayo de 1952. Archivo de la familia, Buenos Aires.

De hecho, el primer cuatrimestre luego del fallecimiento de Alonso lo dictó Lapesa, profesor de la Universidad Complutense de Madrid, que se había formado con Navarro Tomás, Menéndez Pidal y Américo Castro. El siguiente, de febrero a junio de 1953, lo dictó Raimundo como profesor invitado. Su nueva estancia en Estados Unidos fue muy movida: se encontró a su llegada con una nueva oferta proveniente de las universidades norteamericanas. Federico de Onís, el director del Departamento de Literatura Española en la Universidad de Columbia, se hallaba muy próximo a jubilarse y le propuso llevarlo a Columbia con cargo permanente. Amado Alonso ya le había advertido en 1950 que algo así podía ocurrirle y le recomendó que no aceptara un cargo menor al de *full professor* en Columbia. De todas maneras, Raimundo no estaba muy convencido con la oferta de Onís:

> Le he dicho que lo pensaría. Columbia, por lo menos en español, es bastante *bluff*. Muchos visitantes ilustres, y conferencias, y macaneo hispanoamericano. Claro que si se va Onís hay probabilidades de adecentar todo eso, pero costaría mucho. En Harvard el nivel intelectual es incomparablemente mejor. Solo que la vida es difícil. También la vida social anexa a la universitaria.[63]

La oferta de Columbia habría contribuido a acelerar de algún modo las cosas puesto que al poco tiempo le ofrecieron a Raimundo el mismo cargo que Alonso había tenido en Harvard, pero ahora con carácter permanente. Lo aceptó, pero no sin vacilaciones, quizás temores: "me queda algo grande", le escribió a su mujer.[64] Y a sus hijos, les planteó otra preocupación todavía más importante para él: que ellos pudieran preservar la nacionalidad argentina, pese a que ya estaba pensando en solicitar la radicación en Estados Unidos para su familia. La nacionalidad de los hijos era el último lazo que a Raimundo le quedaba con la Argentina. Al fin y al cabo, Raimundo era austriaco de nacimiento, si bien nacionalizado argentino, y para los Estados Unidos contaba más lo primero que lo segundo:

63. Carta de Raimundo Lida a Fernando Lida, 5 de abril de 1953. Archivo de la familia, Buenos Aires.

64. Carta de Raimundo Lida a Leonor García, Ohio, 1 de junio de 1952. Archivo de la familia, Buenos Aires.

> No sería improbable que pronto tuviera que decidirme entre El Colegio, Harvard y Columbia [...] Mi gran *tironeamiento* interior es que, si nos quedamos en México, tú y Clarita pueden seguir siendo argentinos, mientras que, si nos vamos al norte, lo más probable es que pasen a ser norteamericanos.[65]

Finalmente, este problema se zanjó sin necesidad de trámites consulares puesto que al poco tiempo de aceptar el puesto en Harvard, Raimundo se separó de Leonor, y los hijos regresaron con la madre a una Argentina que, con Perón, estaba ingresando en su convulsa etapa terminal.

Hasta Cambridge llegaban los ecos de la crisis en la que el gobierno peronista se sumergió luego de 1953, cuando Raimundo –y quién sabe cuántos más– se volvió más antiperonista que nunca. Tanto que suspendió un viaje a Buenos Aires que tenía pensado hacer: "he tenido que renunciar a mi proyecto de viaje al sur 'mientras el daño y la vergüenza duran'".[66] Así escribía a comienzos de junio. Entre abril y mayo de 1953 el clima político se había vuelto cada vez más tirante con el incendio del Jockey Club, la Casa del Pueblo y la Radical, primero. Luego, con la prisión a la que fueron sometidos varios intelectuales: Victoria Ocampo, Francisco Romero, Vicente Fatone, entre los más cercanos a Raimundo. Raimundo comenzó en ese momento a recibir con regularidad por parte de Francisco Romero el boletín que en 1953 lanzó ASCUA, una asociación que, identificada con los valores de Mayo, agrupaba a un núcleo de intelectuales que pretendían conformarse en oposición.[67] La noticia de la prisión que padecieron sus viejos amigos argentinos lo indignó a más no poder. Y lo reafirmó en su idea de que la Argentina no era un país al que valiera la pena regresar. Tanto es así que comparó al peronismo con el franquismo, el estalinismo, los fascismos e incluso el rosismo, si bien los cuarenta días de cárcel que padecieron, cuando mucho, los intelectuales detenidos en 1953 no tenían punto de comparación con los

65. Cartas de Raimundo Lida a Fernando Lida, 5 de abril de 1953 y 13 de abril de 1953. Archivo de la familia, Buenos Aires.

66. Carta de Raimundo Lida a A. Reyes, Cambridge, 5 de junio de 1953, en Serge Zaïtzeff (comp.), *Alfonso Reyes, Raimundo Lida...*, p. 61.

67. Al respecto, Flavia Fiorucci, "Los escritores y la SADE. Entre la supervivencia y el antiperonismo, 1946-1956", *Prismas. Revista de historia intelectual*, N° 5 (2001), pp. 101-125.

fusilamientos, muertes y exilios forzosos provocados por los totalitarismos modernos. Pero para el caso ello ya no importaba, el retrato del tirano había sido trazado de cuerpo entero:

> Eso pinta a un régimen y lo deja *pintado* para siempre, como el hecho de que Einstein y Fermi salieran de Alemania e Italia, o de que Mayakowski se suicidara en Rusia, o de que a García Lorca lo fusilaran contra un paredón los franquistas, o de que los únicos intelectuales que tuvo Rosas a su favor fuesen el italiano De Angelis y el famoso poeta argentino Claudio Mamerto Cuenca.[68]

Y en una medida todavía menor, también obró en este mismo sentido una carta que recibió de sus suegros, María y Donato, donde daban cuenta del deterioro económico que estaban atravesando en la Argentina en los últimos años de Perón. De hecho, a esa altura los padres de Leonor tan sólo vivían de las rentas de las casas de Palermo que Donato había construido con la idea de que, a falta de jubilación, pudieran constituirse en su seguro para la vejez. Pero la ley de congelamiento de alquileres alteró todos sus planes y perjudicó sensiblemente sus ingresos. María y Donato nunca habían simpatizado con el peronismo, pero todavía en 1951 no eran marcadamente antiperonistas: creían que Perón era un gobierno tan malo como cualquier otro, que pasaría sin pena ni gloria como todos los demás. "Lo que pasa de malo ahora aquí es cosa pasajera que con el tiempo estará otra vez todo normal",[69] escribían por entonces. No obstante, el humor de ellos viró sustancialmente hacia un larvado antiperonismo, en un giro que a esa altura seguramente ellos ya estaban compartiendo con bastante gente más:

> Lo más grave es lo cara que está la vida para la clase como nosotros pero a muchos les va muy bien, eso pasa en el 80% que tienen buenos sueldos y alquiler barato [...]. Esperaremos los acontecimientos que puedan venir porque yo creo que mucha gente no podrá resistir por más pesos que se gane, los que han llevado el país han

68. Carta de Raimundo Lida a Fernando Lida, 25 de mayo de 1953. Archivo de la familia, Buenos Aires.

69. Carta de María y Donato a Fernando Lida, Buenos Aires, 20 de diciembre de 1951. Archivo de la familia, Buenos Aires.

fracasado, y más se prolonga más fomentan miserias, y la gente no creerá todas las arengas peronistas.[70]

Por uno u otro motivo, a Raimundo el fenómeno peronista lo inquietaba cada vez más. Pero lo que más le preocupaba, en el fondo, no eran sus consecuencias políticas o económicas, sino el hecho de que hubiera favorecido una suerte de vulgarización cultural: "los destrozos que ha hecho ese hombre en lo moral e intelectual...".[71] Por ello, y con el propósito de contribuir a contrarrestar esta tendencia de deterioro generalizado, apenas llegado a Harvard se preocupó por lograr que los más talentosos egresados de la Universidad de Buenos Aires que todavía no habían podido irse del país pudieran encontrar oportunidades en Estados Unidos. "La Argentina, como España, produce material intelectual de primer orden; pero estos países [...] destruyen a sus hijos. Algunos se salvan".[72] Así, Raimundo intentó "salvar" de un naufragio que creía inevitable a Enrique Pezzoni, Anderson Imbert, Emma Speratti Piñero, Ana María Barrenechea y Tulio Halperin Donghi. De este último decía, cuando lo invitó a dar un curso de español en Harvard, que "se está pudriendo en Buenos Aires".[73] Pero Halperin Donghi finalmente le escribió para declinar la invitación: ya se sentía plenamente historiador y no le interesó la propuesta de ir a Estados Unidos tan sólo a dar cursos de español para extranjeros.

En esos asiduos intercambios con Raimundo en las vísperas de 1955, este le pidió en una ocasión a Halperin Donghi que le transcribiera la letra de la marcha peronista y se la enviara por correspondencia; a vuelta de correo el joven recibió la inesperada respuesta de que era "valleinclanesca".[74] La retórica peronista le rememoraba la singular jerga del *Tirano Banderas*,

70. Carta de Donato García y su esposa María, a Raimundo Lida, Buenos Aires, 4 de marzo de 1953. *HA*, Correspondence 1940-53. HUGFP 16.8 (se corrigió la ortografía).

71. Carta de Raimundo Lida a Fernando Lida, New York, 12 de enero de 1956. Archivo de la familia, Buenos Aires.

72. Carta de Raimundo Lida a su hijo Fernando Lida, Cambridge, 23 de septiembre de 1956. Archivo de la familia, Buenos Aires.

73. Carta de Raimundo Lida a Fernando Lida, Cambridge, 19 de septiembre de 1954. Archivo de la familia, Buenos Aires. La significación de esta invitación está explicada en Tulio Halperin Donghi, *Son memorias*...

74. Conversación con Tulio Halperin Donghi, Buenos Aires, septiembre de 2008.

a su vez fiel reflejo, desde su perspectiva, del lenguaje de los caudillos rioplatenses del siglo XIX. El personaje de Valle-Inclán fue la lente que escogió para leer la historia política argentina, en una línea que sin solución de continuidad llevaba de Facundo Quiroga a Perón.[75] No obstante, nunca intervino en el debate público argentino en torno al peronismo. A pesar de que recién establecido en Harvard consideró la idea de publicar un manifiesto antiperonista, cuyo impacto –confiaba– se vería reforzado por su posición académica en los Estados Unidos, no avanzó en esa dirección y el manifiesto nunca llegó a ver la luz (quien sí participó en un manifiesto de este tipo fue Alfonso Reyes, luego de los encarcelamientos en serie de los escritores). En septiembre de 1955, mientras el gobierno de Perón se desplomaba, se publicaba un artículo de Raimundo en *Imago Mundi*, la revista dirigida por José Luis Romero, que versaba sobre Quevedo. Fue lo único que publicó en Buenos Aires en ese momento crítico. Y pasó inadvertido.

Pero la Revolución Libertadora no tardaría en llegar con nuevas promesas desde la Argentina. Apenas desatada la crisis de septiembre, y en medio de rumores contradictorios que hablaban de sublevaciones por momentos inciertas, pero largamente esperadas, Francisco Romero, siempre en contacto epistolar con Raimundo, le envió desde Buenos Aires un breve escrito tipeado por él a máquina, y dedicado "a los amigos", donde se describe el clima que prevalecía en esos días previos a la caída de Perón, en medio de angustias, falsas esperanzas, temores, noticias inciertas que circulaban confusamente por radio –legal o clandestina, argentina o uruguaya–, contribuyendo todavía más a aumentar la inquietud. Las impresiones de Romero concluyen por dar cuenta de los festejos por la asunción de Lonardi el 23 de septiembre: era posible, otra vez, salir a la calle.[76]

En esa breve y refrescante brisa de primavera a la que le abrió el paso la caída de Perón, José Luis Romero fue designado interventor en la Universidad de Buenos Aires, mientras que a Jorge Luis Borges le asignaron

75. La comparación de Facundo Quiroga con el *Tirano Banderas* se desprende de sus notas de los años treinta: "Lenguaje 1820", Notas de trabajo. Instituto de Filología de la UBA. Archivo de la familia, Buenos Aires.

76. Francisco Romero, "Amigos Korn y Orfila", Martínez, 22-24 de septiembre de 1955, *HA*, Correspondence, HUGFP 61.8.

la dirección de la Biblioteca Nacional, dos novedades que fueron muy bien recibidas por Raimundo, aunque no sin un dejo de desconfianza:

> ¿Es verdad que le han ofrecido a Borges la dirección de la Biblioteca Nacional? ¿Aceptó? Ojalá, y que le den dinero para mejorar esa institución vergonzosa, refugio de ineptos y canallas como Martínez Zuviría. ¡Y qué suerte que La Plata vuelve a llamarse La Plata! [...] ¿José Luis [Romero] interventor de la Universidad de Buenos Aires? Me alegro, naturalmente; pero me apenaría que eso significaría provisionalidad (hasta la elección de nuevo presidente, nuevos ministros, etc.), y posibilidad de que hombres tan valiosos dejaran de actuar luego. Me han escrito también de la Universidad de Tucumán ([Emilio] Carilla, un profesor competente y decente), con optimismo y hasta con esperanza de que vuelvan allá profesores como Anderson [Imbert] y Morínigo.[77]

Ninguno de los dos, en realidad, regresó a la Argentina con la Libertadora. Tampoco Raimundo lo haría, a pesar de que recibió varias invitaciones en ese sentido. En primer lugar, de su hermano Emilio. Apenas caído el gobierno de Perón, Emilio se entrevistó con Bernardo Houssay, de quien era colega, para apoyarlo en la campaña que este no tardaría en iniciar con el propósito de recuperar "nuestros intelectuales emigrados": Raimundo se contaba entre ellos.[78] De la mano de Houssay, el Consejo Nacional de Investigaciones Científicas y Tecnológicas (CONICET) no tardaría en establecerse en la Argentina y con ello –se esperaba– un nuevo brillo para las universidades argentinas. Y también su antiguo profesor Roberto Giusti le escribió a Raimundo para invitarlo a regresar, pero era mucho menos optimista de lo que parecía, de ahí su exceso de ironía:

> ¿Nunca más se le verá por aquí, ahora que el país está pacificado, tiene un gobierno rectilíneo, un ejército obediente del deber y la ley, el dólar a 2,60, muchos Pitt en las Cámaras, un proletariado

77. Carta de Raimundo Lida a Fernando Lida, Cambridge, 11 de octubre de 1955. Archivo de la familia, Buenos Aires.

78. Bernardo Houssay, "Recuperemos nuestros intelectuales emigrados", *La Prensa*, 23 de abril de 1956.

> adorador de la cruz en los congresos eucarísticos y sobre todo una universidad donde los estudiantes solo se contraen a "su función específica" –lo mismo que el ejército y el clero– y no se les ocurre macanas como la de que los sindicatos deben integrar las mesas examinadoras?[79]

Pero Raimundo ya no tenía motivos por los cuales regresar. No confiaba demasiado en que la Universidad de Buenos Aires pudiera recuperar en un santiamén el tiempo perdido. Y menos todavía confiaba en que esta etapa de recuperación durara lo suficiente. Tenía además sus dos hijos en Buenos Aires –que pronto comenzarían sus estudios universitarios– y estaba cada día más convencido de que lo mejor para ellos sería ir a "formarse en universidades moralmente superiores: universidades sin huelgas y con libros".[80] Universidades norteamericanas, desde ya. Ya no estaba del todo dispuesto a continuar confiándole a la Argentina la formación de sus hijos. Además, acababa de casarse en segundas nupcias con Denah Levy, hija de una familia griego-turca que emigró a los Estados Unidos muy a comienzos del siglo XX, quien poco después sería nombrada profesora de literatura española en Brandeis University. Con todo ello su opinión de los Estados Unidos, y de sus universidades había mejorado enormemente en los últimos tiempos. En este sentido, y por el modo en que se había modificado su mirada acerca de la Argentina se pensaba a sí mismo en comparación con Sarmiento:

> De su política exterior [*vg*, de los Estados Unidos] es posible decir muchas cosas, pero su vida social no está basada, como la de los países hispánicos, en la revolución periódica, es decir, en la destrucción periódica y deseada. Supongo que Sarmiento debió pensar esto mismo en sus últimos días.[81]

79. Carta de Roberto Giusti a Raimundo Lida, Martínez, octubre 11, s/f. *HA*, Named Correspondence 1945-1979. Box 1 of 3. HUGFP 61.12.

80. Carta de Raimundo Lida a Fernando Lida, Cambridge, 11 de octubre de 1956. Archivo de la familia, Buenos Aires.

81. Carta de Raimundo Lida a Fernando Lida, Cambridge, 2 de enero de 1956. Archivo de la familia, Buenos Aires.

Tan solo volvería a la Argentina en viajes breves, por motivos puramente familiares. Buenos Aires le seguía resultando una ciudad sumamente atractiva, pese a todo. No solo le atraía la ciudad en sí, sino que también le interesan los modos de hablar de la gente. Habían cambiado mucho desde los años treinta, pero eso no los hacía menos interesantes. Incluso a la distancia se interesaba por la fonética porteña. En 1957, le pedía a su hijo, que se encontraba realizando el servicio militar obligatorio en Argentina, que registrara cual buen fonetista las transformaciones en el hablar argentino. El ejército continuaba siendo un gran nivelador social y lingüístico, puesto que congregaba gentes de muy diversa condición, origen y educación:

> Supongo que en el cuartel te encuentras con gente de muy diferente clase social y de diferentes barrios de Buenos Aires. Y no solo con porteños. ¿Se oye mucho la *ll* o *y* sordas, es decir, pronunciadas como *sh* inglesas? Lo que me interesa es saber qué diferencias –si las hay– pueden establecerse, digamos, entre ricos y pobres, porteños del centro y de la Boca del Riachuelo, porteños y bonaerenses. ¿Se ha extendido también a otras provincias? Y fuera del cuartel, ¿entre qué edades predomina? ¿Más entre los chicos? ¿Y es una pronunciación regular, constante en una misma persona, o es que esa *sh* alterna con la *ge* francesa (¿o italiana?)?[82]

La lengua, los modos de hablar, continuaban siendo para Raimundo –así como lo habían sido para Amado Alonso– un cristal poderoso a través del cual leer las transformaciones en un contexto de rápidos cambios sociales y culturales. Y su hijo, que no sabía usar el vos porque había sido educado en el tuteo, podría detectar los contrastes con facilidad, confiaba. La típica pronunciación rioplatense de la *ll* parecía generalizarse a ámbitos urbanos y rurales y a todas las clases sociales al mismo tiempo, síntoma de la hegemonía de Buenos Aires, y de una sociedad donde las distinciones tendían a desaparecer, democratizándose y homogeneizándose al mismo tiempo. Todo esto se podía aprender escuchando hablar a la gente por la calle.

82. Carta de Raimundo Lida a Fernando Lida, Cambridge, 3 de octubre de 1957. Archivo de la familia, Buenos Aires.

De hecho, es lo que Raimundo hizo apenas volvió a la Argentina en 1965, en un breve viaje por razones familiares. Sus rápidas impresiones sobre Buenos Aires en una carta escrita a su regreso revelan una vez más el disfrute del *flâneur* que se sumerge en el seno de una ciudad que encuentra todavía digna de ser caminada y escuchada. En cambio, María Rosa jamás pudo reencontrarse con una Buenos Aires que la fascinara, al menos en algún aspecto:

> ¿Tendré que reconocer que, contra todo raciocinio, Buenos Aires me gusta enormemente? No perdí ocasión de recorrérmela, de meterme en cuanta librería de viejo me saliera al paso (cambalaches de verdad: en español, y no estas asépticas librerías [norteamericanas] con las cuales todavía no he empezado a soñar, ni espero soñar nunca), de emborracharme con el runruneo de la gente en español.[83]

Quizás por algo de añoranza hacia aquel runruneo, Jorge Luis Borges era muy bien recibido en casa de Raimundo cada una de las veces que viajó a Harvard a fines de los años sesenta para dar cursos de teoría literaria y poesía. Solían divertirse cantando tangos que evocaban los arrabales porteños de principios de siglo y todo aquello que había quedado atrás. A veces se sumaba a estas tertulias Paul Bénichou, que enseñaba un semestre al año en Harvard; había aprendido un excelente español gracias a su sefardí de origen y se interesaba a viva voz por el lenguaje de las milongas porteñas.

83. Carta de Raimundo Lida a Yakov Malkiel, 25 de julio de 1965, *MA*, 26/ 91.

Raimundo Lida con Paul Bénichou y Jorge Luis Borges, en Cambridge, Massachusetts, circa 1970 (Archivo de la familia).

Este tipo de veladas eran un completo remanso en la apocada sociabilidad de Harvard. Emplazada en la pequeña y apacible localidad de Cambridge, en las afueras de Boston, la vida social era limitada y provinciana, y casi no iba más allá de la plaza de *Harvard Square*, en cuyos alrededores vivía la comunidad universitaria; bastaba con salir a la calle a comprar el diario para que uno se encontrara con los colegas de todas las disciplinas puesto que allí todos se conocían entre sí. El estilo de la vida social era muy diferente al que María Rosa conocería en California puesto que Berkeley era más cosmopolita y tenía un estilo de sociabilidad más cercano al de una ciudad, antes que al de un pueblo chico. María Rosa así lo advirtió en sus viajes por la costa este de los años cincuenta:

> La gente se mueve [en Harvard] en un círculo más estrecho, con mucha más obligación e hipocresía social que en Berkeley. Rai y Denah, con ser mucho más sociables que tú y yo, están a veces hartos de ese *entertaining* mutuo y obligatorio para guardar las apariencias.[84]

La vida de los profesores de Harvard en torno al *square* era en más de un sentido una galaxia aparte: superficial, aséptica, un mundo hecho de apariencias. Claro contraste con la sociabilidad más llana, más intensa, que había conocido en Buenos Aires, una ciudad en la que nunca perdió su anhelo de callejear.

84. Carta de María Rosa Lida a Yakov Malkiel, Los Angeles, 22 de junio de 1958, MA, 38/19.

Capítulo X
Da capo al fine

Lo más interesante de la historia de los hermanos María Rosa y Raimundo Lida no es lo que hicieron, lo que escribieron, lo que desearon ser o lo que en efecto fueron; sino más bien lo que pudieron llegar a ser y las oportunidades a las que accedieron en el curso de sus vidas en Buenos Aires. Lo que pudieron llegar a ser, y todas las oportunidades que tuvieron, forman parte del contexto histórico que les tocó vivir, un contexto que ellos no pudieron determinar de ninguna manera. Decisiones, gustos y aficiones personales se alimentan unas veces, se bloquean otras, en función de las oportunidades que el contexto era capaz de brindarles. No les faltaron oportunidades para trabajar, publicar, vincularse y formarse; ello no quiere decir sin embargo que hayan sido completamente libres de moldear sus vidas a su gusto y decidir cada uno de sus actos con total independencia. A mitad de camino entre uno y otro extremo, se acomodaron muchas veces a las posibilidades que las circunstancias en las que vivían les ofrecían, y otras tantas más, en cambio, trataron de domeñarlas por sí mismos. Su capacidad de maniobra y su libertad de tomar decisiones estuvo constreñida –como suele ocurrir– por el contexto en que les tocó vivir y por el sentido común prevaleciente en la época acerca de lo que se esperaba de todo joven que provenía de la clase media y accedía a la universidad.

Claro que, en lo que a María Rosa respecta, otro factor más a considerar es el de género. Hoy en día se escriben miles de teorías sobre este tema y se procura interpretar el mundo de acuerdo con ellas. En aquellos tiempos, en cambio, no había tanta necesidad de teorías puesto que la cuestión atravesaba hasta el más mínimo resquicio de la vida de todos los días. Ella no necesitó apelar a ningún bagaje teórico para advertir que se producía un gran cortocircuito cada vez que se intentaba conciliar en la mujer la carrera universitaria, la independencia intelectual y la feminidad. A pesar de que en

Buenos Aires para mediados del siglo XX no era infrecuente que la mujer accediera a las aulas, sí resultaba chocante la idea de que consagrara su vida a la investigación. Con este prejuicio a cuestas, María Rosa tuvo que aprender a colocar en sordina su propia independencia intelectual. Aquello que se guardaba de expresar en público, podía en cambio escribirlo con tanta más vehemencia en sus escritos personales. Era a primera vista "una muchacha silenciosa, muy suave y un poco tímida" que ocupaba un tranquilo rincón en el Instituto de Filología y parecía huir por la tangente ante la vorágine del siglo XX.[1]

Había sido el siglo XX, sin embargo, el que la había torneado. Tan sólo sobre el final de sus días María Rosa tomó conciencia de lo fuertemente imbricada que se hallaba su propia vida con el tiempo en que le tocó vivir. La experiencia en Estados Unidos, y los logros profesionales que allí consiguió con el correr de los años, le permitieron darse cuenta de que en realidad había sido afortunada por haber nacido en una época en la que la mujer tenía, con todo, más amplias libertades que en cualquier otro momento de la historia humana. Si no hubiera tenido la suerte de nacer en el siglo XX, habría quedado sometida a las mismas presiones, censuras y prejuicios que debió soportar Sor Juana Inés de la Cruz, un modelo con el cual ella gustaba en confrontarse para descubrir que su vida había sido tanto más afortunada, gracias a la época en que le había tocado vivir:

> Sólo en la América democrática, y en el siglo XX, una mujer cualquiera, como yo, podía estudiar libremente cuanto quisiera, y estando en tierra ajena, de otra lengua y otra tradición, bajo el predominio aplastante de la ciencia y de la técnica, podía recibir recompensa en un campo totalmente impopular. Y recordé como contraprueba el caso de aquella mujer única, Sor Juana Inés de la Cruz, tan sedienta de saber [...] cuya vida quedó frustrada porque no tuvo la suerte de nacer en la América democrática, en el siglo XX.[2]

1. La descripción citada pertenece a Francisco Luis Bernárdez, "*La Celestina* según María Rosa Lida de Malkiel", suplemento literario de *La Nacion*, 17 de marzo de 1963.

2. María Rosa Lida de Malkiel, "La peregrina en su patria", *Universidades*, 5, 1961, p. 18.

Mucha más gratitud, pues, para con Estados Unidos que para con la Argentina, a pesar de que los prejuicios contra la mujer universitaria no faltaban, tampoco, en las universidades norteamericanas. A la larga, sin embargo, las oportunidades que encontró allí la reconciliaron con el siglo XX; los años vividos en Buenos Aires parecían haberla alienado por completo de él.

No obstante ello, fue gracias a la carrera que logró forjar en la Argentina que llegó a Estados Unidos. Porque por más que ella detectara que existían en la Buenos Aires de los años treinta velados prejuicios contra las mujeres intelectuales, nunca esos prejuicios le habían impedido seguir adelante en su trabajo. Ni siquiera su condición de mujer judía le puso trabas a sus publicaciones, tanto especializadas como en la gran prensa, en la Argentina y en el extranjero. Publicaba en todas partes y no había prejuicio que se lo impidiera. A tal punto que María Rosa pudo colaborar, sin necesidad alguna de ocultarse por detrás de un seudónimo, con el diario socialista *La Vanguardia*; ni siquiera aquí operó el prejuicio de que ese no era un lugar apropiado para publicar para una señorita.[3] Era un hecho que las mujeres estaban ocupando posiciones cada vez más sólidas en la cultura, en las letras, en las artes e incluso en la política, y era ésta una tendencia en la que la Argentina no iba a contrapelo del resto del mundo, en especial, luego de la Primera Guerra Mundial, que había visto contar con ellas como nunca antes en una guerra. Solo quizás en un punto el hecho de ser mujer, joven y soltera, le pudo haber redundado en Buenos Aires la sensación de una cierta marginalidad con respecto a la vida cultural de su tiempo: no logró ingresar en la sociabilidad de los intelectuales, una sociabilidad predominantemente masculina.

Raimundo en cambio sí frecuentaba un poco más las casas de Amado Alonso o de Victoria Ocampo. Pero a medida que transcurrieron los años también él se fue apartando de esa sociabilidad; en parte porque creía que las tertulias le consumían mucho tiempo que podía aprovechar mejor en lecturas. Quizás, aún, porque su mujer, Leonor, no sabía moverse en el círculo de las señoras de los profesores universitarios. Era este un papel que ella no sabía jugar del todo bien, tanto es así que Raimundo le insistiría con frecuencia en que adoptara los hábitos propios de las damas de su condición y

3. María Rosa Lida (traductora), "Virtudes del pescador de caña", *La Vanguardia*, 28 de marzo de 1937, p. 7.

pusiera sirvienta en la casa, en lugar de hacer ella por sí sola todas las tareas domésticas habidas y por haber. Era como si no hubiera comprendido del todo bien que a esa altura del partido ya había dejado de ser la humilde hija de la gallega apenas alfabetizada para convertirse en la señora del profesor, con todo lo que esto debió haber implicado en el estilo de vida, la manera de vestirse –esta sin duda hubiera debido sofisticarse– y los compromisos sociales que debía adquirir en caso de que se hubiera resuelto a desempeñar tanto más cabalmente este papel.

Pero no le faltaron tampoco a él, infinidad de oportunidades de publicar y trabajar puesto que las había de sobra en la Argentina anterior al peronismo: dentro y fuera del Instituto de Filología, en las revistas, en las editoriales, en los institutos de enseñanza como el Colegio Libre, en las salas de conferencias o en las universidades del interior del país que estaban ávidas por invitar a profesores de Buenos Aires. Sin embargo, cuanto más le llovían las propuestas de trabajo, más él las rechazaría: no sólo resignó traducciones bien pagas que podían en efecto resultar harto tediosas, sino que también declinó la publicación de un libro como el que le propuso Cosío Villegas para la colección *Tierra Firme*, en un contundente gesto de automarginación. Arnaldo Orfila captó algo de esto cuando en 1951 le escribió para felicitarlo por su estancia en la Universidad de Ohio:

> Lo bueno es saber que está tranquilo, pueda aprovechar un poco su tiempo para sus propias cosas sin entregarse en la forma despiadada que aquí lo hace para su Revista. Además puede ocurrir que venga con algún aprendizaje en ese sentido y resuelva, a su retorno [a México], tener más respeto por Raimundo Lida y organizar su trabajo en forma de no ser un vulgar explotado. Explotado por Ud. mismo, porque explotado por otros –como por el Fondo de Cultura, por ejemplo– no podrá Ud. evitarlo.[4]

Las inagotables oportunidades de trabajo que emanaron de las industrias culturales a partir de los años treinta –primero había sido *Sur*, luego Losada y más tarde la gran editorial de origen mexicano– habían

4. Carta de Arnaldo Orfila Reynal a Raimundo Lida, México, 5 de julio de 1951, en *HA*, Correspondence 1940-1953, HUGFP1.8.

alcanzado el techo al que Raimundo estaba dispuesto a llegar. Aun cuando sus colaboraciones con las revistas y editoriales fueran en algunos casos muy bien retribuidas económicamente, la sensación de tener que trabajar a cuenta de otro prevalecía. Ya Don Pedro le había transmitido como nadie su insatisfacción con las tareas pedestres que el dominicano debió desempeñar en la Argentina, muy por debajo de lo que se merecía. Así, pues, Raimundo se apartaría cada vez más de todo ello: primero con la beca Guggenheim de 1939, luego con su vuelco hacia la *RUBA* y por último con los nuevos viajes a México y a Estados Unidos. Lo paradójico es que todo esto, incluidos los viajes al extranjero, emanaron de un modo u otro, y en última instancia, de aquellos dorados años que atravesó la Argentina de fines de los treinta y tempranos cuarenta.

Fuentes y Bibliografía

Abreviaturas

MA. Malkiel Archives, en la Bancroft Library, University of California, Berkeley.
BAAL. Boletín de la Academia Argentina de Letras.
BCGFYL. Boletín del Colegio de Graduados de la Facultad de Filosofía y Letras.
RFH. Revista de Filología Hispánica.
NRFH. Nueva Revista de Filología Hispánica.
HA. Harvard Archives.
CyC. Cursos y Conferencias.

Archivos

Bancroft Library, University of California, Berkeley.
Harvard Archives, Universidad de Harvard.
Archivo privado de la familia Lida, Buenos Aires.
Archivo privado de la familia Lida, Ciudad de México.
Archivo del Instituto de Filología, Facultad de Filosofía y Letras, Universidad de Buenos Aires, Buenos Aires.

Prensa periódica

Caras y Caretas
La Nación
La Prensa
La Vanguardia
Letras. Boletín del Círculo de Profesores de Castellano y Literatura Arnoldo C. Crivelli
Revista *Martín Fierro*, 1924-1927.
Nosotros

Bibliografía

Álbum gráfico del Liceo Nacional de Señoritas de la Capital publicado con motivo del vigésimo aniversario de la fundación de dicho establecimiento 1907- abril- 1927, Buenos Aires, 1927.

Acha, Omar: *La trama profunda. Historia y vida en José Luis Romero*, Buenos Aires, 2005.

Alonso, Amado: "El problema argentino de la lengua", en *El problema de la lengua en América*, Madrid, Espasa-Calpe, 1935.

—"Para la historia de la enseñanza del idioma en la Argentina", en *La Argentina y la nivelación del idioma*, Buenos Aires, 1943.

—"El problema argentino de la lengua", *Sur*, N° 6, otoño de 1932.

—"Preferencias mentales en el habla del gaucho", en *Cursos y Conferencias*, año IV, N° 10, 1935, pp. 1027-1049.

—"El problema argentino de la lengua", en *Cursos y Conferencias*, año IV, N° 4, 1935, pp. 405-413.

—"Las academias y la unificación del idioma" (artículo publicado en *La Nación* el 18 de agosto de 1940), en *La Argentina y la nivelación del idioma*, Buenos Aires, Institución Cultural Española, 1943.

—"Intereses filológicos e intereses académicos en el estudio de la lengua", en *La Argentina y la nivelación del idioma*, Buenos Aires, Institución Cultural Española, 1943.

—"La Argentina en la dirección inmediata del idioma", en *La Argentina y la nivelación del idioma*, Buenos Aires, Institución Cultural Española, 1943.

—"El periodismo, la radio y el cinematógrafo", en *La Argentina y la nivelación del idioma*, Buenos Aires, Institución Cultural Española, 1943.

—"No nos lo merecemos, no", en *Nosotros*, N° 13, abril de 1937, pp. 414-417.

—"A quienes leyeron a Jorge Luis Borges en *Sur* N° 86", en *Sur*, 89, febrero de 1942, pp. 79-81.

Altamirano, Carlos: "José Luis Romero y la idea de la Argentina aluvial", *Prismas. Revista de historia intelectual*, N° 5, 2001.

Amigos del Arte, 1928-1942, Buenos Aires, Malba-Fundación Constantini, 2008.

Anderson Imbert, Enrique: "Raimundo Lida amante de la palabra", *Vigencia*, 1979.

Aponte, Bárbara: "A dialogue between Alfonso Reyes and José Ortega y Gasset", en *Hispania*, Vol. 49, N° 1, marzo 1966.

Arnoux, Elvira de y Bein, Roberto: "La valoración de Amado Alonso de la variedad lingüística del español", en *Cauce*, Nº 18-19, 1995-1996, pp. 183-194.

"Bibliografía de Raimundo Lida", *Nueva Revista de Filología Hispánica*, XXIV, I, 1975, pp. 5-10

Barrenechea, Ana María: "Amado Alonso y el Instituto de Filología de la Argentina", en *Cauce, Revista de filología y su didáctica*, Nº 18-19, 1995-1996, pp. 95-106.

Battistessa, Ángel: "Monseñor Franceschi y sus preocupaciones idiomáticas", *Boletín de la Academia Argentina de Letras*, Vol. XXXII, 1967, pp. 339-350.

Bernárdez, Francisco Luis: "*La Celestina* según María Rosa Lida de Malkiel", suplemento literario de *La Nacion*, 17.3.1963.

Bertoni, Lilia Ana: *Patriotas, cosmopolitas y nacionalistas. La construcción de la nacionalidad argentina a fines del siglo XIX*, Buenos Aires, Fondo de Cultura Económica, 2001.

Bioy Casares, Adolfo: *Memorias. Infancia, adolescencia y cómo se hace un escritor*, Barcelona, Tusquets, 1999.

Blanco Aguinaga, Carlos: "Don Amado Alonso", *Príncipe de Viana*, Nº 213 (1998), pp. 15-20.

Bombini, Gustavo: "Reforma curricular y polémica: Amado Alonso y los programas de nivel secundario en la Argentina", *Cauce. Revista de Filología y su didáctica*, 18-19, 1995-1996, pp. 215-224.

Bordelois, Ivonne y Di Tullio, Ángela: "El idioma de los argentinos: cultura y discriminación", en *Ciberletras. Revista de crítica literaria y de cultura*, 6, enero de 2002.

Borges, Jorge Luis: "Quevedo humorista", *La Prensa*, 20 de febrero de 1927.

—"Ultraísmo", *Nosotros*, Año 15, Vol. 39, N° 151, diciembre de 1921.

—"Prólogo", en *Índice de la nueva poesía americana*, Buenos Aires, El Inca, 1926, transcripto en *Textos recobrados (1919-1929)*, Buenos Aires, Emecé, 2007.

—"Las alarmas del doctor Américo Castro", en Borges, Jorge Luis y Clemente, José Edmundo, *El lenguaje de Buenos Aires*, Buenos Aires, Emecé, 1998.

—*El idioma de los argentinos*, Buenos Aires, Editores Peña-Del Giudice, 1952.
—"Desagravio al lenguaje de Martín Fierro", en *Revista Multicolor de los Sábados (Diario Crítica)*, 21 de octubre de 1933.
"Breve bibliografía de María Rosa Lida de Malkiel compilada por Margaret Sinclair Breslin", en Lida de Malkiel, María Rosa, *Herodes: su persona, reinado y dinastía*, Madrid, Ediciones Castalia, 1977, pp. 220-244.
Buchbinder, Pablo: *Historia de la Facultad de Filosofía y Letras*, Buenos Aires, Eudeba, 1997.
Bullrich, Silvina: *Mis memorias*, Buenos Aires, Emecé, 1980.
Castro, Américo: *La peculiaridad lingüística rioplatense y su sentido histórico*, Buenos Aires, Losada, 1941.
Chica Salas, Francisca: "Permanencia de María Rosa Lida de Malkiel", Filología, VIII, 2, 1962, pp. 1-5.
—"María Rosa Lida de Malkiel, una comunión con la belleza", suplemento literario de *La Nación*, 22 de septiembre de 1963.
Corral, Rose (ed.): *Libra 1929. Edición facsimilar*, México, El Colegio de México, 2003.
Devoto, Fernando: *Nacionalismo, fascismo y tradicionalismo en la Argentina moderna. Una historia*, Buenos Aires, Siglo XXI, 2002
Donghi de Halperin, Renata: "Revista de libros", *Ínsula, Nº* 7, 1945).
Fiorucci, Flavia: "Los escritores y la SADE. Entre la supervivencia y el antiperonismo, 1946-1956", *Prismas. Revista de historia intelectual*, Nº 5, 2001, pp. 101-125.
Franceschi, Gustavo: "Patria y tradición", *Criterio*, 28 de junio de 1934.
Gálvez, Lucía: *El diario de mi abuela*, Buenos Aires, Punto de Lectura, 2008
García, Leonor: "Reseña: G. Gurvitch, *Les tendences actuelles de la philosophie allemande*", *Verbum. Revista del Centro de Estudiantes de Filosofía y Letras*, N° 83, 1933, pp. 105-107.
—"Defensa de la poesía", *BCGFYL*, septiembre de 1936, pp. 14-15.
Giusti, Roberto: "El congreso de los P.E.N. Clubs. Comentario a puertas cerradas", *Nosotros*, N° 6, septiembre de 1936, p. 50.
Grossmann, Rudolf: *El patrimonio lingüístico extranjero en el español del Río de la Plata*, Buenos Aires, Biblioteca Nacional, 2008.
Guibourg, Edmundo: *Calle Corrientes*, Buenos Aires, Plus Ultra, 1974.
Gutiérrez, Juan María: *Cartas de un porteño. Polémica en torno al idioma y a la Real Academia Española*, Buenos Aires, Taurus, 2003, con un estudio preliminar a cargo de Jorge Myers.

Gutiérrez, Leandro y Romero, Luis Alberto: *Sectores populares, cultura y política. Buenos Aires en la entreguerra*, Buenos Aires, Sudamericana, 1995.
Halperin Donghi, Tulio: *Mis memorias*, Buenos Aires, Siglo XXI, 2008.
Henríquez Ureña, Pedro: "El descontento y la promesa", conferencia pronunciada en Amigos del Arte, 1926, *Obras Completas*, Santo Domingo, 1976, T. 6, pp. 11-27.
Henríquez Ureña de Hlito, Sonia: *Pedro Henríquez Ureña: Apuntes para una biografía*, México, Siglo XXI, 1994.
Herron, Francis: *Letters from the Argentine*, New York, Putnam's Sons, 1943.
Hobsbawm, Eric: *La era del imperio (1875-1914)*, Barcelona, Crítica, 1998
—*Naciones y nacionalismo desde 1780*, Barcelona, Crítica, 1991.
Houssay, Bernardo: "Recuperemos nuestros intelectuales emigrados", *La Prensa*, 23 de abril de 1956.
Ibarguren, Carlos: *La historia que he vivido*, Buenos Aires, Peuser, 1955.
Instituto de Filología. *Discursos pronunciados por el Decano don Ricardo Rojas y por el Profesor don Américo Castro en el acto inaugural realizado el día 6 de junio de 1923*, Buenos Aires, Facultad de Filosofía y Letras, 1923.
Jurado, Alicia: *Descubrimiento del mundo*, Buenos Aires, Emecé, 1989.
King, John: *Sur: A study of the argentine literary journal and its role in the development of a culture, 1931-1970*, Cambridge University Press, 1986.
Korn, Francis: *Los huéspedes del 20*, Buenos Aires, Sudamericana, 1974.
Lecea Yabar, Juan María: "Amado Alonso (1896-1952)", *Cauce*, Nº 18-19, 1995-1996, pp. 17-70.
—"Amado Alonso en Madrid y Buenos Aires", *Cauce*, Nº 22-23, 1999-2000, pp. 403-420.
Levi, Primo: *Los hundidos y los salvados*, Barcelona, El Aleph, 2005.
Libro jubilar de Alfonso Reyes, México, Universidad Nacional Autónoma de México, 1956.
Lida, Clara E. y Lida García, Fernardo: "Raimundo Lida, filólogo y humanista peregrino", *Prismas. Revista de historia intelectual*, 13 (2009), pp. 115-131
Lida, Clara E. y Matesanz, José A.: *El Colegio de México: una hazaña cultura, 1940-1962*, México, El Colegio de México, 1990.

Lida, María Rosa: *Introducción al teatro de Sófocles*, Buenos Aires, Paidós, 1971.

—"A la manera del Arcipreste", *Verbum*, 75, 1930, p. 571.

—"Parodia catulliana", *Verbum*, 75, 1930, p. 518.

—"Abejas del Mediterráneo", *Letras. Boletín del Círculo de Profesores de Castellano y Literatura Arnoldo C. Crivelli*, Buenos Aires, año 1, Nº 2, enero- marzo de 1944, pp. 3-14.

—"Introducción", *Bibliografía de Amado Alonso. Homenaje de sus discípulos*, Buenos Aires, 1946.

—"Helena en los poemas homéricos", *Cursos y Conferencias*, Vol. IX, mayo de 1937, pp. 113-140.

—"El mito de Helena", *Sur*, 39, diciembre de 1937, pp. 65-75.

—"La mujer ante el lenguaje. Algunas opiniones de la Antigüedad y del Renacimiento", *Boletín de la Academia Argentina de Letras*, 18, abril-junio 1937, pp. 237-248.

—"Las imágenes de la cámara maravillosa (*Historia Troyana*)", *Boletín de la Academia Argentina de Letras*, 25-26, enero-junio 1939, pp. 173-185.

—"El ruiseñor de las *Geórgicas* y su influencia en la lírica española de la Edad de Oro", *Volkstum und Kultur der Romanen*, Hamburgo, XI, 1938, pp. 290-305.

—"Transmisión y recreación de temas grecolatinos en la poesía lírica española", *Revista de Filología Hispánica* (*RFH*), I, 1939, pp. 20-63.

—"La mujer ante el lenguaje", *Boletín de la Academia Argentina de Letras*, T. 5, Nº 18, 1937, pp. 237-248.

—"Dido y su defensa en la literatura española", *Revista de Filología Hispánica*, IV, 1942, pp. 209-252 y 313-382.

—"El mito de Helena", *Sur*, Nº 39, diciembre 1937, pp. 65-75.

—"Para la biografía de Juan de Mena", *RFH*, III, 1941, pp. 263-270.

—(trad.), "Virtudes del pescador de caña", *La Vanguardia*, 28 de marzo de 1937, p. 7.

—*Jerusalén. El tema literario de su cerco y destrucción por los romanos*, Universidad de Buenos Aires, Instituto de Filología, 1973.

—*Herodes: su persona, reinado y dinastía*, Madrid, Castalia, 1977

—"Las sectas judías y los 'procuradores' romanos. En torno a Josefo y su influjo sobre la literatura española", *Hispanic Review*, Vol. 39, Nº 2, abril 1971, pp. 183-213.

—"Las infancias de Moisés y otros tres estudios: en torno al influjo de Josefo en la literatura española", *Romance Philology*, Vol. 32, N° 4, mayo de 1970, pp. 412-448.
—"Del judaísmo español: Yosef ben Meir Ibn Zabara", *Davar*, 36, octubre de 1951, pp. 5-17.
—"Cartas judías", *Davar*, 50, abril de 1954, pp. 91-120.
—"Dos opúsculos inéditos", *Davar*, 99, noviembre 1963, pp. 70-77.
—"Mis tres encuentros con Pedro Salinas", *Buenos Aires Literaria*, N° 13, octubre de 1953.
—"Free opportunities for intellectual pursuits", *Journal of the American Association of university women*, octubre de 1958, pp. 5-8.
—"La peregrina en su patria", *Universidades*, Buenos Aires, Unión de Universidades de América Latina, N° 5, 1961, pp. 16-26.
Lida, Miranda: "Los Congresos Eucarísticos en la Argentina del siglo XX" *Investigaciones y Ensayos*, Academia Nacional de la Historia, 58 (2009).
Raimundo Lida, "Darío, Lugones, Valle- Inclán", en Anthony Zahareas (ed.), *Ramón del Valle-Inclán. An Appraisal of his Life and Works*, New York, Las Americas Publishing Co., 1968, p. 424.
—"Prefacio para la segunda edición", de María Rosa Lida, *Introducción al teatro de Sófocles*, Buenos Aires, Paidós, 1971, p. 8.
—"Así que pasen treinta años. Lorca: 1936-1966", *Mundo Nuevo*, París, 4 (octubre 1966), pp. 81-83.
—"Amadís de Gaula", *Sur*, N° 77, 1941, pp. 75-77.
—"Amado Alonso", *NRFH*, México, 6 (1952), pp. 205-208.
—"Cultura de Hispanoamérica", en *Letras hispánicas. Estudios, esquemas*, México, Fondo de Cultura Económica, 1958.
—"Korn o el filósofo prudente", *Sur*, 20, 1936, pp. 71-75.
—"Estilística. Un estudio sobre Quevedo", *Sur*, N° 4, 1931, pp. 163-172.
— [con seudónimo, César Rey], "Del callar", *El Hogar*, 27 de marzo de 1931.
—(trad.), Thomas Mann, "Goethe, representante de la época burguesa", *Megáfono*, Buenos Aires, N° 10, junio de 1932, pp. 145-155
—(trad.), W.G. Schuwerack, "La esencia del valor y su fundamentación", *Verbum*, N° 83, 1933, pp. 33-72.
—(trad.), C. G. Jung, "Capítulo sobre el poeta", *Poesía*, Buenos Aires, N° 4, 1933.
—"Sarmiento y Herder", *Actas del II Congreso de Literatura Iberoamericana*, Los Ángeles-México, 1940, pp. 155-171.

—"Bergson, filósofo del lenguaje", *Nosotros*, N° 292, 1933, pp. 1-49 .
—"Croce y Gentile, filósofos del lenguaje", *Cursos y Conferencias*, T. 4, N° 6, 1935.
—"La técnica del relato en *La gloria de Don Ramiro*", *Cursos y Conferencias*, T. 5, N° 3, 1936.
—"Elogio de Mairena", *Sur*, 36, 1937, pp. 56-63.
—*Belleza, arte y poesía en la estética de Santayana*, Tucumán, Universidad Nacional de Tucumán, 1943.
—"Sobre la estética de Santayana", *Sur*, N° 93, junio de 1942
—"Santayana y Browning", *Sur*, N° 99, diciembre de 1942.
—"Santayana y Whitman", Suplemento Literario *La Nación,* 2 de agosto de 1942.
—"Santayana, el antimoderno", Suplemento Literario *La Nación*, 25 de octubre de 1942.
—"George Santayana", *Enciclopedia de educación*, Montevideo, N° 2, junio de 1945, pp. 3-11.
—"Sobre la inminente inutilidad del lector", *Sur*, N° 104, junio de 1943, pp. 104-106.
—"Contra los querandíes", *Sur*, N° 105, julio de 1943, pp. 103-107.
—"Exhortación a las adivinas", *Sur*, N° 106, agosto de 1943, pp. 114-118.
—"La obra literaria", *Megáfono*, N° 11, agosto de 1933, pp. 6-8.
—"La creación poética", *Cursos y Conferencias*, diciembre de 1936, pp. 985-998.
—(trad.), Moritz Geiger, *Introducción a la estética*, La Plata, 1933
—(trad.), Friedrich Schiller, *De la gracia y la dignidad*, Buenos Aires, 1937.
—(trad.), Wilhelm Dilthey, *Panorama de la literatura europea moderna*, Buenos Aires, 1935.
—(trad., junto con Elsa Tabernig), Karl Vossler, *Cultura y lengua de Francia*, Buenos Aires, Losada, 1955.
Losada, Leandro: *La alta sociedad de la belle époque*, Buenos Aires, Siglo XXI, 2008.
Lugones, Leopoldo: *Estudios helénicos*, Buenos Aires, Babel, 1923
—*Nuevos estudios helénicos*, Buenos Aires- Madrid, Babel, s/d.
Madariaga, Salvador de; Unamuno, Miguel de, *et al.*, *Diez Maestros*, Buenos Aires, Edición Tabacos Particular, 1935.
Malkiel, Yacov: "Cómo trabajaba María Rosa de Malkiel", *Homenaje al profesor Rodríguez Moñino*, Madrid, Castalia, 1966.

—"Necrology: María Rosa Lida de Malkiel", *Romance Philology*, Vol. XVII, N° 1, August 1963, pp. 9-32.

—"Autobiographic Sketch: Early Years in America", en Davis, Boyd H. y O'Cain, Raymond K., *First Person Singular Conferences from an Oral Archive for the History of American Linguistics*, Amsterdam, John Benjamins, 1980.

—"The end of an era: Raimundo Lida, (1908-1979) and Frida Weber de Kurlat (1914-1981)", *Romance Philology*, Vol. XXXV, N° 4, May 1982, pp. 617-641.

Manacorda de Rosetti, Mabel V.: "Amado Alonso y el programa de castellano en la Argentina en 1936: una revolución copernicana", *Cauce. Revista de filología y su didáctica*, N° 18-19, 1995-6, pp. 417-433.

Martínez, Fernando Antonio: "Reseña: Anales del Instituto de Literaturas Clásicas", *Thesaurus. Boletín del Instituto Caro y Cuervo*, Bogotá, T. 3, 1947, pp. 355-357.

Masiello, Francine: "Argentine Literary journalism: the production of a critical discourse", *Latin American Research Review*, Vol. 20, N° 1, 1985, pp. 27-60.

—*Lenguaje e ideología. Las escuelas argentinas de vanguardia*, Buenos Aires, Hachette, 1986.

Moure, José Luis: "A cien años del nacimiento de Raimundo Lida", *Boletín de la Academia Argentina de Letras*, 2008, N° 299-300.

Meo Laos, Verónica: *Vanguardia y renovación estética. Asociación Amigos del Arte 1924-1942*, Buenos Aires, Fundación CICCUS, 2007.

Ocampo, Victoria: *Autobiografía IV. Viraje*, Buenos Aires, Sur, 1982.

Oliver, María Rosa: *La vida cotidiana*, Buenos Aires, Sudamericana, 1969. p. 251.

—*Mi fe es el hombre*, Buenos Aires, Biblioteca Nacional, 2008.

Perea, Héctor (ed.): *Alfonso Reyes- Victoria Ocampo. Cartas echadas. Correspondencia 1927-1956*, México, Universidad Autónoma Metropolitana, 1983, pp. 31-32.

Pettoruti, Emilio: *Un pintor ante el espejo*, Buenos Aires, Solar/ Hachette, 1968, p. 202.

Polo, José: "Correspondencia científica, 1927-1952. Dámaso Alonso / Amado Alonso", *Cauce*, 30 (2007), pp. 357-383.

Prieto, Adolfo: *El discurso criollista en la formación de la Argentina moderna*, Buenos Aires, Sudamericana, 1988.

Reyes, Alfonso: "Saludo a los amigos de Buenos Aires" (en el banquete ofrecido por la revista *Nosotros*, el 24 de agosto de 1927), *Obras Completas*, Vol. 8, México, Fondo de Cultura Económica, 1996, p. 145.

—"Palabras a la nación argentina" [publicado en *Nosotros* en marzo de 1930], *Obras Completas*, Vol. 9, México, Fondo de Cultura Económica, 1996, pp. 32-33.

Robledo Rincón, Eduardo (coord.): *Alfonso Reyes en Argentina*, Buenos Aires, Eudeba- Embajada de México, 1998.

Roggiano, Alfredo A.: "Roberto F. Giusti y la revista *Nosotros*", *Revista Iberoamericana*, 44 (julio- diciembre 1957).

Romero, José Luis: *Las ideas políticas en la Argentina,* varias ediciones.

Romero, Luis Alberto: "Una empresa cultural: los libros baratos", en Gutiérrez, Leandro y Romero, Luis Alberto, *Sectores populares, cultura y política. Buenos Aires en la entreguerra*, Buenos Aires, 1995.

—"Arnaldo Orfila Reynal", Teatro Nacional General San Martín, 30 de abril de 1984, conferencia, *mimeo.*

Rosenblat, Ángel: "Las generaciones argentinas del siglo XIX ante el problema de la lengua", *Revista de la Universidad de Buenos Aires*, Buenos Aires, 1960, N° 4.

Rossi, Vicente: "Más rectificaciones y ampliaciones a unas notas lexicográficas", en *Folletos lenguaraces,* N° 3, Río de la Plata, 1927.

—"Filolojía y filolorjía. Confabulación antiargentinista", en *Folletos Lenguaraces*, N° 23, Córdoba, Imprenta Argentina, 1939.

Saítta, Sylvia: "El periodismo popular en los años 20", en Falcón, Ricardo (dir.), *Democracia, conflicto social y renovación de ideas 1920*-1930, Buenos Aires, 2000.

—*Regueros de tinta. El diario "Crítica" en la década de 1920*, Buenos Aires, 1998.

—*El escritor en el bosque de ladrillos. Una biografía de Roberto Arlt*, Buenos Aires, Sudamericana, 2000.

Sarlo, Beatriz: *Una modernidad periférica: Buenos Aires, 1920 y 1930*, Buenos Aires, Nueva Visión, 2003.

—*El imperio de los sentimientos*, Buenos Aires, Catálogo, 1985.

—"Más libros para más", Revista *Viva* de *Clarín*, 2 de abril de 2006.

Fernando Sorrentino, *Siete conversaciones con Jorge Luis Borges*, Buenos Aires, El Ateneo, 2001 [1ª edición, 1974].

Soto, Luis Emilio: "Amado Alonso, hablista, oidor y corregidor", *Nosotros*, N° 31, octubre de 1938, pp. 326-335.

Testimonios sobre Victoria Ocampo, Buenos Aires, Lafleur, 1962.

Vázquez, María Esther: *Borges. Esplendor y derrota*, Barcelona, Tusquets, 1996.

—"La pasión literaria", Suplemento de cultura de *La Nación,* 13 de febrero de 1977.

Venier, Marta Elena (ed.): *Crónicas parciales. Cartas de Alfonso Reyes y Amado Alonso*, El Colegio de México, 2008.

Villanueva, Tomás Yerro: "Amado Alonso, lerinés ilustre", *Cauce. Revista de filología y su didáctica*, N° 20-21, 1997-98.

Waissbein, Daniel: "María Rosa Lida, nuestra erudita", *La Nación*, 9 de abril de 2012.

Zaïtzeff, Serge: *Alfonso Reyes, Raimundo Lida y María Rosa Lida de Malkiel. Correspondencia*, México, El Colegio de México, 2009.

—(comp.), *Una amistad porteña. Correspondencia entre Alfonso Reyes y Roberto Giusti*, México, El Colegio Nacional, 2000.

Zanatta, Loris: *Del estado liberal a la nación católica*, Universidad Nacional de Quilmes, 1996.

Años dorados de la cultura argentina:
los hermanos María Rosa y Raimundo Lida
y el Instituto de Filología antes del peronismo
se terminó de imprimir en enero de 2016,
en los talleres de Iniziativa Graphic, D.V.,
Alcanfores 45-A3, col. Valle del Sur,
09819 México, D.F.
Portada: Pablo Reyna.

Made in United States
North Haven, CT
10 November 2026

22084237R00150